谨以此书献给中山大学一百周年华诞

（1924 — 2024）

教育的初心是让文明之火代代相传教师是火种的傳播者學生是火种的接力人我们的老师将火把传给我們時分文不取無怨無悔今天我们将火把又傳给后代時同樣應不忘初心不存杂念这樣人类文明才能代々相传生生不息

癸卯冬月書 王庭槐

中山大学国家级教学名师系列丛书

中山大学档案馆　主编

王庭槐教授
从教40周年图文选集

张建奇　朱志奇　王蒙　主编

王庭槐

中山大学出版社
SUN YAT-SEN UNIVERSITY PRESS
·广州·

图书在版编目（CIP）数据

王庭槐教授从教40周年图文选集 / 张建奇，朱志奇，王蒙主编 .—广州：中山大学出版社，2024.3
（中山大学国家级教学名师系列丛书）
ISBN 978-7-306-08056-1

Ⅰ. ①王…　Ⅱ. ①张…　②朱…　③王…　Ⅲ. ①王庭槐—事迹　Ⅳ. ① K825.46

中国国家版本馆CIP数据核字（2024）第052907号

出 版 人：王天琪
策划编辑：李海东
责任编辑：李海东
责任校对：廖丽玲
封面设计：林绵华
装帧设计：林绵华
责任技编：缪永文
出版发行：中山大学出版社
电　　话：编辑部 020-84110283，84111997，84113349
　　　　　发行部 020-84111998，84111981，84111160
地　　址：广州市新港西路135号
邮　　编：510275　　传　　真：020-84036565
网　　址：http://www.zsup.com.cn　E-mail:zdcbs@mail.sysu.edu.cn
印 刷 者：恒美印务（广州）有限公司
规　　格：787mm×1092mm　1/16　18.5印张　300千字
版次印次：2024年3月第1版　2024年3月第1次印刷
定　　价：168.00元

序

罗自强 *

庭槐教授是我尊敬的兄长，亦师亦友。他坚守在生理学教学和科研工作第一线40余年，曾先后获得宝钢教育基金优秀教师特等奖提名和“十大医学特别贡献专家”等众多国家级荣誉称号，也是唯一同时获得国家级教学名师奖、国家“万人计划”教学名师的生理学教师。

我曾有幸担任中国生理学会副理事长和中国生理学会教育工作委员会主任委员(2014—2022年)。在我主持中国生理学会教育工作委员会工作期间，非常感谢庭槐教授对我工作的大力支持。我们一起积极推广新的教学理念和方法，极力推进信息技术在生理学教学中的应用。庭槐教授在我国数字化课程建设过程中一直走在前沿，他主编了我国第一部介绍医学慕课的著作《MOOC——席卷全球教育的大规模开放在线课程》；先后主持了“生理学”和“实验生理科学”两门国家精品课程、国家精品资源共享课程和人民卫生出版社首门“生理学”慕课课程的建设，领衔主编了国家首部医学电子书包之《生理学》。庭槐教授每年均在中国生理教学研讨会议上作主题报告，曾首次将国外的TBL（team-based learning）教学法、慕课建设的理念及他自主创新构建的“激越四段式”教学法介绍给国内生理学同行，并在第39届国际生理科学联合会大会（IUPS 2022）生理学教学培训工作坊上开展专题培训和展示，将“激越四段式”教学法推向世界，充分展现了生理学教学创新的中国智慧和文化自信。2017—2020年，在庭槐教授的积极参与下，中国生理学会成功举办四届“全国高校人体生理学微课比赛”。他作为大赛的总裁判，共同设计了大赛的各项规则和评审流程，对于在分组评审中获得一等奖的参赛视频作品他都亲自观看确认，对于少量有争议的作品他也会邀请部分教师和学生一起观看，并做出相应裁判，确保了微课大赛评审过程的

* 第24、25届中国生理学会副理事长，中国生理学会教育工作委员会主任委员，教育部首届课程思政教学名师，人民卫生出版社《生理学》（第10版）、《麻醉生理学》教材主编，中南大学生理学二级教授。

公平公正。在大赛的颁奖仪式上，庭槐教授作为总裁判，均认真对当年度的参赛作品进行全面点评，指出优点和待改进的方面，指导年轻教师提升教学能力。四届比赛，全国参赛高校多达50余所，参赛老师200多人，作品200余件，极大地推动了全国生理学慕课一流课程的建设。目前，我国已经开设生理学国家一流在线开放课程的学校，几乎都曾有生理学教师参赛并获奖。

回顾我与庭槐教授相识，真是感慨万千。记得是20世纪90年代初，我担任湖南医科大学生理学教研室教学副主任，得知庭槐教授积极开展生理学实验教学系列改革，将传统的验证性实验变革为有深度的探索性实验。他的这种强化学生科研思维和提高学生创新能力培养的实验教学理念让我深受启发，我也开始在本校积极推进生理学实验教学方法的改革和实验教学内容的更新，从在临床医学专业七年制学生中开展大学生生理学自主实验设计的探索，到逐渐推广到临床医学五年制教学，并坚持至今。让我尤为敬佩的是，庭槐教授在担任行政任务繁重的学校教务处处长、医学部副主任等职务后，依然坚持耕耘在实验教学第一线，亲自指导学生完成从自行查阅资料、设计实验、预实验立题，到进行开题报告、实施实验，并最终完成研究报告的科研全过程，让学生初步体验科学研究成功的喜悦和实验失败带来的挫折，培养学生对学术的认同、对未来从事科学研究的志趣和勇攀科学高峰的创新精神。至今，我仍记得第一次看到庭槐教授亲自指导学生自主编辑、自主美化、自主募集经费所完成的10本系列文集《实验生理科学——探索性实验论文集》时的巨大震撼。触动我的不仅是文集的印刷精美、内容翔实，更是其长达十年的不断坚持。我被庭槐教授坚守一线、躬耕教坛、为国育才的精神深深折服，钦佩之情油然而生。

庭槐教授主编的高等教育出版社《生理学》教材（第1～3版）先后被评为“十一五”“十二五”普通高等教育本科国家级规划教材。此后，为奖掖后学，他主动推荐年轻教授担任该教材第 4 版的主编，并邀请其他医学院校的中青年教师共同参编，自己则作为主审发挥着“传帮带”作用，为培养全国新一代中青年骨干生理学教师做出重要表率与贡献。庭槐教授主编、主审的《生理学》教材在教材体例编排、内容选择、叙事方式、前沿拓展等方面都有着自身的特色，充分融入了他自身生理学教学实践的心得，并在国内率先实现生理学教材彩色插图，也极好地体现了他一直秉承的“三基三严三早”的教材建设理念，在国内极具影响力。这套教材也一直是我从事生理学教学的重要案头参考教材。庭槐教授还作为人民卫生出版社《生理学》第 8 版第二主编和第 9 版主编，参加我国医学“干细胞”教材的建设，其主编的《生理学》第 9 版教材发行量高达 106 万册，并获得首届全国优秀教材一等奖。我作为人民卫生出版社《生理学》第 9 版的副主编见证了该教材以“三个融合”（医学 - 人文融合、基础 - 临床融合、纸数网融合）为编写特色的编写全过程。目前，我正作为人民卫生出版社《生理学》第 10 版教材的第一主编，在庭槐主审的指导下，赓续前 9 版教材特色，力求开创第 10 版教材辉煌。

人才培养、科学研究和社会服务是现代大学的三项基本职能。高校教师开展科研，不仅是发现新规律、创造新知识、推动科学发展的需要，也是提升自身学术素养和强化教师创新教育教学能力的有效途径。庭槐教授围绕雌激素心血管保护作用的生理机制和生物反馈疗法的生理机制开展卓有成效的科学研究，建立了国内第一个生物反馈疗法生理机制研究实验室，发表学术论文 200 余篇，曾多次获得教育部自然科学奖二等奖、广东省科学技术奖，并曾担任广东省生理学会理事长。

庭槐教授在一线教学实践中不断改革创新，在课程建设、教材建设中取得了一系列令人瞩目的成就，曾获国家级教学成果奖 7 项、省级优秀教学成果奖 9 项、首届全国教材建设奖“全国优秀教材（高等教育类）”一等奖，其成果推动着我国生理学教学理念的更新和教学的发展。取得了这样令人瞩目的成绩，庭槐教授仍步履不停。最近，他联合国内多所高校领衔组建的生理课程虚拟教研室获批教育部虚拟教研室建设试点（2022 年），借用信息化智慧平台，将为我国生理学教学研究做出新的贡献。

恰逢庭槐教授执教 40 周年，中山大学档案馆策划该图文选集，回顾庭槐教授的教学与科研的历程，我谨此代表广大生理学教学同仁向他表示最真挚的敬意！

目录

导　言　1

一、王庭槐简介　1
二、中山大学国家级教学名师档案编研　2
三、大爱无痕　教思常新　9

第一章　求学问道　崭露头角　17

第二章　留校任教　薪火相传　26

一、中大师友　27
二、课程教学　41
三、所获荣誉　55
四、教材编写　63
五、教学兼职　84

第三章　教思常新　勇于开拓　91

第四章　潜心科研　硕果累累　119

第五章　管理服务　贡献突出　131

一、刊物兼职　132
二、校内任职　138
三、镜湖医院　159
四、问学新华　169
五、教学评估　171
六、其他　175

附录一　王庭槐纪事小历 177

附录二　王庭槐论著目录 197

附录三　相关报道 231

王庭槐：深耕教学至精诚，匠心育人担使命 231
卓越名师王庭槐：36年来，一直在“啃”教学改革这个“硬骨头” 236
教学改革36年不曾止步　三早教育春风化雨润物无声 242
为学为师守初心　潜心教改育新人 248
从学、从教、从研　为学、为师、为人 256

后　记 283

导言

一、王庭槐简介

中山大学生理学二级教授、博士生导师，中山医学院医学教育发展中心主任，国家级教学名师、国家“万人计划”教学名师，曾获中山大学首届卓越教学名师特等奖，担任中国生理学会教育工作委员会副主任委员、中国生理学会循环生理专业委员会名誉主任。

主编国家“十一五”“十二五”“十三五”高等医药院校规划教材《生理学》、《中国大百科全书》第3版现代医学卷医学生理学分支，其中《生理学》（第9版，人民卫生出版社）于2021年获教育部首届全国教材建设奖“全国优秀教材（高等教育类）”一等奖。担任《生理学通报》《医学信息荟萃》等杂志主编。

主要研究雌激素的心血管效应及其信号转导机制和现代治疗学前沿生物反馈疗法的生理机制。承担国家自然科学基金及省部级基金项目23项，发表论文200余篇，获得教育部、广东省科技成果奖多项，编撰学术著作与教材26部。

二、中山大学国家级教学名师档案编研

（一）高等学校教学名师奖的缘起

进入21世纪后，随着我国高等教育开始由量的扩展转向质的提升，为进一步打造高等教育强国，政府越来越重视人才培养的中心地位和本科教学的基础地位。但受制度功利主义等的影响，大学对本科教学的重视程度实际在下降，大学教师“重科研、轻教学”的现象日益明显。表彰先进、树立楷模，引导广大高校教师“回归教学”，重视教书育人，就成为我国加强高校教师队伍建设的一个重要举措。

2003年，为了表彰和奖励具有较高学术造诣、长期从事基础课教学工作、注重教学改革与实践、教学水平高且教学效果好的教师，教育部决定在高校设立教学名师奖，每3年评选表彰100名教师，授予“国家级高等学校教学名师”荣誉称号，颁发奖章和荣誉证书，待遇等同于同级同类科技奖。“国家级高等学校教学名师奖”的设立，也是“高等学校教学质量与教学改革工程”的重要组成部分，教育部希望以此为契机，在全社会形成关注教学、关注名师的氛围，并带动高等学校加强教师队伍建设，深化教学改革，提高高等教育人才的培养质量。

第一届高等学校教学名师奖评选工作于2003年4月开始。教育部教高厅函〔2003〕5号文件对教学名师的评选范围、条件、程序做了规定，要求各地教育行政部门和各高等学校充分重视，认真组织，坚持标准，宁缺毋滥。国家级教学名师的评选范围限于普通高等学校中承担基础课（含公共课、专业基础课和实验课）教学任务的专任教师，按2001年教授数量给地方或单位分配名额，广东省有6个名额。各地教育行政部门应于2003年6月30日前将以下材料报至全国高等学校教学研究中心：教学名师奖推荐人选汇总表；各推荐人选的申请表（一式五份，含一份原件）；光盘一张（含数码彩色照片一张、500字左右的个人简历、500字所属学科及学校文字介绍、15～30分钟讲课录像，讲课录像应能真实反映被推荐人的教学水平和教学效果）。6月，教育部教高厅函〔2003〕85号文件除要求高等学校教学名师奖

评选表彰工作继续进行外，还对教学名师的评选要求进行了细化：细化了课时量的基准，基础课的界定原则上以各高校的现行做法和规定为准，申请人的年龄原则上不受限制，已退休的教师需提供学校的返聘证明，等等。

在各高校及地方教育行政部门推荐、评审的基础上，经过同行专家网络评审、会议评审、教育部审定等程序，确定了100名教学名师奖的获奖教师。2003年9月4日，教育部公布了第一届百名高等学校教学名师奖获奖者名单。其中，62名教师来自教育部直属高等学校，35名教师来自非教育部直属高等学校，3名教师来自军队院校；获奖教师的平均年龄是58岁，年龄最大的72岁，最小的只有37岁。主讲数学分析、实变函数的中山大学教授邓东皋，主讲细胞生物学的中山大学教授王金发，是首批高等学校教师名师奖的获奖者。

在第19个教师节到来之际，第一届高等学校教学名师奖于2003年9月9日在北京人民大会堂颁发，中共中央政治局常委、国务院总理温家宝，国务委员陈至立等党和国家领导人接见了获奖者。获奖者是中国77万高校教师的优秀代表。给长期站在大学本科基础课堂上、在教学科研上做出突出贡献的教师颁发名师奖，这在中国教育史上是第一次。

2003年10月29日，为了奖励获奖教师做出的突出贡献，教育部教高函〔2003〕14号文件特规定：给获奖者颁发的奖章、奖杯与证书均印有“国家级教学名师奖”专用标志，任何单位要使用这一标志，需事先征得教育部的同意；发给每位获奖教师奖金人民币2万元；鼓励有关高校对获奖教师的教学研究经费给予必要的支持，供其开发教学研究成果；各高校要倍加珍惜获奖教师所取得的宝贵教学财富，努力营造重视教学、重视质量、重视教师的良好环境，为提高我国高等教学质量做出新的更大贡献。

（二）中山大学首届教学名师评选及表彰奖励和经验推广

2003年，中山大学经过各级教学单位初审、学校教学指导委员会复审和全校公示，评选出了邓东皋、王金发、夏纪梅、李萍、黄天骥、梁力建、童叶翔、方积乾、郭嵩山等9名校级教学名师，其中邓东皋、王金发教授同时获得广东省高等学校教学名师奖和国家高等学校教学名师奖。2004年，中山大学决定根据教育部《关于做好第一届高等学校教学名师奖获奖教师奖励工作的通知》精神，对国家、广东省和学校教学名师奖获得者予以奖励，并在校内推广教学名师的优秀教学经验。中大教务〔2004〕14号文件具体规定如下：授予校级教学名师获得者“中山大学2003年度校级教学名师”的荣誉称号，并颁发奖励证书；向获奖教师颁发奖金，其中国家级教学名师奖金人民币1万元，省级教学名师奖金人民币5000元，校级教学名师奖金人民币2000元，重复获奖者按最高级别奖项予以奖励；对获奖教师的教学研究经费予以必要支持，以利于优秀教学成果的推广、编制高水平教材和建设名优课程等；分期举办教学名师的“示范性讲座”或“教学展”（包括名师主讲课程的教案、教材、教学改革研究成果等展览）。

国家、省、校三级高等学校教学名师奖表彰机制就这样建立起来。中山大学首届校级教学名师黄天骥、梁力建、李萍、方积乾等人也在其后分别获得了国家高等学校教学名师奖。中山大学校级教学名师评选一直延续至今。2023年，中山大学为表彰长期从事教育教学工作，且贡献突出的优秀教师，组织了第十一届校级教学名师评选工作，10位教师获得“中山大学第十一届教学名师”荣誉称号。

（三）高等学校教学名师奖的演变及中山大学国家教学名师

从2003年到2011年，高等学校教学名师奖举办了六届，每届评出教学名师100名，共产生了600名国家级教学名师。其间也进行了一些调整，如出台具体的评选指标体系并逐渐进行完善。2007年开始，国家级教学名师的评选改为每年一届，将高职高专教学名师的评选指标体系单列出来并使它与本科评选指标体系各有侧重，但仍以奖励普通高校教师为主。

教育部教高厅函〔2006〕8号文件要求符合评选条件的教师向所在学校提出申请，由学校择优推荐，报学校所在地的省级教育行政部门评审，各地教育行政部门组织评审后，按分配名额上报教育部，候选人名额在7个及以上的省（市），原则上推荐1名以上（含1名）高职高专院校的候选人。教育部教高厅函〔2006〕8号文件的附件《第二届高等学校教学名师奖评选指标体系（征求意见稿）》规定，评

选指标包括教师风范（10分）、授课情况与教学水平（45分）、教学梯队建设与贡献（10分）、科学研究与学术水平（30分）和外语水平（5分）。2006年9月，教育部正式公布了获第二届高等学校教学名师奖的100位高校教师名单，中山大学黄天骥教授顺利当选（本届广东省共有两位教师获奖，是历届名师奖评选中名额最少的一次，第一届广东有6位教师获奖）。广东省教育厅于2007年3月，确定中山大学黄天骥教授等24人为第二届广东省高等学校教学名师奖获得者，并予以奖励；中山大学获奖者为黄天骥、陈小明、王庭槐、方积乾、詹希美等5位教授。2007年4月，中山大学对第二届各级教学名师奖获得者进行了奖励。

附件：

中山大学第二届各级教学名师奖获得者及奖金一览表

获奖级别	获奖教师	单 位	奖金（万元）
国家级	黄天骥	中文系	1.0
省 级	陈小明	化学与化学工程学院	0.5
	王庭槐	基础医学院	0.5
	方积乾	公共卫生学院	0.5
	詹希美	基础医学院	0.5
校 级	张进修	物理科学与工程技术学院	0.2
	桑 兵	历史学系	0.2
	朱熹平	数学与计算科学学院	0.2
	叶汝贤	哲学系	0.2
	葛 坚	中山眼科中心	0.2
	舒 元	岭南学院	0.2
	周大鸣	人类学系	0.2
	陈家祺	中山眼科中心	0.2
	陈六平	化学与化学工程学院	0.2
	任剑涛	政治与公共事务管理学院	0.2
	叶创兴	生命科学学院	0.2
	龚孟濂	化学与化学工程学院	0.2
		总 计	5.4

备注：1、奖金额度按国家、广东省及学校有关文件执行；
2、个人所得税自付。

00000-1182008

2007年，教育部于8月27日召开新闻发布会，公布了第三届高等学校教学名师奖100名获得者名单，中山大学中山医学院王庭槐教授榜上有名，为广东省高校4名获奖者之一，颁奖仪式在人民大会堂举行。中山大学根据《教育部 财政部关于公布第三届高等学校教学名师奖获奖教师名单的通知》（教高函〔2007〕14号文）的精神，发布了《关于公布和表彰中山大学第三届校级教学名师奖获得者的通知》（中大教务〔2007〕20号文），对我校第三届国家级、校级教学名师奖的获奖教师进行奖励。2008年教师节前，第三届广东省高等学校教学名师奖获得者公布（粤教高〔2008〕119号），中山大学教育学院李萍教授、历史系陈春声教授、中山眼科中心葛坚教授和附属第一医院梁力建教授榜上有名。

2008年9月2日，第四届高等学校教学名师奖获奖教师名单公布，中山大学教育学院李萍教授、中山医学院詹希美教授入选。2008年9月10日，他们出席了在京召开的第四届高等学校教学名师奖表彰大会。

2009年9月4日，第五届高等学校教学名师奖获奖教师名单公布，广东省的钟南山、方积乾、韦岗等7位教师榜上有名。2009年9月9日，在北京人民大会堂举行了隆重的颁奖仪式，国家领导人胡锦涛、温家宝、李长春、习近平等同志出席并接见了获奖教师。

2011年9月5日，第六届高等学校教学名师奖获奖教师名单公布，中山大学桑兵、梁力建教授当选。

中山大学先后有邓东皋、王金发、黄天骥、王庭槐、李萍、詹希美、方积乾、桑兵、梁力建等9位教师当选国家级高等学校教学名师，位居我国高校当选总人数排行榜前列，且获奖者所属学科分布于文、理、医等多种领域。获奖教师们不仅具备高尚的师德，长期扎根一线从事本科基础教学，还在人才培养模式、课程体系、教学内容等方面取得一定创新成果，并在课程及教材建设方面获得突出成绩，发挥了良好的榜样和示范作用。

（四）国家级人才工程“万人计划”教学名师

2012年9月，国家高层次人才特殊支持计划（又称“万人计划”）正式启动实施，这一计划准备用10年遴选1万名自然科学、工程技术、哲学社会科学和高等教育等领域的高层次人才。作为中国国家级人才工程，“万人计划”由中央人才工作协调小组统一领导，中组部牵头，中宣部、教育部、科技部、人才资源社会保障部等共同实施。该计划所遴选的人才包括3个层次：第一层次100名，为具有冲击诺贝尔奖、成长为世界级科学家潜力的杰出人才；第二层次8000名，为国家科技和产业发展急需紧缺的领军人才，包括科技创新人才、科技创业领军人才、哲学社会科学领军人才、教学名师、百千万工程领军人才；第三层次2000名，为35岁以下具有较大发展潜力的青年拔尖人才。对“万人计划”的入选对象，在有关部门和单位原有支持的基础上，国家再给予直接特殊支持，提供特殊条件，以期产生重要成效。

2014年共有101位高校教师入选第一批“万人计划”教学名师，其中就包括中山大学的王庭槐教授。根据教育部教财司函〔2014〕665号通知，为充分发挥“万人计划”教学名师在教育教学改革中的示范引领作用，教育部安排给教学名师每人50万元的特殊支持经费，地方和学校可配套给予适当经费支持。特殊支持经费主要用于支持教学名师进行教育教学研究，组织教育教学改革重大项目，建设教学研究团队，指导培养青年骨干教师，开展教育教学研修交流，开发课程、教材、课件等教学资源，推广教育教学改革实践成果等，学校负责特殊支持经费的有效使用和管理。这之后，陈敏教授于2018年入选“万人计划”教学名师，郝元涛、李辉教授于2021年入选“万人计划”教学名师。至今为止，王庭槐教授是中山大学唯一一位既获得国家级教学名师奖，又入选“万人计划”教学名师的教师。

（五）中山大学国家教学名师档案编研计划

名师是一所大学的核心和灵魂，对学校教育质量的提高起到重要作用，也是支撑学校声誉的重要力量。在我国高等教育由外延发展转向注重内涵提升，进入“双一流”建设的当下，国家聚焦高等学校人才质量，大学也面临着日益激烈的生源竞争，名师的重要性更加凸显。

习近平总书记在清华大学视察时说道：“教师要成为大先生，做学生为学、为事、为人的示范，促进学生成长为全面发展的人。”[①] 中山大学鼓励广大教师立德修身，潜心治学，开拓创新，真正把为学、为事、为人统一起来，当好学生成长的引路人，积极投身教育教学改革，不断提高人才培养质量。为配合学校工作，并充分发挥国家级教学名师的引领及导向作用，档案馆决意立足档案资源，开展中山大学国家教学名师档案编研工作，主要围绕教学名师的教育背景、工作经历、教学成果、科研业绩和社会服务等方面，收集、整理相关档案文献资料，挖掘细节并完善记录，在讲述教学名师的成长经历之上，重点梳理他们的教改探索、教学思想等教学成果，为深入探讨国家级教学名师的成长规律、树立并宣传国家级教学名师的模范形象提供第一手资料和原始素材，也期为今后其他相关教育教学研究提供便利。

①《习近平在清华大学考察时强调：坚持中国特色世界一流大学建设目标方向 为服务国家富强民族复兴人民幸福贡献力量》，《人民日报》2021年4月20日第1版。

三、大爱无痕　教思常新

——记第三届高等学校教学名师奖获得者中山大学教授王庭槐

张蓝溪　王璺华　林珍　宗淼

纤纤细细 / 浅浅淡淡 / 轻轻一抹 / 勾在初夜轻吞黄昏 / 墨蓝青紫的天幕 / 恰似伊人嫣然一笑的下唇……这景致不在秀丽的江南 / 在最宜思人的地方——东北营口 / 辽河仲夏的夜幕。

这美丽的诗句不是出自某位浪漫而感性的诗人，而是获得高等学校教学名师奖的中山大学中山医学院博士生导师王庭槐教授的新作。诚然，作为一名生理学专业的科研和教学工作者，他崇尚理性，实践、创新、“向事实求知”是他不容变更的准则。学生们都说，王老师有一颗执着而博爱的心，他热爱自己的职业，牵挂自己的学生，尊重一切生命。“医学教师的职业是崇高的。”王老师朴素而深情地概括道。

奉行“三基三严”　为人师表

在王老师的教学生涯中，有两个人对他的影响最大。其一是他父亲。当年命运的车轮没有把他变成一位外科医生，而是轰轰隆隆驶向教师这一职业，年迈的父亲盯着他的眼睛，缓缓地说了几句话：“做老师很好，但希望你能记住：一、不要误人子弟；二、学者一字不识为耻。”25 年过去了，父亲的话一字不敢忘怀，始终如悬在头上的鞭子，鞭策他不断提高自己，改进教学。其二是原中山医科大学病生教研室简志瀚教授。简教授上课时，板书上的每个字都要在课前设计好，工整而清晰。他善于用简洁明了的言语来道明深奥的原理，贯穿着科学思维，其节奏、用词都把握得恰到好处，听他上课实在不失为一种享受。在王老师的脑海中，常常浮现出简教授授课的画面，王老师也以此为标准激励自己。

回忆初为人师的日子，王老师眼睛里更多的是感动与喜悦。由于那时的教学设施不如现在先进，他每天都要扛着一台沉沉的幻灯机和一堆幻灯片，做教授的助手，给学生们放幻灯片。助教，不仅要辅助教学，其实还有自己的学习任务。当时很多助教就趁学生们做实验的工夫，抓紧时间背英语单词，复习功课。但是王老师不相信这样的“高效率”，他决心要做，就做个称职的助教。于是，他常常在学生的实验桌旁打转，凡有学生提问都尽量解答。他认为一个合格的老师，传授复杂的知识时要注意深入浅出，在没有学生提问时，他就琢磨新的分析方法，以求下次给学生讲解得更明白。做助教的1000多个日日夜夜中，他每天重复着同样的生活，把做老师的基本功打得扎扎实实。也正因为这扎实的基础，他才能在后来的教学中取得不凡的成绩。“当时有人笑我是浪费自己的时间，没有想到，我不仅巩固和更新了自己的基础知识，还锻炼了教学的分析能力。塞翁失马，焉知非福？”王老师谈到此处，不禁笑了。

“三基三严”是中山医柯麟老院长倡导和推行的著名医学教育模式，影响深远。大凡有经验的老师，往往都重视学生扎实的基础，王老师就是“三基”的大力践行者。甫一见面，王老师对笔者谈的就是“打基础”三个字。所谓“三基”，即基础理论、基本知识、基本技能。柯麟老院长曾说：“天才做前期，地才做临床，人才做科研。”其意思是说，做基础的老师会影响一代代的人，做科研则只是一个个项目。原中山医八个一级教授中就有五个是做基础医学的，由此说明基础的重要性。王老师强调道：“基础，不仅是对医生个人医术的要求，对病人更显重要。比如对肝脏的触诊，手法生硬会使病人觉得很痛；但一个熟练的医生，手法可以很轻柔，在整个检查过程中不会令病人觉得不舒适。手术做得漂不漂亮，靠的就是扎实的基础、严谨的作风。”王老师认为，不仅本专业的基础要扎实，该学的基础课程都应该学扎实，因为没有绝对独立的学科，各学科是相通的，完整的知识体系令人受益。王老师的教师本色在举手投足间表露无遗，他认真地给笔者举例说明自己的观点：“比如，Stanley Chang教授发明了在眼科手术中使用重水。因为在眼科手术中，视网膜很容易脱落出来。而他因为有了坚实的物理基础知识，突然受到启发，才可以想到用重水来压制视网膜，抑制视网膜的下坠。”

1981年，王老师还是一名大三学生时，参加了学生科研小组，在《医学哲学》

杂志上发表了他的第一篇论文《禁不住的真理之光——哈维血液运行学说创造的过程及其启示》，据说，这还是恢复高考后医学本科生的第一篇论文。很早之前，西方教会不允许解剖，在1628年哈维的血液运行学说之前，很多科学家为此付出了生命的代价。维萨里、萨尔维特这两个解剖学家，一个被活活地烤死，一个被流放到荒岛。后来，一个叫作哈维的科学家推翻了盖伦的潮水涨落学说，他通过解剖动物，最终发现了体循环的主要过程。这个学说掀起了医学界的轩然大波，他的老师、学生一个个离开了他，甚至他的生命也受到威胁。但最后哈维坚持了真理，现代科学"向事实求知"的精神由此展开。这篇论文写的就是从这个故事中受到的启迪。这篇论文成为王老师要求学生"向事实求知"的源头，也是他以后教授生理学实验课程时变验证性实验为探索性实验的缘起。所以，严格要求、严肃态度、严密方法的"三严"，成为王老师"三基"之外的又一重要指导思想。

教学探索贵在涉远　倡导"三早"

"人生的探索是没有止境的，教学的探索也是这样。"王老师在从事医学教育的25年中，都持之以恒地进行课程教学改革。他探索出的"三早"：早期接触临床、早期接触科研、早期接触社会，是对"三基三严"的有益补充和完善。

医学院的传统教育模式是医预科基础、临床理论基础、见习实习基础三段式的培养。这种教育模式从1910年被提出以来，已经沿用了100多年，它强调循序渐进，固然有其积极的一面；但是，一种模式用了100多年而原封不动，它不需要进步吗？王老师就感觉到，这种教育模式有"前期理论和后期实践割裂"的弊端。1996年的美国斯坦福大学之行，让王老师豁然开朗。他发现那里的大一医学生上午上完解剖课，下午就到医院见习，大大增强了学习的效果。"将这种方法借鉴到我们中山医，同学们能真正受益啊！"他的心里开始有了尝试的想法。1998年，他在自己泌尿生理学的课程上率先推行了早期接触临床的教学方法，取得了很好效果。第一次实行时，以"预见习"名义，王老师把学生带到了附属一院泌尿科，当时一个学生兴奋地对王老师说："我原来以为蛋白尿就是像牛奶一样的颜色，现在到了临床才发现其实和正常的尿液是一样的！"

但是，大规模的学生一天三次到医院预见习，病人渐渐有了意见，“预见习计划”在2000年一度被搁浅。但这个计划一直悬在他的心头，他始终在等待一个新的契机。2001年中山大学与中山医科大学合并之后，王老师兼任教务处处长，在一次教学汇报会上，他听到哲学系教授介绍学生寒暑假回乡参加实践活动的做法，学生携带“五个一”（一个书包、一辆单车、一本笔记本、一支笔、一张学校证明）到乡下体验哲学，十分成功。火花一闪，王老师一年来的心病突然有了解决的眉目。于是，他将自己的设想向当时主管教学的校领导汇报，得到了极大的支持。

2001年，医学院大二的学生们带着一张证明，在寒暑假分散回到各自家乡进行预见习，这样化整为零，避免了病人抱怨。学生们对此计划激情饱满，但是回到当地医院也面临重重困难，有一位学生回家找了7次才得以进入医院。假期归来，老师们惊喜地发现，那群稚嫩的学生成熟了。有的学生第一次亲身感受到生命如何在医生手中流失，才知道医生责任重如泰山；有的学生目睹病人生病却没有钱治，品味了农民生活的艰辛；有的学生觉察到现有医疗体制存在的问题，开始了对医院管理的思考与探索。生活是一本无字的百科全书，它在无形中，让所有学生对医生这个职业有了真正的认识。医生意味着什么？它不仅仅是父母家人期望的大学好专业，不仅仅是毕业后找工作的一把金钥匙。医生直面的，是人世间最宝贵的东西——生命！首次的汇报会从晚上7点一直开到了11点。“在预见习的过程中，学生们感受医生，感受病人，感受病痛，感受医院的运转，感受各地的医疗现状。”学生们的激情让王老师感动了，几年来的那块心病一去无踪。2002年的寒暑假“预见习计划”被铺开到整个临床专业，2003年推广到了全校医科。

“预见习计划”后来被王老师归纳为“三早”中的“早期接触临床”。而“早期接触科研”则是王老师更进一步的探索。自1982年站上讲台，王老师没有一天停止过改进教学模式的思考。在他倡导和推动下，医学院设立了学生科研助理，让优秀本科生以助理形式尽可能多地接触教授，接触实验室。他还亲自开创了一门开放型实验课——实验生理科学，将生理学、病理生理学、药理学的实验课程结合在一起，并加上探索性实验，采取老师引导、学生自己动手的授课方式。1994年，王老师率先提出在医学院建立一个开放性实验室，学校为学生免费提供实验设备和必

要的器材、试剂，让学生利用空闲时间自己到实验室做实验。由于学校经费紧张，实验动物费由学生自愿支付。虽事隔多年，王老师对开放性实验室的点点滴滴还历历在目。当时王老师的孩子还小，家住得离学校也远，但他坚持每天晚饭后都骑单车来实验室指导学生。这一坚持，就坚持了3年。参与实验教改的一位值班老师回忆道："当时，为了激励利用晚上和假日为开放实验室加班的老师和技术员，学校为项目组老师、值班老师和技术员发放加班费。3年来，王老师天天在这个实验室'加班'，唯独他一分钱没拿。"说起这段往事，在场的人都感慨不已。

在总结开放性实验室的经验基础上，王老师编写出高质量的《实验生理科学》教材，提倡"学会研究性学习"，让学生自己完成设计、操作、总结一整套探索性试验流程。后来，他又想到把每一年学生的探索性实验论文都编辑成册，举办答辩会。1997年，一本朴素的绿色封皮的《探索性实验论文集》，如同早春的一片新绿，映入大家眼帘，激起丝丝希望和惊喜。但当时有人预测，这只会是一场烟火秀，昙花一现。然而，《探索性实验论文集》不仅坚持做下来了，且封面越来越漂亮，内容也越做越充实，并有中英文版并驾齐驱。每年一本的论文集，都给学生以激励和启迪。这种跨学科的三合一整合实验教学模式，开启了国内医学机能学实验课程教学改革的先河，在国内引起了强烈反响。《健康日报》评价道："实验生理科学为学生搭建了培养科研思维的平台，提高了学生的动手能力。"王老师和他的同事完成的教改课题"新型生理学实验课教学模式的建立和探索""创建跨学科、多层次生理科学实验课的研究与实践"和"构建'三早'医学教育模式的探索与实践"分别荣获1993年、2001年和2005年的国家级教学成果奖二等奖；2004年，他负责的生理学课程入选国家级精品课程，在全国起到良好示范作用。现在已是国家杰出青年科学基金项目获得者的宋尔卫博士，在他当初的文章《闪烁着创造性火花的实验课》中写道："王教授注重对学生科学思维能力和创造力的培养，他教给我们的科研思维使我终身受益，把我们引向一个崭新的天地，照亮我们医学学习的道路。"

就这样，以激发学生潜能、培养符合全球医学教育最基本要求的优质医学人才为目标，王老师25载的从教生涯坚持"授人以渔"，影响了一批又一批杏林人。"三思方举步，百折不回头"是两院院士吴阶平教授送给他的题词，其中折射出王老师脚踏实地、锲而不舍、敢于创新的人生追求。

尊重生命　大爱为先

正如开篇所提到的，王老师是一个极注重人文修养的人，医本仁术、医者仁心。“在伟大的人格面前，好的学问也只能退居其次。”他不仅以此律己，而且将尊重生命的教育全程贯穿在他25年实验课程的教学过程中。

在一次试验中，王老师看到有些同学用生锈的剪刀解剖青蛙，而且由于操作不规范，导致青蛙所有的内脏都血淋淋地暴露在空气之中。王老师的心好像被针狠狠刺了一下，一向和蔼的他严厉地批评了这种现象：“是谁给我们人类权力可以随意去决定另外一种生命的存亡？我们要善待生命，一个对生命冷漠甚至残酷的人怎么能成为好医生？今后你们行医做手术时，应尽量用最小的损伤换取最合适的暴露和手术条件。”同学们被他的话触动了，对生命的分量有了更深的思考。

然而，这场风波让王老师久久难以平静：“医生要面对的是生命，只有在平时的实验中就开始培养这种尊重生命的精神，以后在工作中才能自觉地善待病人。”就是这种对伟大人格的追求，促使王庭槐教授形成了“三早”模式中“早期接触社会”的想法。在香港大学考察时，他看到那里的医学生采取一种“和家庭一起成长”的培训方式。学生们做家庭的生活指导，见证准妈妈从怀孕、分娩到哺乳的整个过程，让学生同家庭一起成长。这样既服务了社会，又培养了学生们的爱心，获得了知识。深受感染的王老师又想起了他自己的学生。回来后，王老师想尽办法，托朋求友，联系了广州市黄埔区的一些五保户老人、百岁老人和60户家庭，为他们进行免费义诊，提供免费的医疗咨询，让学生们也体味医患之间的温馨情谊，进一步接触社会。

后来，王老师与开设医学伦理课的吴素香教授积极开展医学伦理教学与学生早期参加社会爱心实践活动相结合。在伦理课的爱心实践活动中，有一组学生开展了以“关心民工子女的教育”为题的调查，学生们调查了广州高楼林立背后的建筑民工的心酸和辛苦。学生们从接触到行动，组织民工子女参观中山大学校园、图书馆，勉励他们用知识改变自己的命运。王老师谈到此事时，眼中充满欢乐和激动。“我发现有些同学考上了名牌大学，就自诩为精英，瞧不起那些高考落榜或者是根本没有机会接受良好教育的同龄人，很令人担忧。通过早期接触社会，他们认识到，无论贫富，应该让每个人都有接受高等教育的权利，我觉得很欣慰。”在王老师心中，大学教育不是“人才培养”，而是“人的培养”，教育是为了培养人格健全的人，心理健全、心有大爱的人。只有这样的人，才能做得好大学生、好医生。

2002级廖嘉炜同学在做论文答辩时，在第一张幻灯片上很醒目地打下了“向为实验做出牺牲的‘鼠鼠兔兔们’致敬！”的字样，令王老师心头一热，感到他的教育达到了预想的效果。“要使学生心有大爱，包容天下。”他至今还在为此努力着。

教学与科研相长

王老师不光是教学名师，也是科研能手。他非常推崇以科研促进教学，认为在科研上有所发展对大学的教学是非常有好处的，而他自己在科研方面也颇有建树。

他长期从事雌激素心血管作用以及生物反馈的研究，承担国家自然科学基金项目3项、卫生部科研基金及其他部省级科研基金项目10多项，在国内外杂志上发表科研论文50多篇，获得科研成果及论文奖6项。他建立了国内第一个研究生物反馈生理机制的实验室。近年来结合现代治疗学研究前沿，对生物反馈的生理机制进行了深入的研究，并率先将近似熵分析方法及混沌动力学理论引入生物反馈的信号分析，为阐明生物反馈的生理机制尤其是中枢机制提供了崭新的思路和突破口。

王老师经常将自己在科研领域取得的新成果运用到教学上去，这有利于培养学生的科研兴趣，激发学生的创新思维。

（作者单位：中山大学中文系、中山医学院、传播与设计学院新闻系、环境科学与工程学院大气科学系）

第一章 求学问道 崭露头角

1956 年，王庭槐出生于广东省潮安县潮州镇（今潮州市），他的父亲是潮州镇人民医院、第一卫生所的医生，母亲是潮州一办五金厂厂长。1963 年，7 岁的王庭槐入读潮州昌黎路小学，后升至红旗学校、红旗中学（今潮州金山中学），1972 年，他在 16 岁时以优异的成绩从高中毕业，进入潮安抽纱公司做技术培训工。几年之后，历经初中代课老师、铁铺地段卫生院制药室负责人等工作，已经拥有丰富社会阅历的王庭槐等来了改变人生的契机——1977 年，中断十年的高考制度恢复了。他抓住机会备战高考，一举成功并于 1978 年 3 月进入早已心仪的中山医学院，在医疗系就读。高考制度的恢复是中国教育史上的重要转折点，也是一个影响巨大的历史事件，它标志着一个时代的结束和另一个时代的开始。知识就是力量、高考改变命运——这是王庭槐等 77 级大学生人生变化的真实写照。

77、78 级大学生具有“年龄差距巨大，社会阅历丰富，求知欲望强烈，学习格外刻苦，心态积极向上，敢于拼搏进取，但知识不够完整，外语基础较差”等群体特征，这些特征在王庭槐身上也有部分体现。在大学就读期间，他专心学业，如饥似渴地博览群书，并积极参加学生科研小组，结合所学所思撰写文章。作为学生业余科研协会的一员，仅在校庆献礼单上，他就贡献了五篇文章。

1981 年，他与吴一龙、黄梓材在《医学与哲学》上发表《禁不住的真理之光——哈维血液运行学说创造的过程及其启示》，阐明“科学迷信的可悲，盲目崇拜圣人的可笑，勇于献身真理的可敬”。“向事实求知”自此贯穿他的教学生涯，成为他日后留校任教时对学生的要求、改革实验课程的缘起，也是他自己一直坚守的准则。

作为“学习刻苦努力、科研成果突出”的优秀学生，王庭槐曾接受过《中国医学生》记者朱剑的采访，所形成的报道《他们哪里来那么多时间——访医学生王庭槐、吴一龙》发表在了《中国医学生》1981年第1期上。可以说，中山医学院这四年多的学习和科研经历，为王庭槐日后追求科学、勇于创新的教育教学及科研生涯奠定了扎实的基础。正如他所说：“前路人师立楷模，后辈追随当奋力。”

王庭槐与父亲王飞翔、母亲李淑芝、弟弟、妹妹合影

1960 年，王庭槐与母亲李淑芝

外婆陈宝和（前排中间）与母亲李淑芝（后排左一）

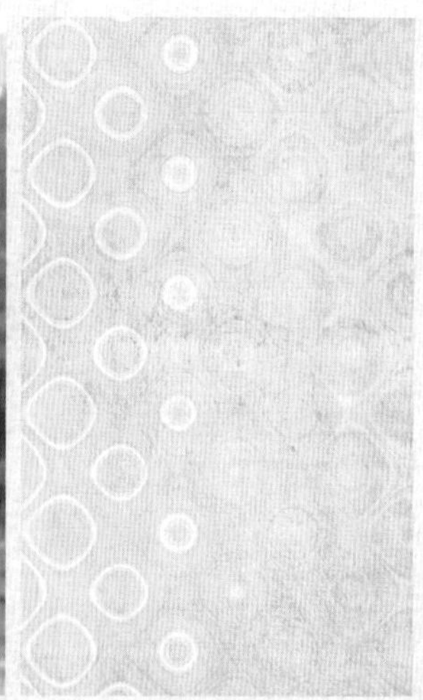

学生时代的王庭槐（1981 年）

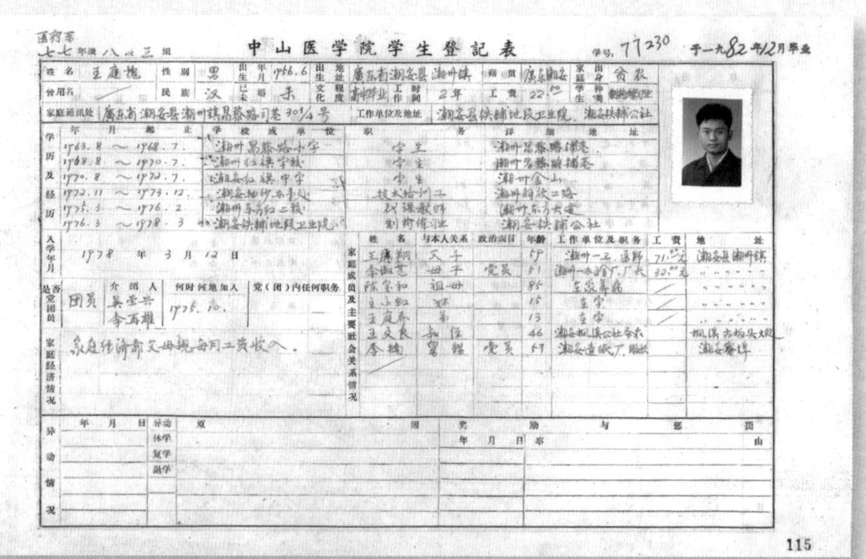

医疗系
七七年级 八 班 三 组

中山医学院学生登記表

学号：77230 于一九82年12月毕业

姓名	王庭槐	性别	男	出生年月	1956.6	出生地址	广东省潮安县潮州镇	籍贯	广东潮安	家庭出身	贫农
曾用名	/	民族	汉	已未婚	未	文化程度	高中毕业	工作时间	2年	工资	22.50
家庭通讯处	广东省潮安县潮州镇昌黎路司巷30½号					工作单位及地址	潮安县铁铺地段卫生院、潮安铁铺公社			学生种类	[illegible]

学历及经历

年月起止	学校或单位	职务	详细地址
1963.8～1968.7.	潮州昌黎路小学	学生	潮州昌黎路铺巷
1968.8～1970.7.	潮州红旗学校	学生	潮州昌黎路铺巷
1970.8～1972.7.	潮安红旗中学	学生	潮州金山
1972.11～1973.12.	潮安抽纱公司	技术培训工	潮州新风二路
1975.3～1976.2	潮州东方红二校	代课教师	潮州东方大道
1976.3～1978.3	潮安铁铺地段卫生院	制药统计	潮安铁铺公社

入学年月：1978 年 3 月 12 日

是否党团员	介绍人	何时何地加入	党（团）内任何职务
团员	吴崇兴 李高雄	1975.10.	—

家庭经济情况：家庭经济靠父母亲每月工资收入。

家庭成员及主要社会关系情况

姓名	与本人关系	政治面目	年龄	工作单位及职务	工资	地址
王鹏翔	父子		57	潮州一卫.医师	71.00元	潮安县潮州镇
李淑芝	母子	党员	51	潮州一面粉厂.厂长	32.00元	〃
陈宝和	祖母		85	在家养病	/	〃
王小红	妹		15	在学	/	〃
王庭乔	弟		13	在学	/	〃
王文良	叔侄		46	潮安枫溪公社.会长		枫溪古板头大队
李楠	舅甥	党员	57	潮安造纸厂.股长		潮安庵埠

异动情况 年月日	异动	原因	奖励与惩罚 年月日	事由
	休学			
	复学			
	退学			

115

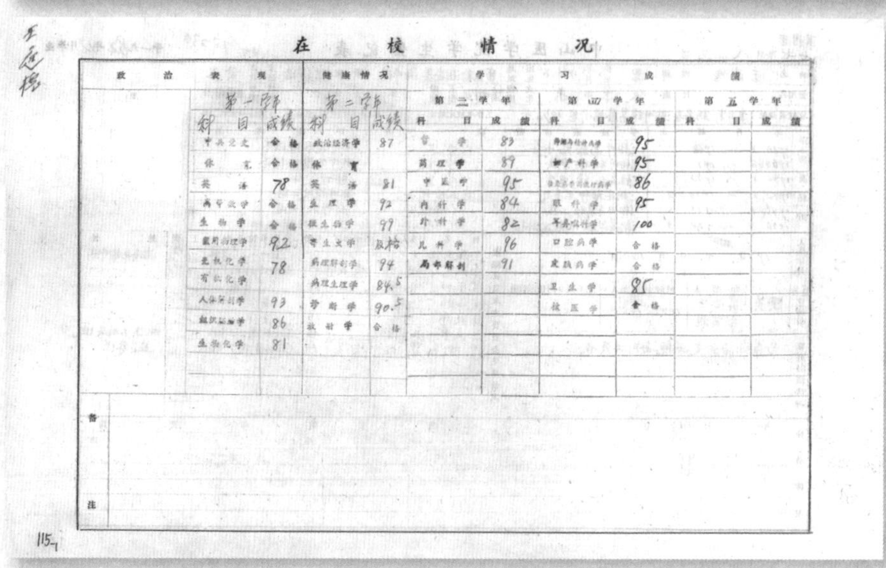

王庭槐

在校情况

政治表现 | 健康情况 | 学习成绩

第一学年 科目	成绩	第二学年 科目	成绩	第三学年 科目	成绩	第四学年 科目	成绩	第五学年 科目	成绩
中共党史	合格	政治经济学	87	哲学	83	传染病与流行病学	95		
体育	合格	体育		药理学	89	妇产科学	95		
英语	78	英语	81	中医学	95	[illegible]	86		
高等数学	合格	生理学	92	内科学	84	眼科学	95		
生物学	合格	微生物学	99	外科学	82	耳鼻喉科学	100		
医用物理学	92	寄生虫学	及格	儿科学	96	口腔病学	合格		
无机化学	78	病理解剖学	94	局部解剖	91	皮肤病学	合格		
有机化学		病理生理学	84.5			卫生学	85		
人体解剖学	93	诊断学	90.5			法医学	合格		
组织胚胎学	86	放射学	合格						
生物化学	81								

备注

115

王庭槐的学籍表

1980 年，中山医学院老教授的合影

（左起：钟世藩、柯麟、叶鹿鸣、汤泽光、林树模、白施恩）

1980 年 5 月 4 日，柯麟院长（前排右立者）、陈国桢教授（前排中立者）等视察学生自习的情景

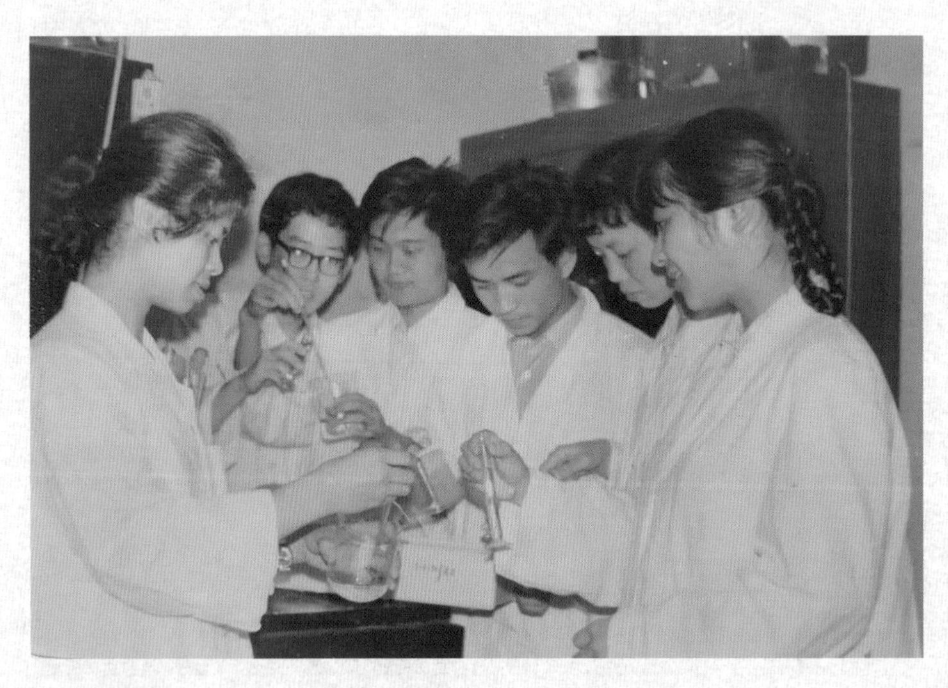

王庭槐（左三）与同学在做实验

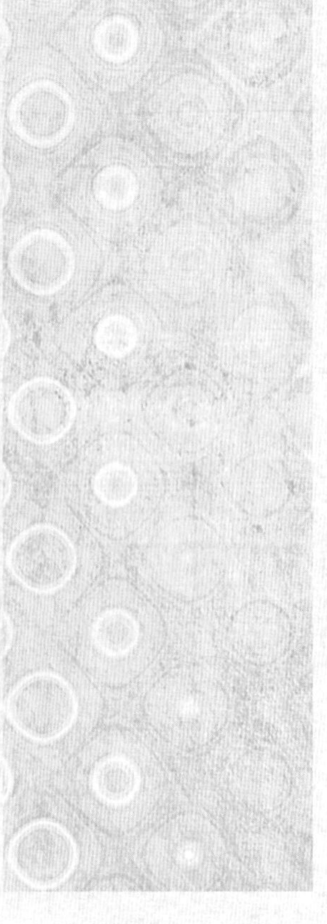

王庭槐（后排右一）与同学在越秀公园留影

致老师

七七年级　王庭槐　关一龙

在笔记本的末页，老师批着："别让冬天的巨掌扼杀
你身上的夏天，因为你芬芳的精魂还未曾提炼……"。

我默默地读着您的"批语"，
这"批语"象兴奋剂那样透进我的心房。
我痛惜过去虚度了的年华，
荒芜的心田又滋长着求知的渴望。
感激您驱散我自悲的心理，
谢谢您唤起我奋搏的勇气。

啊！敬爱的老师，
过去了的时光已经永远过去，
就让我现在重新做起。

把无谓的伤悲和杂念一概抛弃，
我要勇敢地向科学进军！

开垦的土地已撒下希望的种子，
禾苗的茁壮期望园丁的辛勤劳动，
等到那成熟的季节来临，
请相信："我同样会吐穗并有金色的芒。"
那时啊！老师，
我将向您献上一束深情的花，
再重温您那饱含期望的"批语"。

中山医学院77级王庭槐、吴一龙（当时误印为"关一龙"）1981年10月在《中山医学院校报》发表诗歌《致老师》

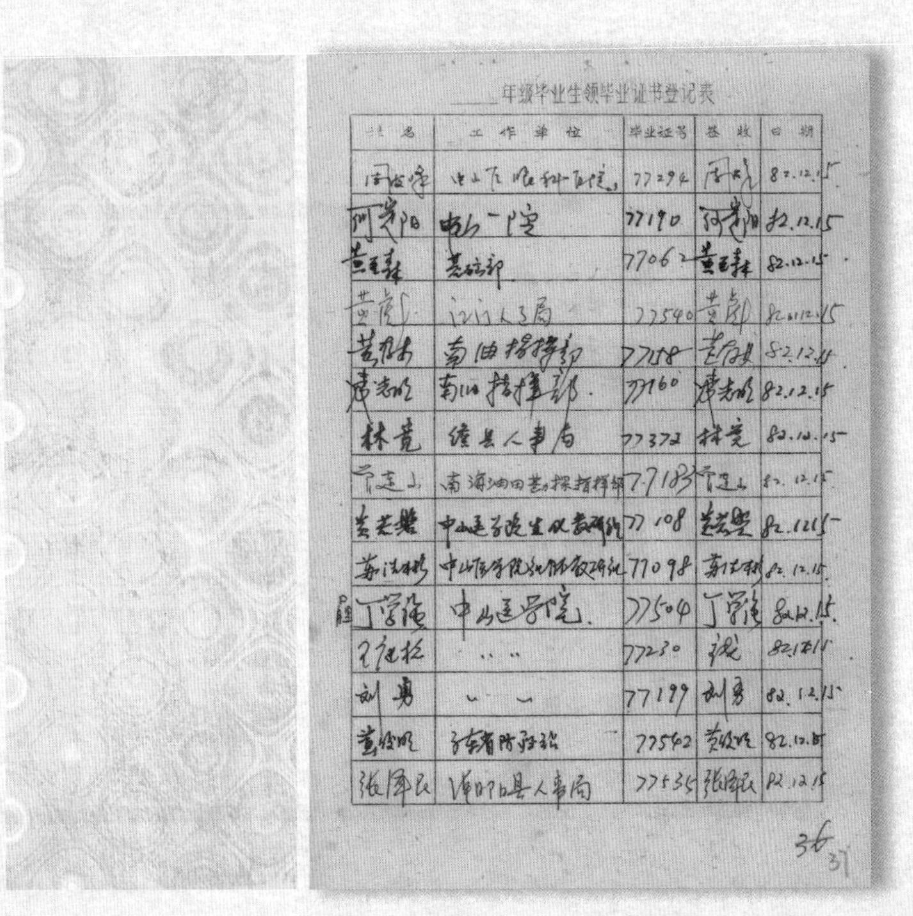

____年级毕业生领毕业证书登记表

姓名	工作单位	毕业证号	签收	日期
[illegible]	中山医眼科医院	77294	[illegible]	82.12.15
[illegible]	中山一院	77190	[illegible]	82.12.15
[illegible]	[illegible]	77062	[illegible]	82.12.15
[illegible]	[illegible]	77540	[illegible]	82.12.15
[illegible]	南油指挥部	77158	[illegible]	82.12.15
[illegible]	南山指挥部	77160	[illegible]	82.12.15
林竞	[illegible]县人事局	77372	林竞	82.12.15
[illegible]	南海油田勘探指挥部	77183	[illegible]	82.12.15
[illegible]	中山医学院生化教研组	77108	[illegible]	82.12.15
[illegible]	中山医学院组胚教研组	77098	[illegible]	82.12.15
丁学隆	中山医学院	77504	丁学隆	82.12.15
王庭槐	……	77230	[illegible]	82.12.15
刘勇	……	77199	刘勇	82.12.15
[illegible]	广东省防疫站	77542	[illegible]	82.12.15
[illegible]	[illegible]县人事局	77535	[illegible]	82.12.15

36 37

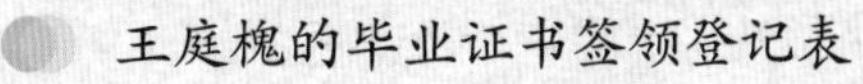

王庭槐的毕业证书签领登记表

1982 年，王庭槐执笔的 77 年级毕业典礼发言稿

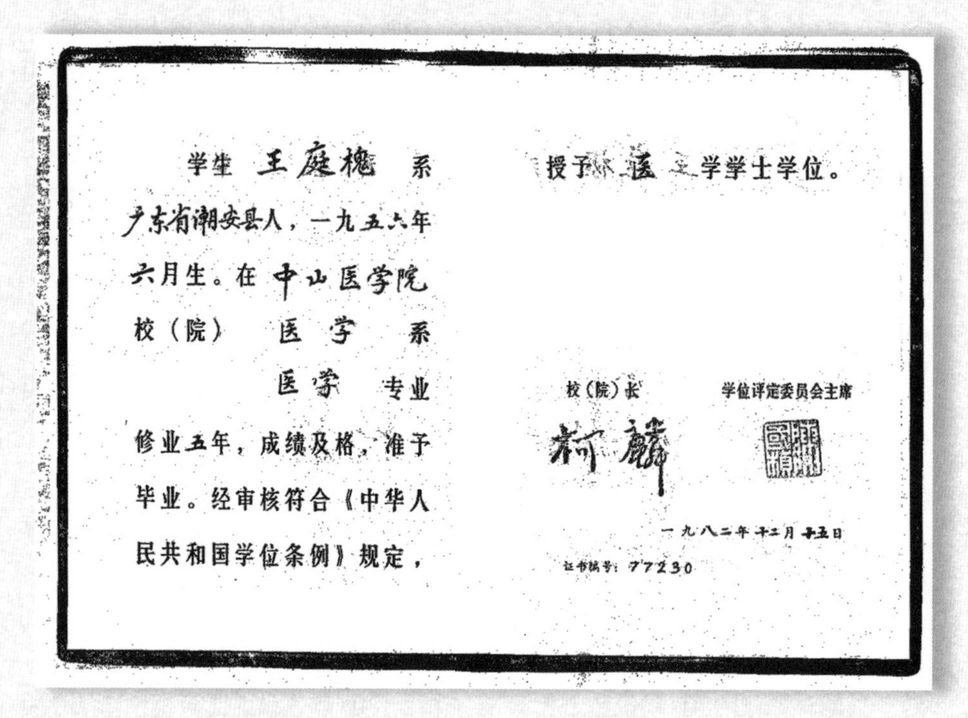

学生 王庭槐 系广东省潮安县人，一九五六年六月生。在 中山医学院 校（院） 医学 系 医学 专业修业五年，成绩及格，准予毕业。经审核符合《中华人民共和国学位条例》规定，

授予 医 学学士学位。

校（院）长　　学位评定委员会主席

一九八二年十二月十五日

证书编号：77230

王庭槐的学士学位证书

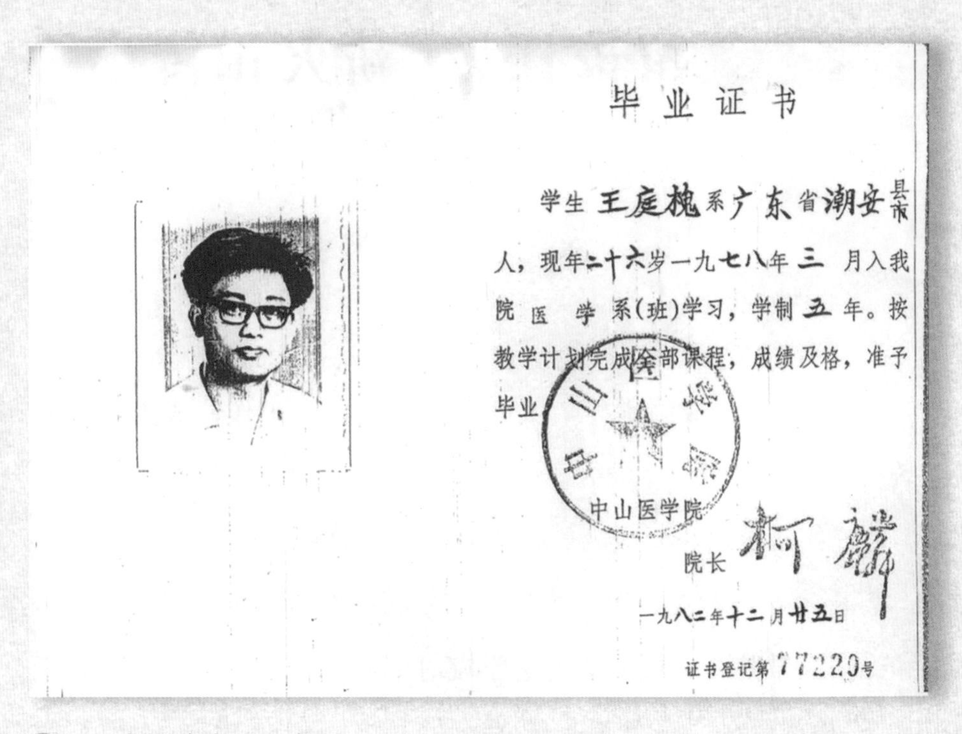

毕业证书

学生王庭槐系广东省潮安县(市)人，现年二十六岁一九七八年三月入我院医学系(班)学习，学制五年。按教学计划完成全部课程，成绩及格，准予毕业。

中山医学院

院长 柯麟

一九八二年十二月廿五日

证书登记第77220号

王庭槐的毕业证书

1982年中山医学院医学系、口腔系、卫生系学生毕业留影

第二章 留校任教 薪火相传

1982年12月，由于成绩优异，王庭槐毕业后留校工作，成为生理教研室的一名助教。未能像父亲一样成为一位悬壶济世的医生，王庭槐或许曾感到些许遗憾，但他最终下定决心要成为一位优秀的大学教师。

1953年，国家一级教授、著名生理学家林树模在中山大学医学院、岭南大学医学院和光华医学院合并成为华南医学院时创办了生理教研室，开设至今已经近70年。除林树模外，一批优秀的老一辈生理学家如陈培熹、侯慧存、卢光启、陈毓槐、詹澄扬等教授都曾在这里工作。刚到教研室上班时，主任安排王庭槐等新入职的教师接受助教培训，要求先过专业英语这一关。侯慧存教授每周两次来给他们上生理英语课，后来改为每周一次。在她的严格要求和悉心教导下，王庭槐的专业英语不仅过了关，还打牢了基础，为以后的专业水平发展、教学能力提升，以及开展国际合作与交流助益良多。另一位对他产生了非常大的影响的是病理生理教研室的简志瀚教授，以简教授为榜样，王庭槐自此为自己定下了“认认真真授课”的目标，并为今后成为国家级教学名师奠定了基础。

从助教到讲师，从副教授到教授，执教四十年来，王庭槐一直恪守教书育人初心，扎根一线课堂与实验室，以促进学生发展为己任，持之以恒地进行课程教学改革和医学人才培养模式改进。他对学生科学思维能力和创造力的培养，对学生敬畏生命及关注底层社会的教导，把学生引向一个新的天地，照亮了他们的医学学习道路，使不少学生终身受益。春风化雨，润泽深远。他培养研究生近60名，任教及指导的本科生人数更是众多。如今，王庭槐的学生们已经在自己的医学道路上走出新的天地，其中不止有大型医院的一线医生和学科带头人，也不乏国际知名的医学学术骨干。2019年2月，宋尔卫当选院士，接受《南方日报》的采访时说，上个世纪90年代初，自己的恩师、生理学家王庭槐就是这么给他讲课，领他入门。王庭槐还以科研论文的高标准来要求他的每一篇实验报告，并以高远的胸怀言传身教，成为他人生的榜样。

王庭槐也成长为医学教育家，从教育部到各高校都对他的能力表示认可。他不仅在多个重要学术委员会任职，还担任教育部医学教育质量评估专家，并被一些医学院校聘为教学顾问，为我国医学教育质量的提升做出重要贡献。

一、中大师友

高等学校毕业生統一分配工作报到証

中山医学院人事处：

按照国家制訂的1982年高等学校毕业生調配计划，现分配中山医学院毕业生王庭槐（男女）到你处工作，請接洽。

地方主管毕业生調配工作部門章

19[illegible]年12月12日

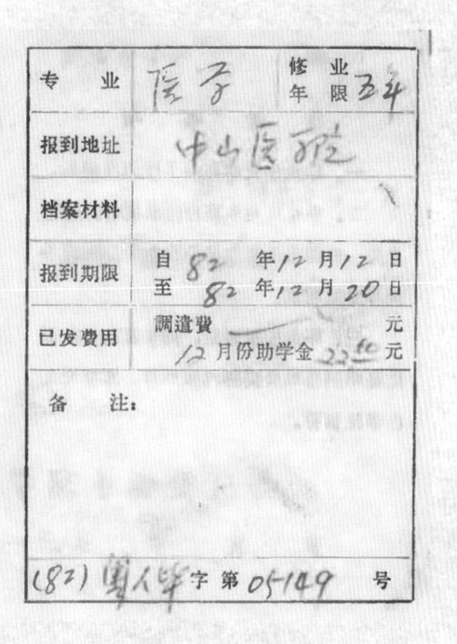

专业	医学	修业年限	五年
报到地址	中山医学院		
档案材料			
报到期限	自82年12月12日 至82年12月20日		
已发费用	調遣費——元 12月份助学金22.50元		
备注：			

(82)粤人毕字第05149号

王庭槐的毕业分配报到证

王庭槐的图书借阅证

林树模（1893—1982），著名生理学家，一级教授

简志瀚（1929—2017），病理生理学教授

1983年生理学教研室早期成员合影

《教师资格证书》是国家对符合教师资格条件的公民依法授予教师资格的法定凭证。在中华人民共和国境内的各级各类学校或者其他教育机构中担任教师工作的人员，必须持有本证书。

中华人民共和国国家教育委员会

持 证 人：王庭槐
性　　别：男
出生年月：1956年6月
民　　族：汉
身份证号码：
资格种类：高等学校教师资格
证书编号：964400170007651

王庭槐的教师资格证书

广州市社会医疗机构
卫生技术人员执业资格证书

行医许可证

持证人签名
Signature of the bearer
王庭槐

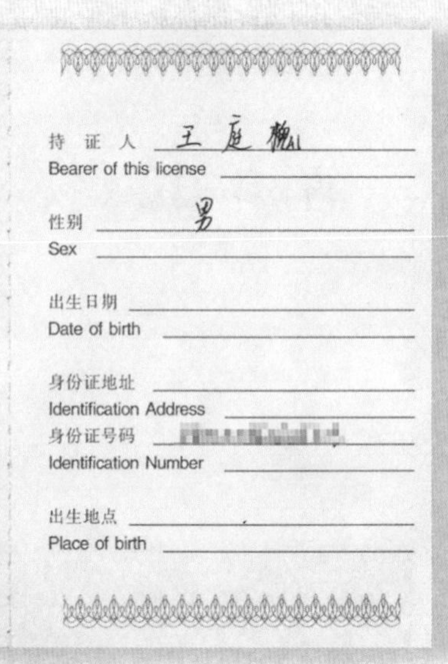

持 证 人　王庭槐
Bearer of this license
性别　男
Sex
出生日期
Date of birth
身份证地址
Identification Address
身份证号码
Identification Number
出生地点
Place of birth

王庭槐的行医许可证

证　书

王庭槐同志：

为了表彰您为发展我国医疗卫生事业做出的突出贡献，特决定从一九九三年十月起发给政府特殊津贴并颁发证书。

国务院

政府特殊津贴第(93)3611053号　　一九九四年一月三日

自 1993 年 10 月起获国务院政府特殊津贴

姓　　名　王庭槐
性　　别　男
出生日期　1956年06月01日
身份证号
学　　历　本科
毕业学校　中山医科大学
专　　业　医学心理科
类　　别　临床
000011402621

使用说明

一、本证书只适用于1998年6月26日前按照国家有关规定已取得医学专业技术职称(职务)的人员。

二、本证书仅作为注册依据。未经注册、并取得医师执业证书者，不得从事医疗、预防、保健活动。

三、本证书不得出借、出租、抵押、转让、涂改、故意损毁。

四、本证书由卫生部统一印制，任何单位或个人不得擅自印制。

王庭槐的医师资格证书

1986 年，王庭槐与吴一龙（左）

2006 年生理学教研室同事合影

2008 年 3 月，王庭槐（前右一）与生理学教研室同事集体合影

1996年，王庭槐在斯坦福大学与中山大学校友陈志英教授夫妇（中、右）合影

2003年，王庭槐与当代语言学家韩礼德（右）

2002 年 11 月 25 日，王庭槐在台湾与韩启德院士（右）合影

2002 年 11 月 25 日，王庭槐在台湾与中国血液病学家、北京大学医学部王德炳教授（右）合影

2010 年 11 月，王庭槐与美国马里兰大学巴尔的摩医学院生理学教授汪建英（中）

2015 年 6 月 15 日，王庭槐与侯慧存教授合影

2016 年 6 月，侯慧存教授（前排中）九十寿辰合影（前排右一为潘敬运教授，第二排右三为戎利民教授，第二排正中为王庭槐教授）

2012 年，邀请卫生部黄洁夫副部长（左）到澳门镜湖医院讲学

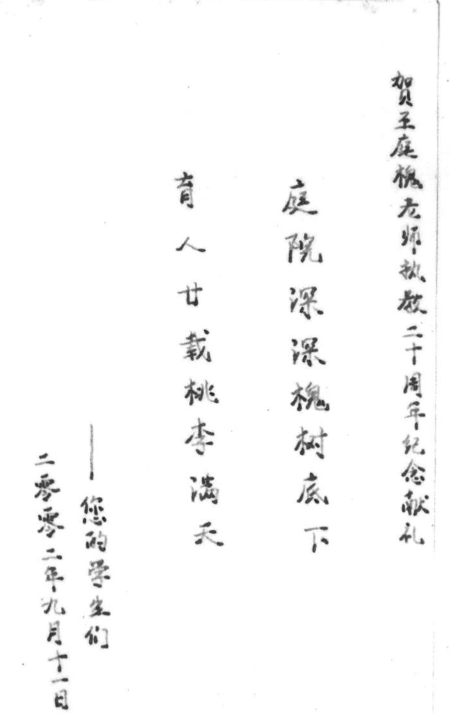

贺王庭槐老师执教二十周年纪念献礼

庭院深深槐树底下
育人廿载桃李满天

——您的学生们
二零零二年九月十一日

学而不厌 诲人不倦
桃李芬芳 其乐融融
——敬赠恩师

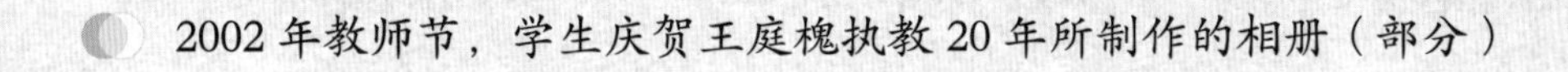

2002 年教师节，学生庆贺王庭槐执教 20 年所制作的相册（部分）

2002 年教师节，学生庆贺王庭槐执教 20 年所制作的相册（部分）

王老师：
非常感谢您对我的启蒙教育，是您将我带进了医学研究的五彩世界。您的敬业精神和对科学的严谨态度使我终身获益。

八一级学生
张伟真及全家
2004.1.14.
单梅、美子、惠子、太郎.

2002 年教师节，学生庆贺王庭槐执教 20 年所制作的相册（本页为 2004 年增补进相册）

王庭槐与毕业生在中山大学广州校区北校园留影

王庭槐与毕业学生合影

2008 年，王庭槐与毕业学生合影

2013 年，王庭槐与 2005 级八年制临床医学毕业生合影

2018 年 3 月，昆士兰大学药学院院长 Peter Little 教授夫妇（右四、右五）拜访王庭槐教授（右三），并一起分享中山医学院 TBL 教学成果

2021 年 1 月，王庭槐与夏书章教授（右）

2021 年 10 月，“光荣在党 50 年”中大百位党员采访现场

二、课程教学

王庭槐生理学实验课备课笔记及考试题集

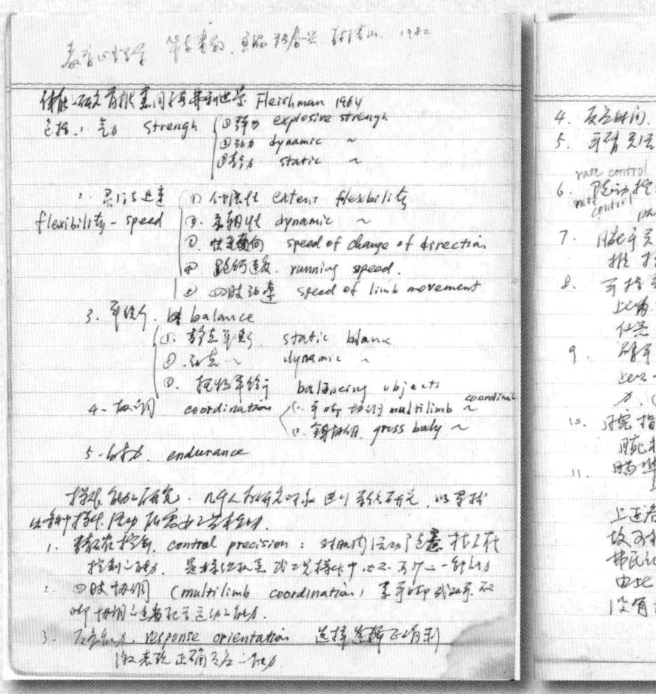

1982 年已开始对学生科研思维和动手能力培养的思考

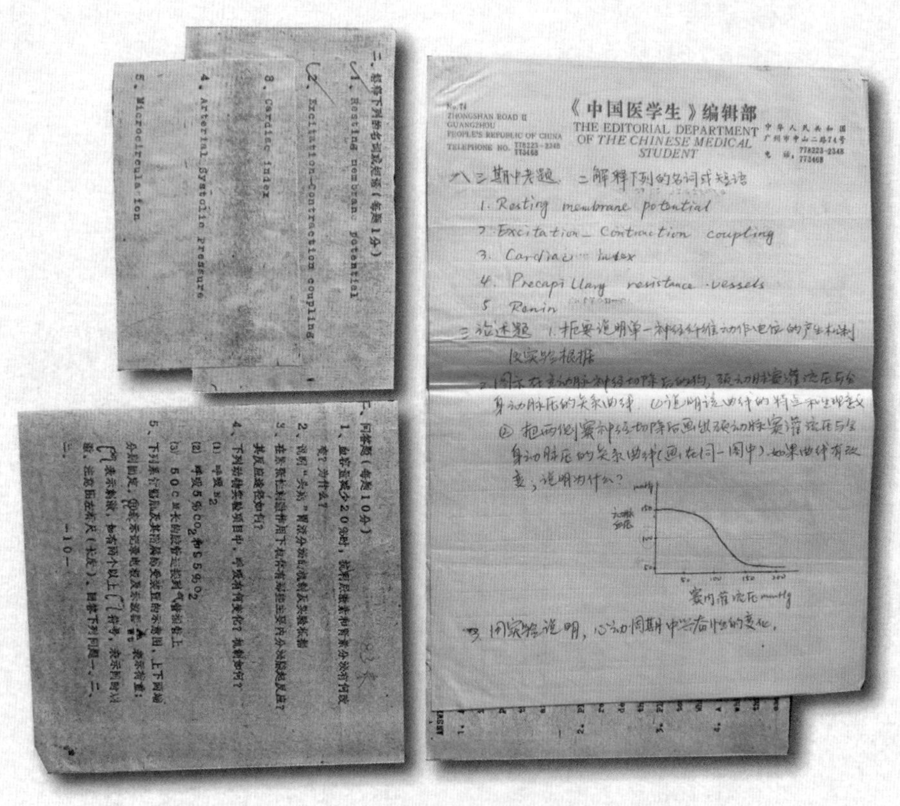

《中国医学生》编辑部

THE EDITORIAL DEPARTMENT OF *THE CHINESE MEDICAL STUDENT*

八三期中考题 二解释下列的名词或短语

1. Resting membrane potential
2. Excitation-Contraction coupling
3. Cardiac index
4. Precapillary resistance vessels
5. Renin

二、解释下列名词或短语（每题1分）

1. Resting membrane potential
2. Excitation-Contraction coupling
3. Cardiac index
4. Arterial Systolic Pressure
5. Microcirculation

王庭槐所出的83级期中考题与期末考题

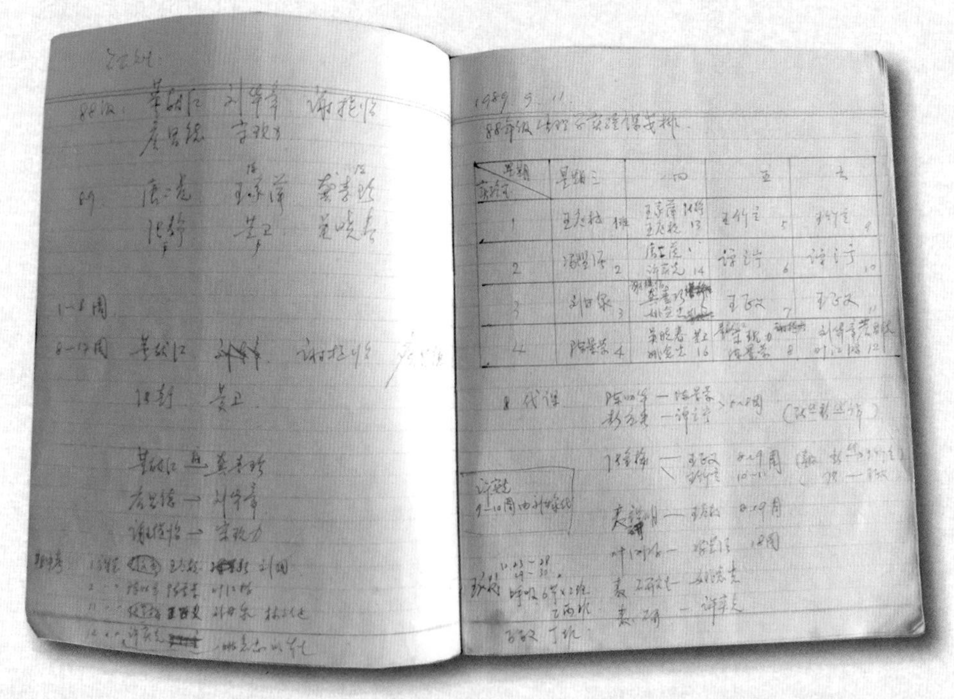

王庭槐所带88级生理学实验课安排（1989年9月11日）

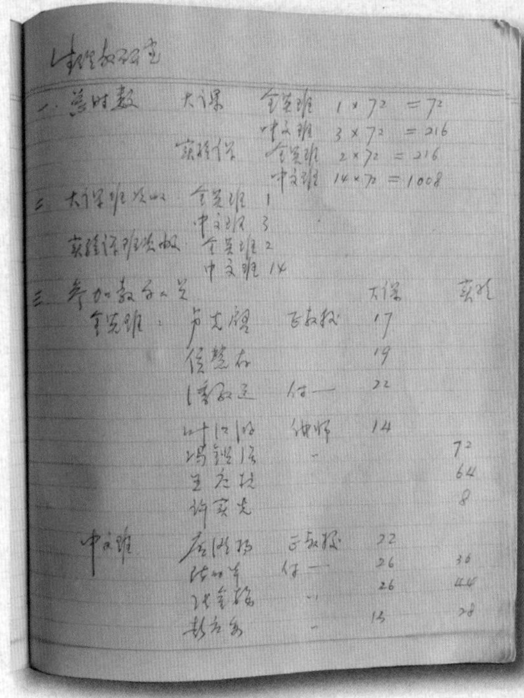

生理教研室课时数统计，其中王庭槐实验课64学时

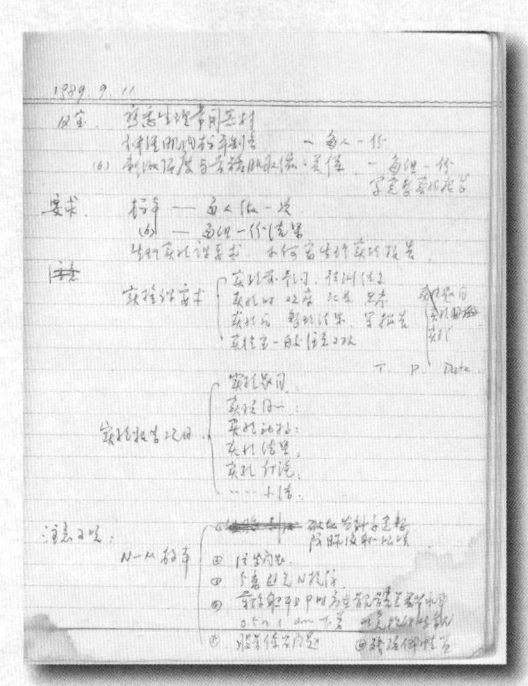

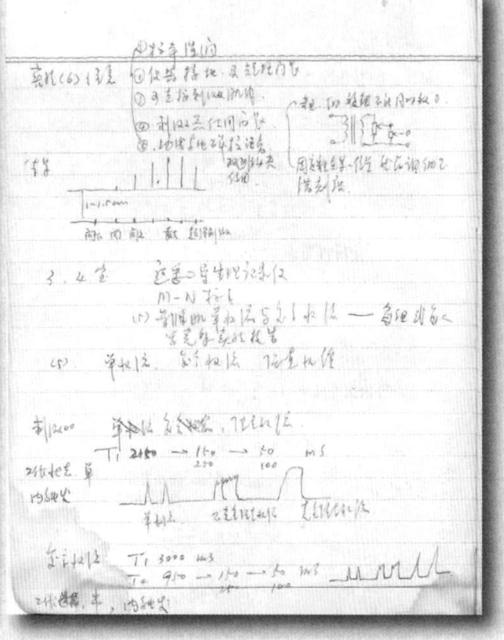

王庭槐生理学实验课备课笔记

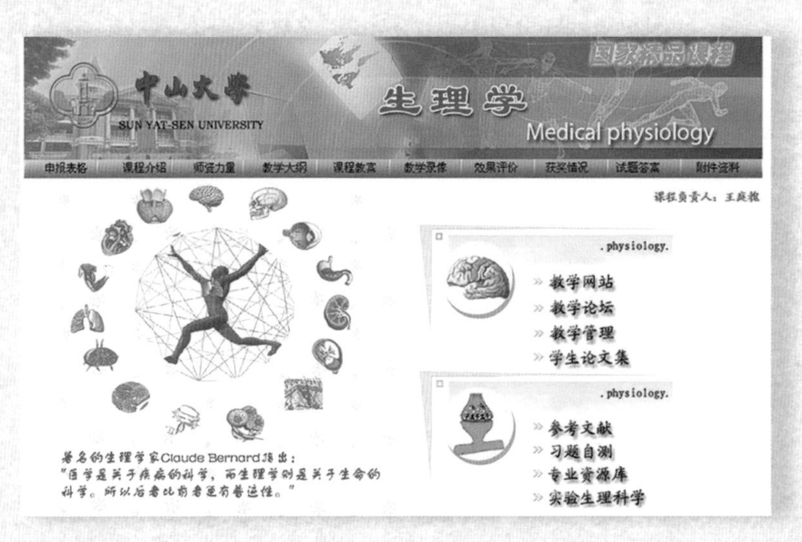

2004年，王庭槐负责的“生理学”课程入选国家精品课程

2005年6月，王庭槐到江西九江参加全国教育技术会议

2009年，王庭槐负责的“实验生理科学”入选国家精品课程，其团队荣获“国家级教学团队”

聘书

聘字（ ）号

兹聘请王庭槐老师任本科生科研协会指导老师 聘期

.特发此证。

中山医科大学本科生科研协会

1993 年 10 月 20 日，中山医科大学本科生科研协会聘请王庭槐为指导老师的聘书

生理教研室注重培养研究生创新能力［图为潘敬运教授（前排左一）和王庭槐教授正在指导研究生进行科研］

2003 年 11 月，王庭槐在实验室带教

2006 年 5 月，王庭槐讲授“冠脉循环”课程，该课程后来成为中山大学“新医科”新课程——新生研讨课的创新课程

2006 年 6 月，王庭槐参加中山大学医学部 2006 年本科生毕业典礼

2006 年 7 月，王庭槐参加第三届八年制医学教育峰会（武汉）并代表中山大学介绍了中山大学临床医学八年制的办学情况

2006 年 8 月，王庭槐参加全国高等医学教育学会教育管理研究会会议，当选副理事长

2007 年 3 月，王庭槐讲授医学生理实验课

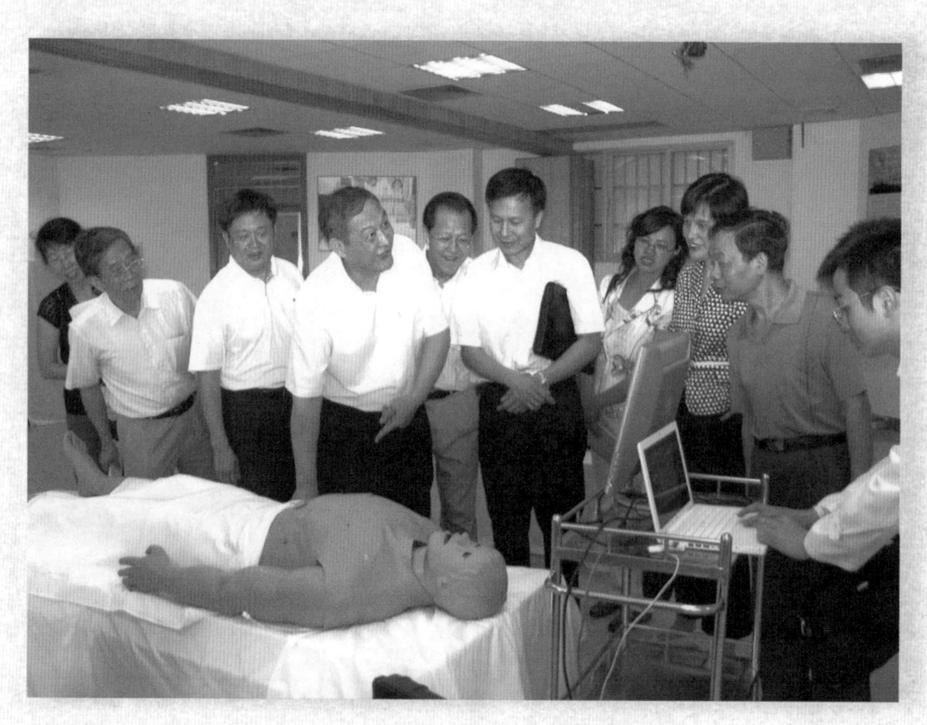

2007 年 5 月，王庭槐陪同黄达人校长（左四）检查中山大学模拟医学临床技能培训中心人体模型实验室

2007 年 10 月 31 日，Mayo 医学基金会荣誉客座教授、纽约眼耳医院住院部教授 Eugene Barton Kem（中）到中山医做“美国临床医学教育简介”的讲座（左二为现中山大学常务副校长肖海鹏教授，右二为王庭槐，左一为现中山大学附属第六医院院长文卫平教授，右一为 2005 级八年制学生刘海涛）

中山大學
SUN YAT-SEN UNIVERSITY

文理医融合拓宽视野名师系列讲座----

题　目：美国临床医学教育简介

主讲人：Prof. Eugene Barton Kern M.D., M.S.

主持人：王庭槐 教授　中山大学医学部副主任
中山大学医学教务处处长
肖海鹏 教授　中山大学医学院副院长
中山大学附属第一医院副院长

时　间：2007年10月31日19时30分

地　点：新教学楼305课室

Kern 教授简介:

Mayo医学基金会荣誉客座教授
Mayo Clinic 医学院耳鼻咽喉及颜面整形外科荣誉教授
纽约眼耳医院住院部教授
1981-1982年 美国鼻科学会主席
1982-1987年 美国耳鼻咽喉头颈外科学会鼻科学会主席
1975-1978年 美国颜面暨形重建外科学会负责人
1996-2000年 国际鼻科协会主席

欢迎参加！

中山大学医学教务处
中山医学院

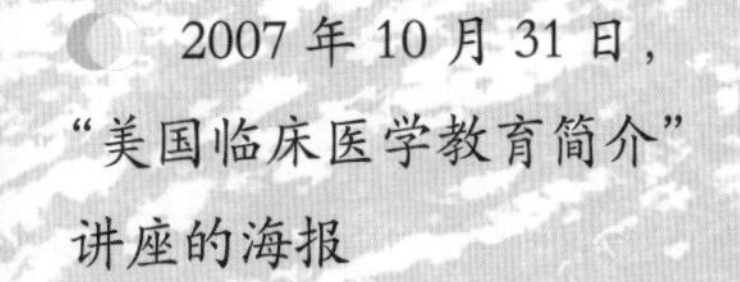

2007 年 10 月 31 日，“美国临床医学教育简介”讲座的海报

2008年12月，王庭槐主持香港中文大学—中山大学医学师生交流活动

2009 年 11 月 8 日，王庭槐参加第六届八年制医学教育峰会（广州）

2013 年 1 月，王庭槐（左二）与许宁生校长（左三）、肖海鹏（右一）等共同出席中山大学医学生临床技能比赛决赛

2013 年 1 月，王庭槐与肖海鹏（左一）为中山大学医学生临床技能比赛决赛获奖者颁奖

2013年12月21日，王庭槐出席中山大学医科本科学生实验（实习）技能大赛

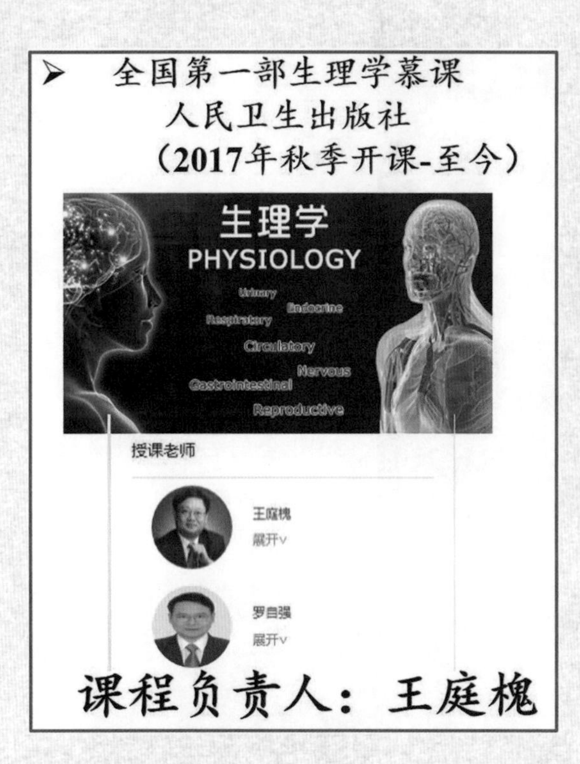

2017—2023 年，王庭槐负责的人卫慕课线上课程“生理学”
13 次开课、30577 人选课

2017 年 5 月，王庭槐出席第四期“万人计划”教学名师（高等学校）大讲堂活动

2017—2023 年，王庭槐负责的人卫慕课线上课程“生理学”
13 次开课、30577 人选课

2018 年 8 月，王庭槐担任泰盟杯中国生理学会 2018 全国生理学微课教学比赛总裁判

2018 年 11 月，王庭槐出席 2018—2022 年教育部高等学校教学指导委员会成立会议，与中山大学保继刚教授（左）合影

2020 年秋季学期生理实验课王庭槐授课现场

三、所获荣誉

榮譽證書

王庭槐 同志荣获一九九二年度，“文鹏凌夫妇教学奖金”，奖励人民币壹仟元。特颁此证，以资鼓励

中山医科大学
一九九三年九月

1993年9月，王庭槐荣获1992年度“文鹏凌夫妇教学奖金”

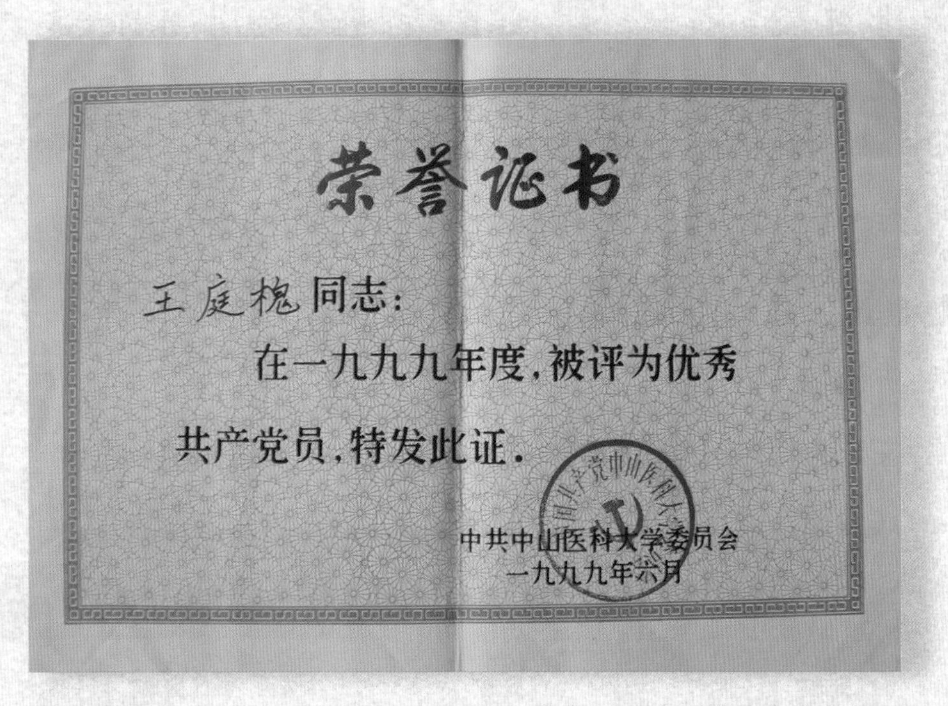

荣誉证书

王庭槐同志：

在一九九九年度，被评为优秀共产党员，特发此证。

中共中山医科大学委员会
一九九九年六月

1999年6月，王庭槐被评为1999年度中山医科大学优秀共产党员

2007 年 3 月，王庭槐荣获第二届"广东省高等学校教学名师奖"

2007 年 9 月，国家级教学名师王庭槐（左二）在人民大会堂领奖现场

2007 年 9 月，王庭槐荣获第三届高等学校教学名师奖

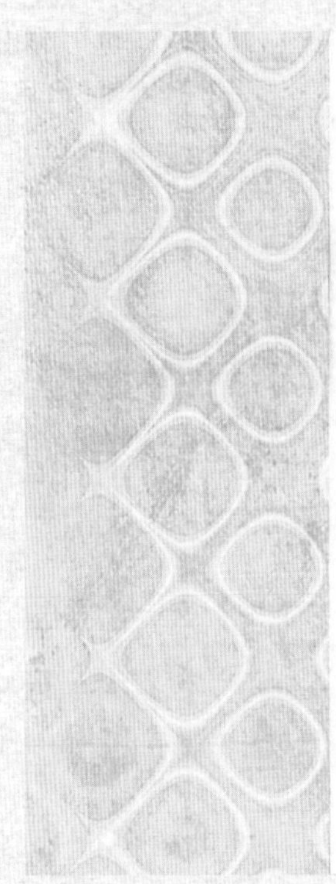

王庭槐教授荣获教育部“高等学校教学名师奖”

本报讯(中山医学院) 教育部8月27日召开新闻发布会、公布了“第三届高等学校教学名师奖”100名获得者名单、我校中山医学院王庭槐教授榜上有名，为广东省高校4名获奖者之一。(王庭槐教授介绍见3版《中大人物》栏目)

教育部发言人称，评选教学名师奖，旨在表彰长期从事本科基础课教学工作、具有较高学术造诣、注重教学改革与实践、教学水平高、教学效果好的高等学校教授以及高等职业教育中坚持教育教学改革、在工学结合、产学合作方面发挥重要带头作用的高素质“双师型”专业教师，并以此来影响和带动广大教师切实把主要精力投入到培养高素质人才上，办好让人民满意的高等教育。获得“第三届高等学校教学名师奖”的100名教师，是全国高等学校百万教师中的杰出代表，在高等学校本科教育和高等职业教育教学工作中作出了突出成绩。

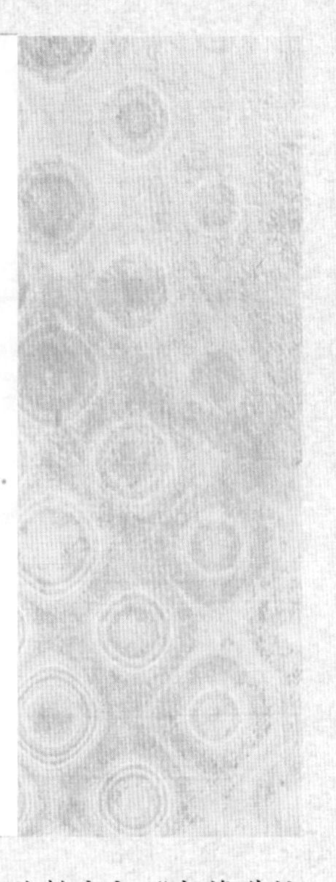

2007年9月10日，《中山大学报》报道王庭槐教授荣获教育部“高等学校教学名师奖”

2009年9月18日，王庭槐被评为中山大学2009年“三育人”标兵

荣誉证书
HONORARY CREDENTIAL

王庭槐校友：

您在医学教育、医疗卫生和科学研究各项工作中成绩卓著，为母校争得荣誉。由各地区、年级校友会推荐，经我会批准，您荣获中山医第五批“杰出校友”称号。

特此发证，以资鼓励。

中山医科大学校友会

2011年11月

2011年，王庭槐荣获中山医第五批“杰出校友”称号

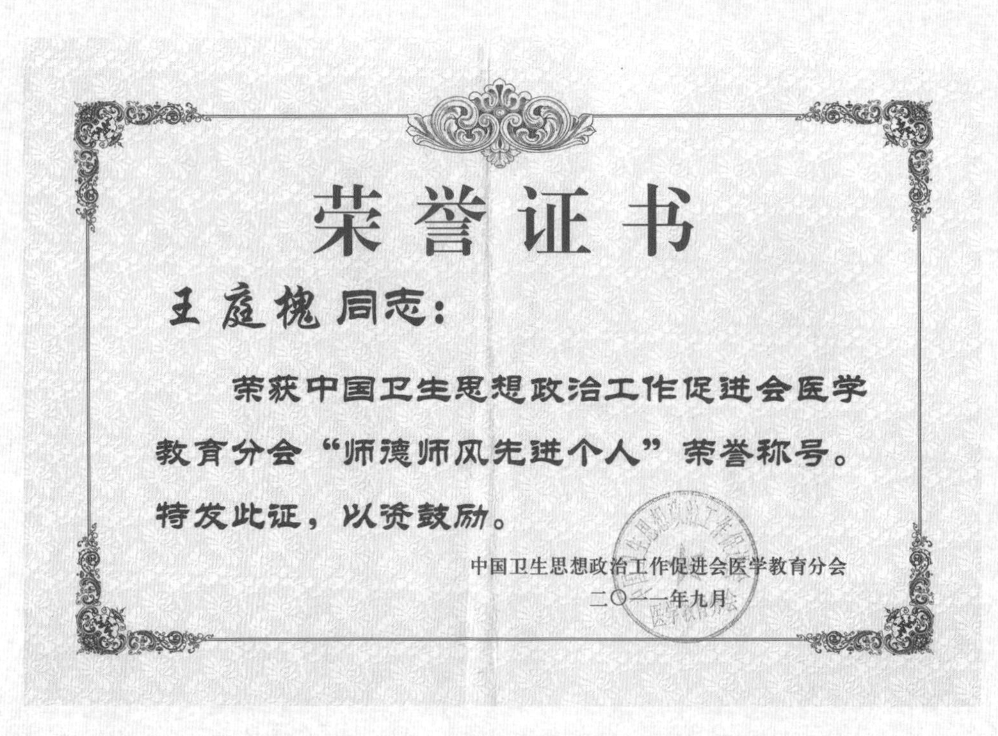

荣誉证书

王庭槐同志：

荣获中国卫生思想政治工作促进会医学教育分会“师德师风先进个人”荣誉称号。

特发此证，以资鼓励。

中国卫生思想政治工作促进会医学教育分会

二〇一一年九月

2011年，王庭槐荣获中国卫生思想政治工作促进会医学教育分会“师德师风先进个人”荣誉称号

中山大學
SUN YAT-SEN UNIVERSITY

荣誉证书

中山大学荣获“全国高等医学院校大学生临床技能竞赛”总决赛“三连冠”，特授予 王庭槐 优秀教官奖。

特此表彰！

医学教务处
2013年6月

2013 年 6 月，中山大学获得“全国高等医学院校大学生临床技能竞赛”总决赛“三连冠”，医学教务处授予王庭槐优秀教官奖

万人计划
Wanren Jihua

姓　　名：王庭槐
身份证号：
出生年月：1956年6月

发证机关：中共中央组织部
人力资源和社会保障部
发证日期：2014年2月
证书编号：W010500080

2014 年，王庭槐入选国家高层次人才特殊支持计划领军人才

2015 年，王庭槐荣获宝钢优秀教师特等奖提名奖

荣誉证书

杰出贡献奖

Outstanding Contribution Award

王庭槐教授：为表彰您为生理学教学科研和学科发展所做出的卓越贡献，特授予您"杰出贡献奖"。

广东省生理学会
GUANGDONG PHYSIOLOGICAL SOCIETY

广东省生理学会
二〇一六年四月九日

2016 年 4 月，广东省生理学会授予王庭槐“杰出贡献奖”

中山大学校长办公室

校办〔2018〕46号

2018年第4次校长办公会关于通报《卓越教学名师奖励方案》决定事项的通知

教务部：

2018年4月12日下午召开的2018年第4次校长办公会通报了《卓越教学名师奖励方案》的有关情况，作出如下决定：

会议同意本届卓越教学名师奖设特等奖1名，奖金为20万元/人/年，资助期为3年；一等奖2名，奖金为10万元/人/年，资助期为3年；二等奖6名，奖金为6万元/人/年，资助期为3年。建议特等奖获奖名单为王庭槐；一等奖获奖名单为钟明华、李志兵；二等奖获奖名单为贺竹梅、童叶翔、周丽华、汪华侨、王连唐、汪雪兰。由教务部负责，按程序组织实施。

请遵照执行。

校长办公室

2018年4月23日

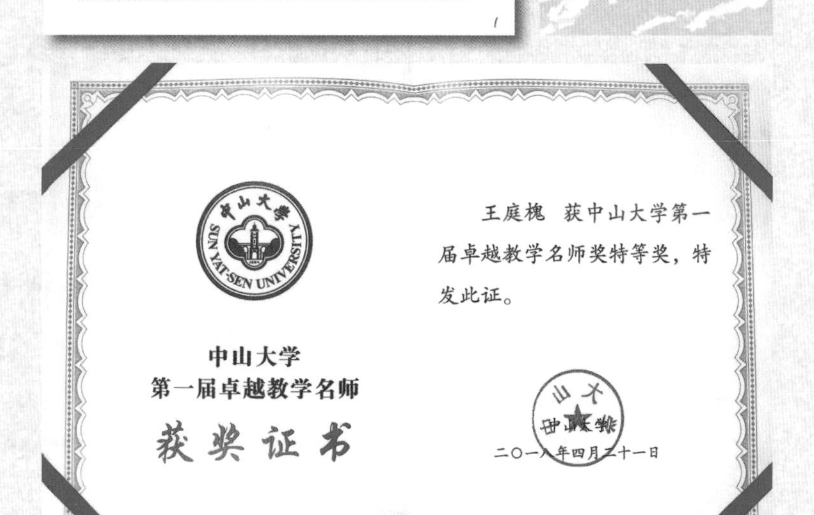

2018年4月，王庭槐荣获中山大学第一届卓越教学名师奖特等奖

2018年4月21日，王庭槐在中山大学卓越教学名师特等奖颁奖现场

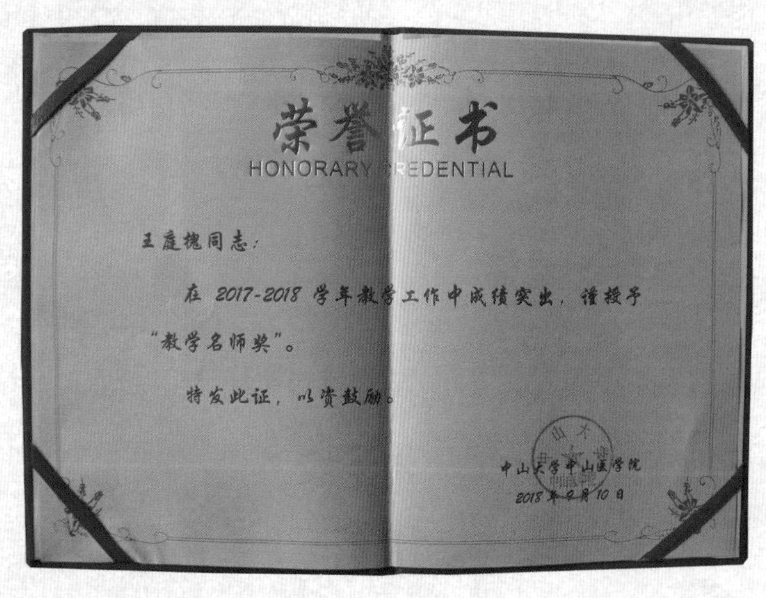

荣誉证书

HONORARY CREDENTIAL

王庭槐同志：

在2017-2018学年教学工作中成绩突出，谨授予“教学名师奖”。

特发此证，以资鼓励。

中山大学中山医学院

2018年9月10日

2018年9月，王庭槐荣获中山大学中山医学院2017—2018学年“教学名师奖”

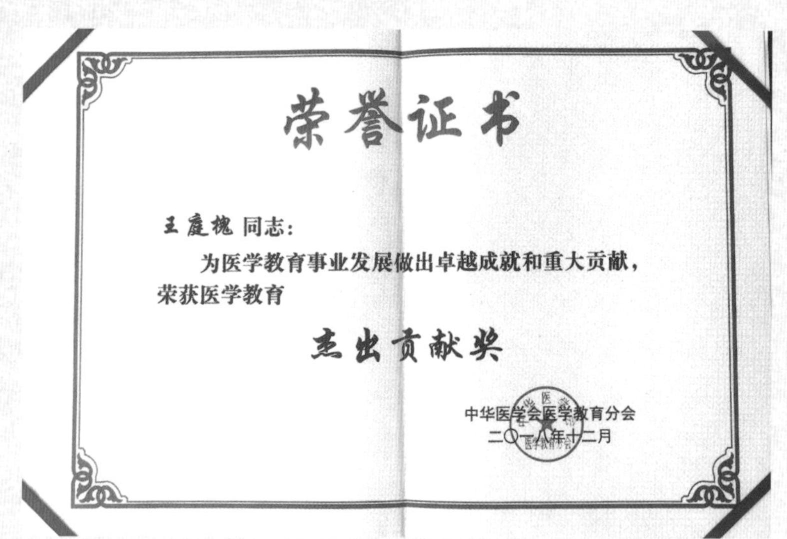

荣誉证书

王庭槐 同志：

为医学教育事业发展做出卓越成就和重大贡献，

荣获医学教育

杰出贡献奖

中华医学会医学教育分会

二〇一八年十二月

2018年12月，王庭槐荣获医学教育杰出贡献奖

2022年1月6日，《医师报》报道王庭槐《薪火相传 铸就黄大年式教师团队》

四、教材编写

王庭槐负责的医学生理学立体化教材网站

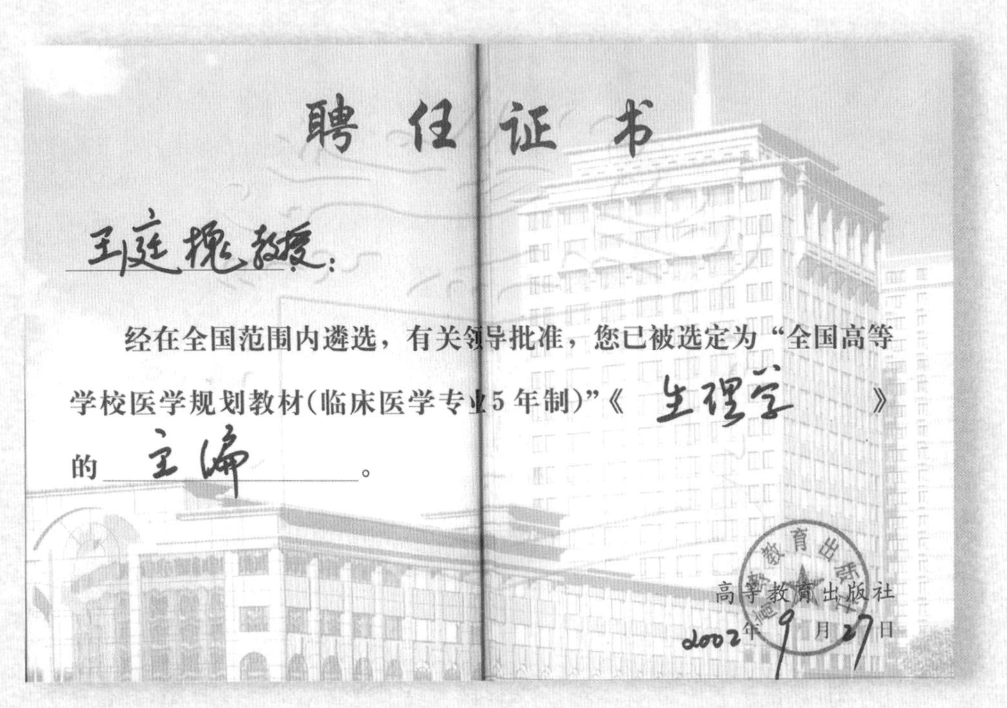
聘 任 证 书

王庭槐教授：

经在全国范围内遴选，有关领导批准，您已被选定为“全国高等学校医学规划教材(临床医学专业5年制)”《生理学》的主编。

高等教育出版社

2002年9月27日

2002年9月，王庭槐获聘“全国高等学校医学规划教材（临床医学5年制）”《生理学》的主编

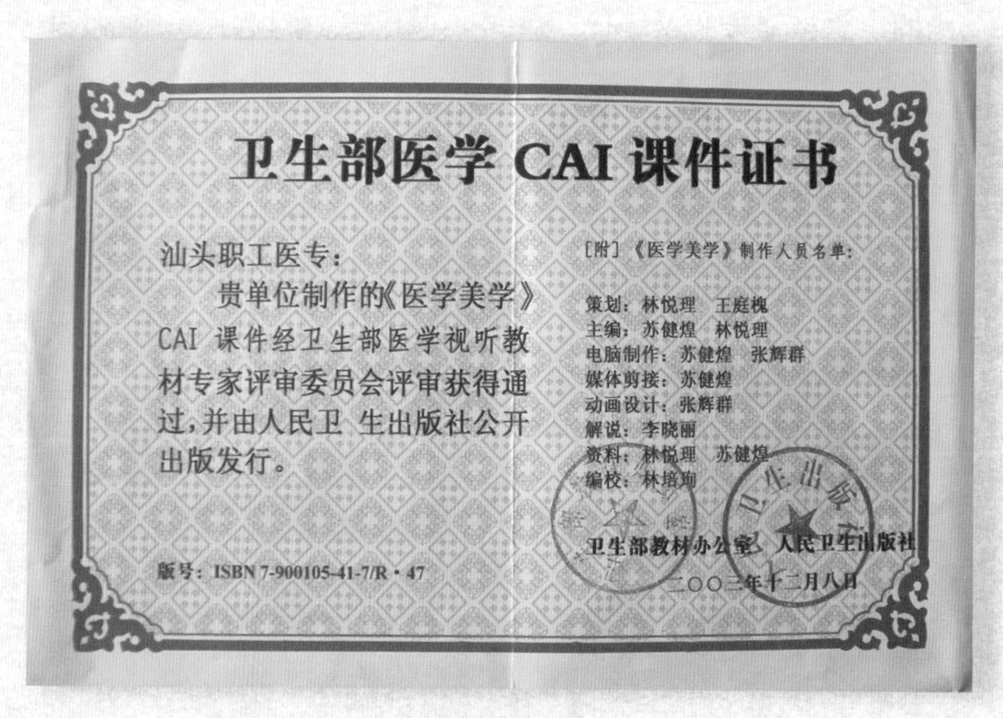
卫生部医学 CAI 课件证书

汕头职工医专：

贵单位制作的《医学美学》CAI 课件经卫生部医学视听教材专家评审委员会评审获得通过，并由人民卫生出版社公开出版发行。

[附]《医学美学》制作人员名单：

策划：林悦理　王庭槐
主编：苏健煌　林悦理
电脑制作：苏健煌　张辉群
媒体剪接：苏健煌
动画设计：张辉群
解说：李晓丽
资料：林悦理　苏健煌
编校：林培珣

卫生部教材办公室　人民卫生出版社

二〇〇二年十二月八日

版号：ISBN 7-900105-41-7/R・47

2003 年 12 月，王庭槐参与策划的《医学美学》CAI 课件获卫生部医学证书

2004 年，王庭槐主编的《生理学》教材、《生理学习题集》与《生理学学习指导》（全国高等学校医学规划教材及配套用书）出版

2007 年 3 月，王庭槐主持全国普通高等教育“十一五”国家级规划教材《生理学》编委会议

2008 年，王庭槐主编的《生理学》（第 2 版）出版

2004 年，王庭槐主编的《生理学实验教程》出版

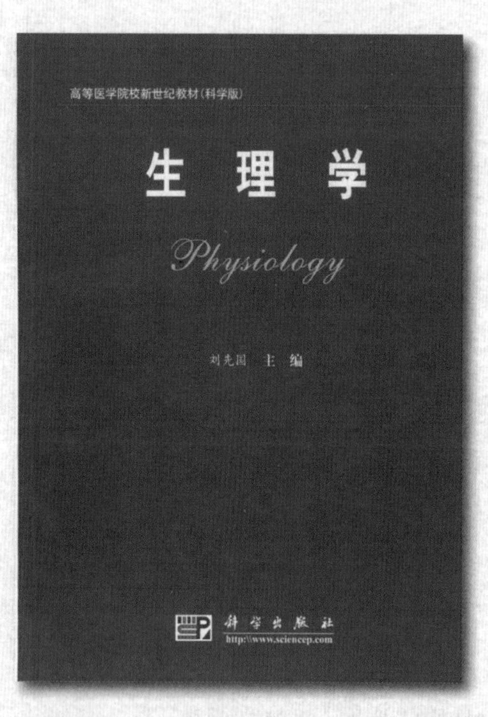

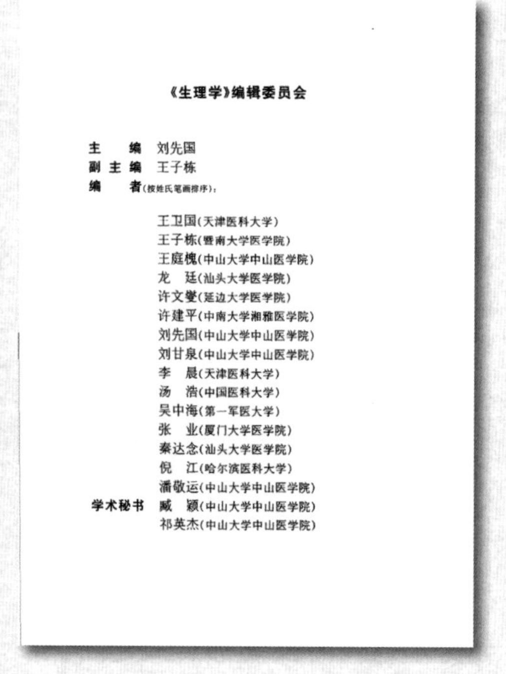

《生理学》编辑委员会

主　编　刘先国
副主编　王子栋
编　者（按姓氏笔画排序）：

王卫国（天津医科大学）
王子栋（暨南大学医学院）
王庭槐（中山大学中山医学院）
龙　廷（汕头大学医学院）
许文燮（延边大学医学院）
许建平（中南大学湘雅医学院）
刘先国（中山大学中山医学院）
刘甘泉（中山大学中山医学院）
李　晨（天津医科大学）
汤　浩（中国医科大学）
吴中海（第一军医大学）
张　业（厦门大学医学院）
秦达念（汕头大学医学院）
倪　江（哈尔滨医科大学）
潘敬运（中山大学中山医学院）

学术秘书　臧　颖（中山大学中山医学院）
祁英杰（中山大学中山医学院）

2004年，王庭槐参编的《生理学》教材出版

2005年，王庭槐参编的人卫版《生理学》出版

2012 年 2 月，王庭槐获聘为全国高等学校第八轮五年制本科临床医学专业规划教材《生理学》（第 8 版）主编

2013 年，王庭槐参与主编的《生理学》（第 8 版）出版

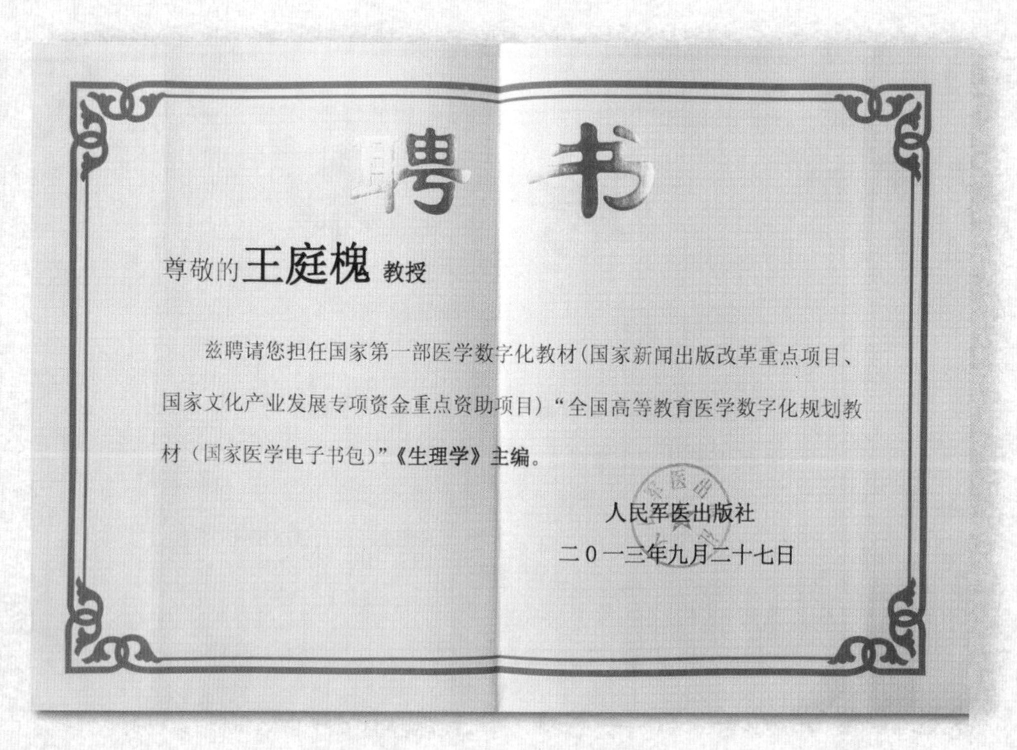

聘书

尊敬的王庭槐教授

兹聘请您担任国家第一部医学数字化教材（国家新闻出版改革重点项目、国家文化产业发展专项资金重点资助项目）“全国高等教育医学数字化规划教材（国家医学电子书包）”《生理学》主编。

人民军医出版社

二〇一三年九月二十七日

2013 年 9 月，王庭槐获聘为国家第一部医学数字化教材《生理学》主编

2015 年，王庭槐主编的全国第一部数字化教材、国家级医学电子书包《生理学》出版

聘书

王庭槐 教授：

兹研究决定，聘请您为全国高等学校医学数字教材建设指导委员会委员。

全国高等医药教材建设研究会
人民卫生出版社
2013 年 10 月 17 日

2013 年 12 月，王庭槐参加全国高等医药教材建设研究会、人民卫生出版社专家咨询委员会 2013 年年会，获聘为全国高等学校医学数字教材建设指导委员会委员

聘书

王庭槐教授：

经全国高等医药教材建设研究会研究决定，兹聘任您为**全国高等学校长学制临床医学专业第三轮国家卫生和计划生育委员会规划教材《生理学》**主编。

全国高等医药教材建设研究会
人民卫生出版社
二〇一四年三月

2014 年 3 月，王庭槐获聘为全国高等学校长学制临床医学专业第三轮国家卫生和计划生育委员会规划教材《生理学》主编

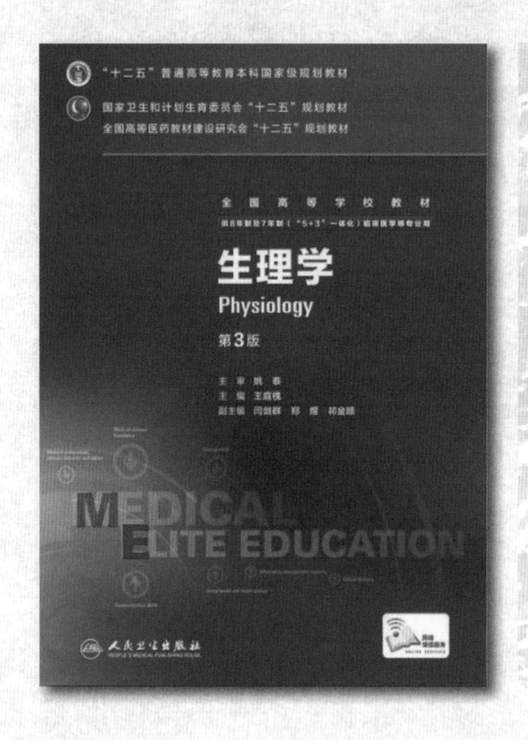

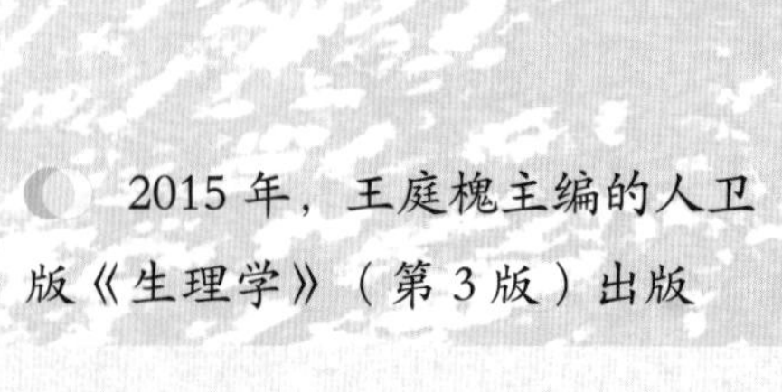

2015 年，王庭槐主编的人卫版《生理学》（第 3 版）出版

聘 书

王庭槐 教授：

经全国高等学校五年制本科临床医学专业教材评审委员会与人民卫生出版社共同研究决定，兹聘任您为全国高等学校医学五年制本科临床医学专业第九轮规划教材《生理学（第9版）》主编。

人民卫生出版社有限公司
二〇一七年七月

2017 年 7 月，王庭槐获聘为全国高等学校医学五年制本科临床医学专业第九轮规划教材《生理学》（第 9 版）主编

2017 年，王庭槐出席全国高等学校五年制本科临床医学专业第九轮规划教材《生理学（第 9 版）》编写会议

2018年，王庭槐主编的《生理学》（第9版）出版

2021年，王庭槐主编的《生理学》（第9版）获首届全国教材建设奖“全国优秀教材（高等教育类）”一等奖

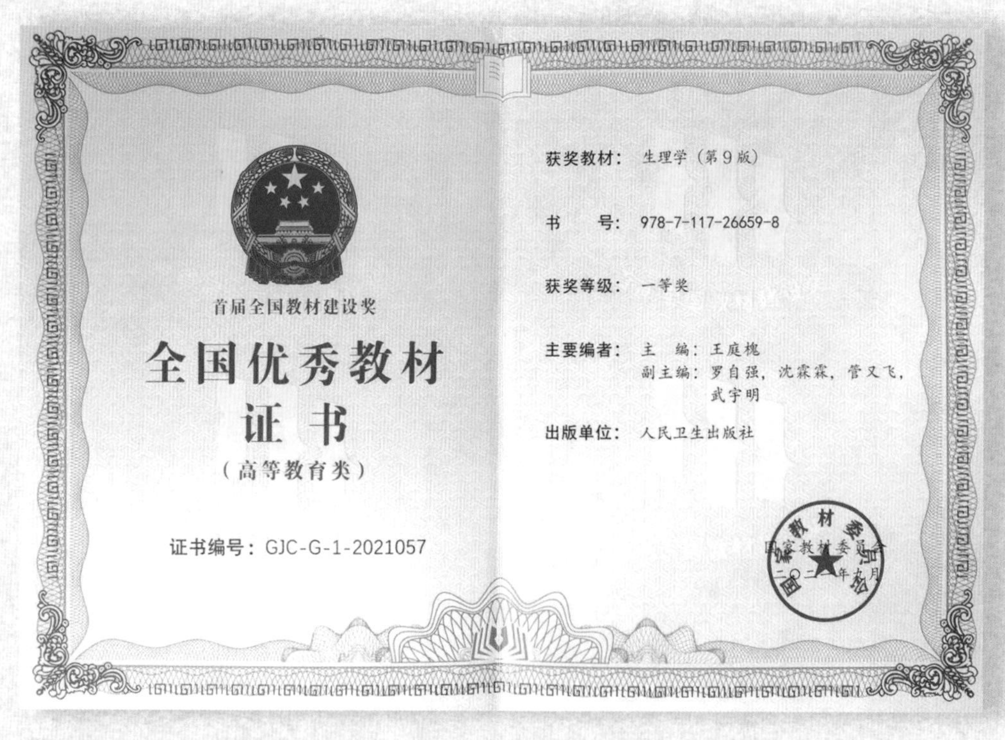

2021年，王庭槐主编的《生理学》（第9版）获首届全国教材建设奖“全国优秀教材（高等教育类）”一等奖

2023 年 5 月，王庭槐（右五）参加全国高等学校五年制本科临床医学专业第十轮规划教材主编人会议

2005 年，王庭槐主编的《医学信息资源检索与利用》出版

2005 年，王庭槐参与主编的《生理学》（《医学考研系列辅导丛书》）出版

2006年，王庭槐主编的《医学生探索性科学研究与实践》出版

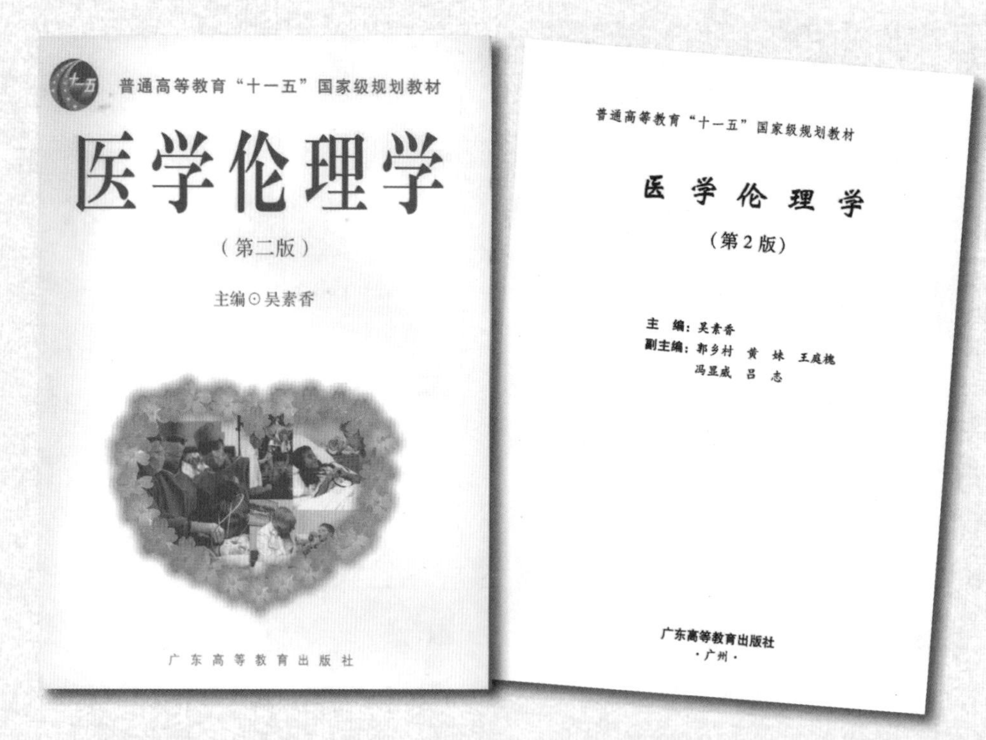

2007年，王庭槐参编的"十一五"国家级规划教材《医学伦理学》（第2版）出版

2008年，王庭槐等主编的《医科实习生临床技能手册》出版

2010年，王庭槐主编的《临床技能模拟训练教程》（我国第一本临床技能模拟训练教程）出版

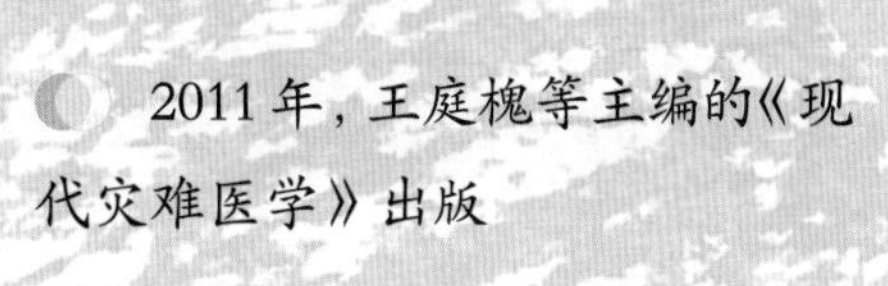
2011年，王庭槐等主编的《现代灾难医学》出版

2012年，王庭槐等主编的《实习医生临床技能手册》出版

2013年，王庭槐主编的《医学电子资源获取与利用》出版

2014年，王庭槐等主编的《实验生理科学》出版

2022年，王庭槐等主编的《实验生理科学》（第2版）出版

2014年，王庭槐主编的《MOOC——席卷全球教育的大规模开放在线课程》出版

2015 年，王庭槐主审的《以团队为基础的学习（TBL）：医学教育中的实践与探索》出版

2015 年 11 月 25 日，王庭槐参编《中国大百科全书》第三版，负责该书现代医学卷医学生理学分支，与现代医学卷主编韩启德院士（右）在编委会会议合影留念

2016年7月，王庭槐参加《中国大百科全书》第三版现代医学卷医学生理学分支第一次工作会议

2016年，王庭槐获聘为《中国大百科全书》第三版现代医学分支主编

聘 书

尊敬的 王庭槐 教授：

为建设好人卫开放大学，特成立人卫开放大学课程建设专家委员会，并诚挚地邀请您担任委员，聘期三年。

人民卫生出版社
2016 年 10 月 30 日

2016 年 10 月，王庭槐获聘为人卫开放大学课程建设专家委员会委员

聘 书

尊敬的**王庭槐**教授：

经人民卫生出版社研究决定，兹聘任您为《人民卫生出版社国家医学教育题库（五年制临床医学专业版）》（ISBN 978-7-89456-754-3）**《生理学》**学科**主编**。

人民卫生出版社有限公司
二〇一七年十二月

2017 年 12 月，王庭槐获聘为《人民卫生出版社国家医学教育题库（五年制临床医学专业版）》之《生理学》学科主编

聘书

王庭槐 教授：

经研究决定，兹聘请您为人卫教学助手《生理学》辅学课程主编。

人民卫生电子音像出版社有限公司

二〇一九年五月

2019 年 5 月，王庭槐获聘为人卫教学助手《生理学》辅学课程主编

人民卫生电子音像出版社有限公司

编写证明

中山大学：

贵校王庭槐教授作为主编，主持编写新型富媒体数字学习课程《生理学学习精要》。

本课程采取新型编写体例和模式，编写团队在人民卫生出版社《生理学》（第 9 版）纸质教材的基础上，结合自身丰富教学经验，发挥创新优势，共建设 12 章 229 讲数字学习课程。

本课程内容形式以文字结合富媒体资源的方式进行编排，属于电子出版物。每讲包括知识点导读、核心内容、名词解释、随堂测试 4 个模块，知识点导读梳理纸质教材学习要点；核心内容以思维导图、图片、动画、音频等多种富媒体形式帮助学生建立学科思维逻辑，并加强对学科知识的理解与记忆；名词解释总结重要概念，便于识记；随堂测试即时练习，帮助学生提高知识运用的能力。

特此证明。

人民卫生电子音像出版社有限公司

2020 年 9 月 27 日

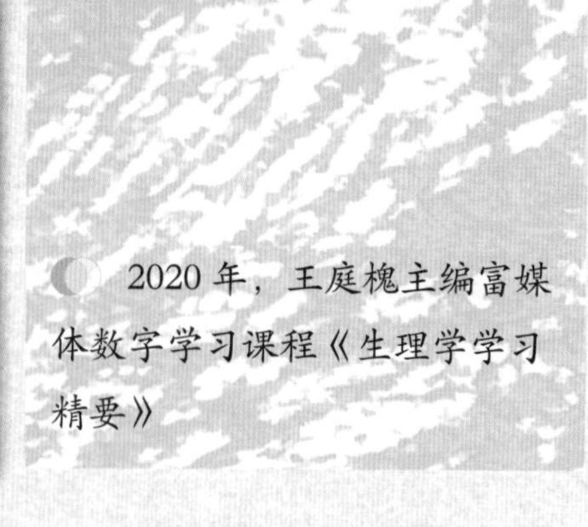

2020 年，王庭槐主编富媒体数字学习课程《生理学学习精要》

2021 年 5 月，王庭槐（前排右三）参加全国高等学校八年制及“5+3”一体化临床医学专业第四轮规划教材主编人会

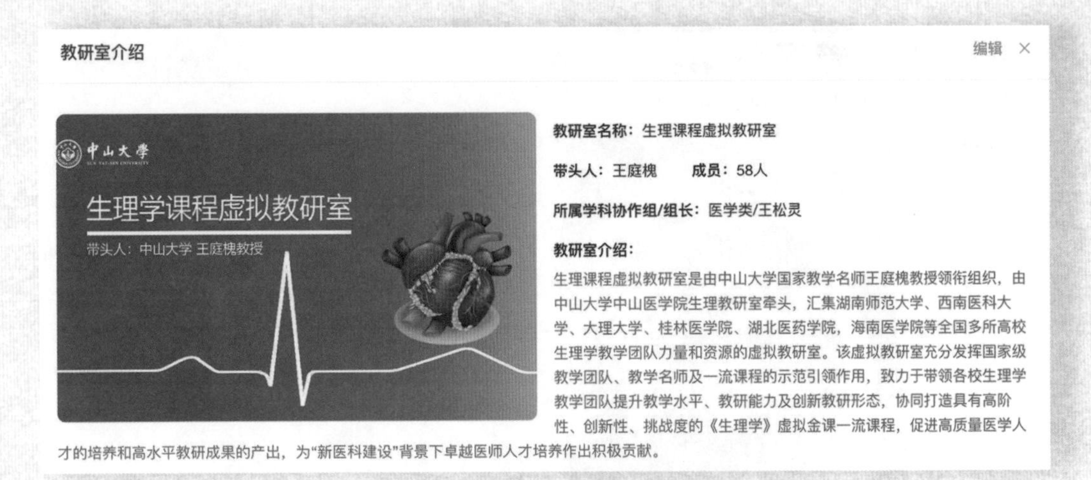

2022 年，王庭槐牵头建设国家教育部生理课程虚拟教研室

2019年，王庭槐主编的《中国医学教育题库（临床医学题库）：生理学》出版

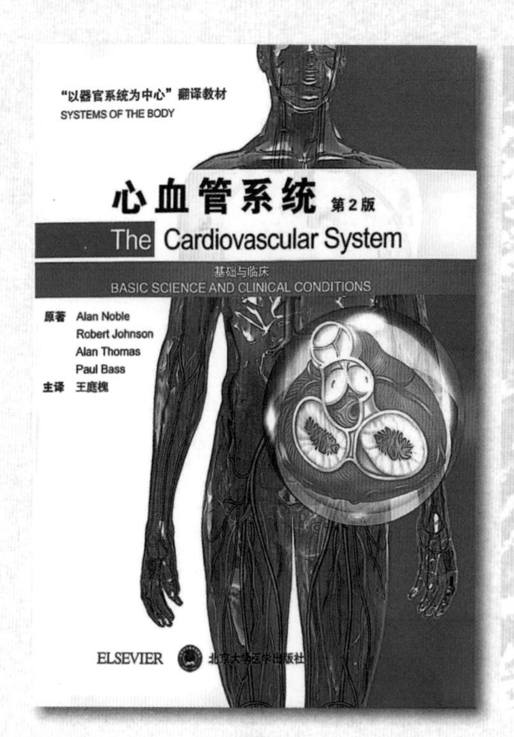

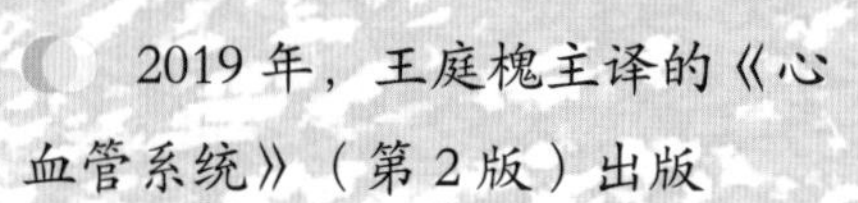

2019年，王庭槐主译的《心血管系统》（第2版）出版

2019 年 9 月，中山大学中山医学院授予王庭槐“教材主编奖”

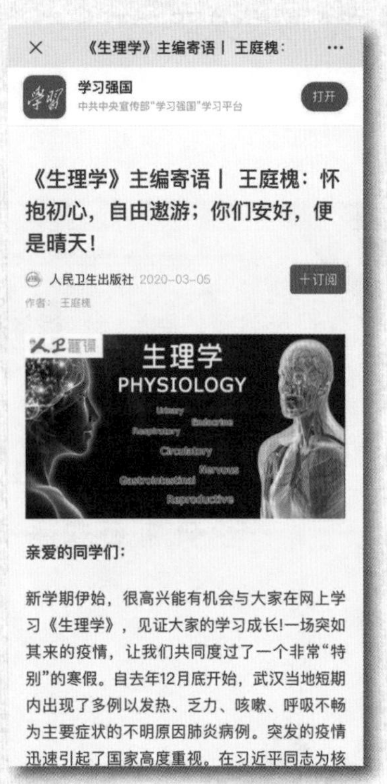

2020 年 3 月，学习强国平台收录人卫出版社慕课《生理学》线上课程首次开班寄语

2021 年 5 月，王庭槐演讲《全国高等学校长学制临床医学专业〈生理学（第 4 版）〉教材修订思路和大纲》

五、教学兼职

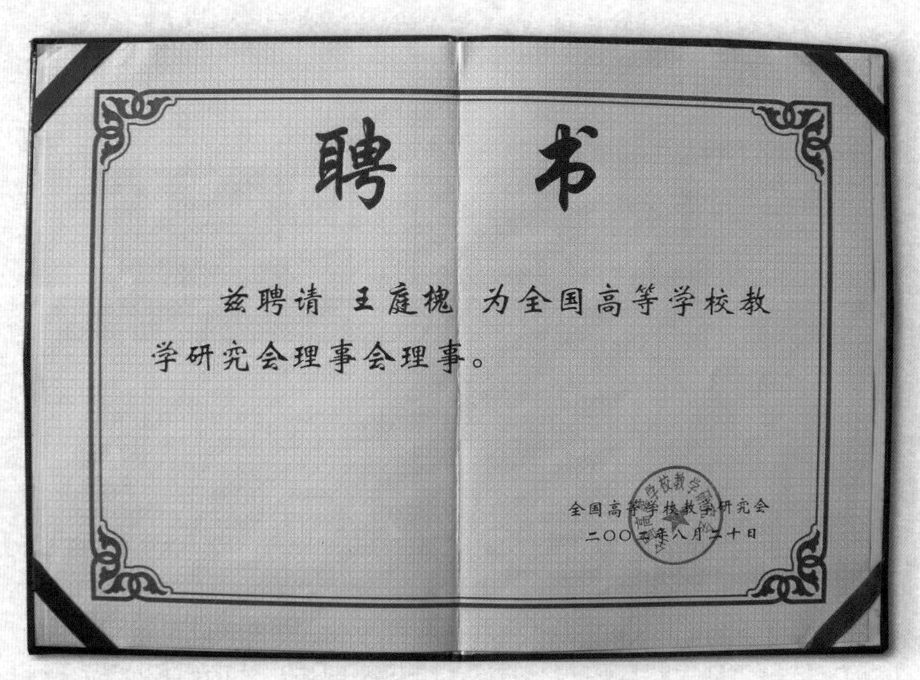
聘书

兹聘请 王庭槐 为全国高等学校教学研究会理事会理事。

全国高等学校教学研究会
二〇〇二年八月二十日

2002 年 8 月，王庭槐获聘为全国高等学校教学研究会理事会理事

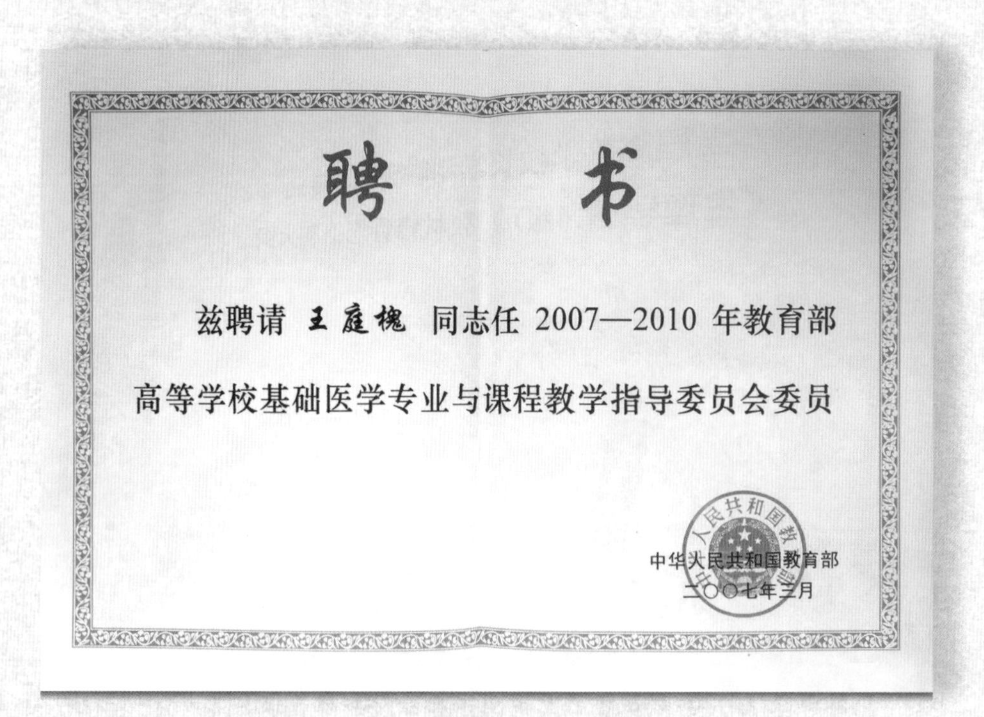
聘书

兹聘请 王庭槐 同志任 2007—2010 年教育部高等学校基础医学专业与课程教学指导委员会委员

中华人民共和国教育部
二〇〇七年三月

2007 年 3 月，王庭槐获聘为 2007—2010 年教育部高等学校基础医学专业与课程教学指导委员会委员

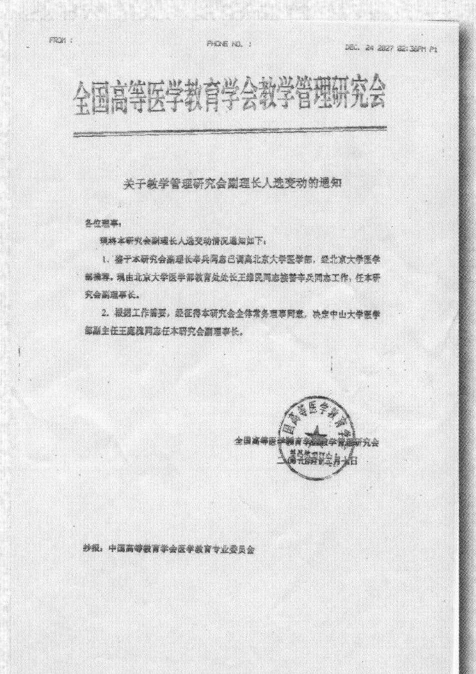

FROM : PHONE NO. : DEC. 24 2027 02:38PM P1

全国高等医学教育学会教学管理研究会

关于教学管理研究会副理长人选变动的通知

各位理事：

现将本研究会副理长人选变动情况通知如下：

1. 鉴于本研究会副理长辛兵同志已调离北京大学医学部，经北京大学医学部推荐，现由北京大学医学部教育处处长王维民同志接替辛兵同志工作，任本研究会副理事长。

2. 根据工作需要，经征得本研究会全体常务理事同意，决定中山大学医学部副主任王庭槐同志任本研究会副理事长。

全国高等医学教育学会教学管理研究会

[illegible]

抄报：中国高等教育学会医学教育专业委员会

2007 年 2 月，王庭槐当选为全国高等医学教育学会教学管理研究会副理事长

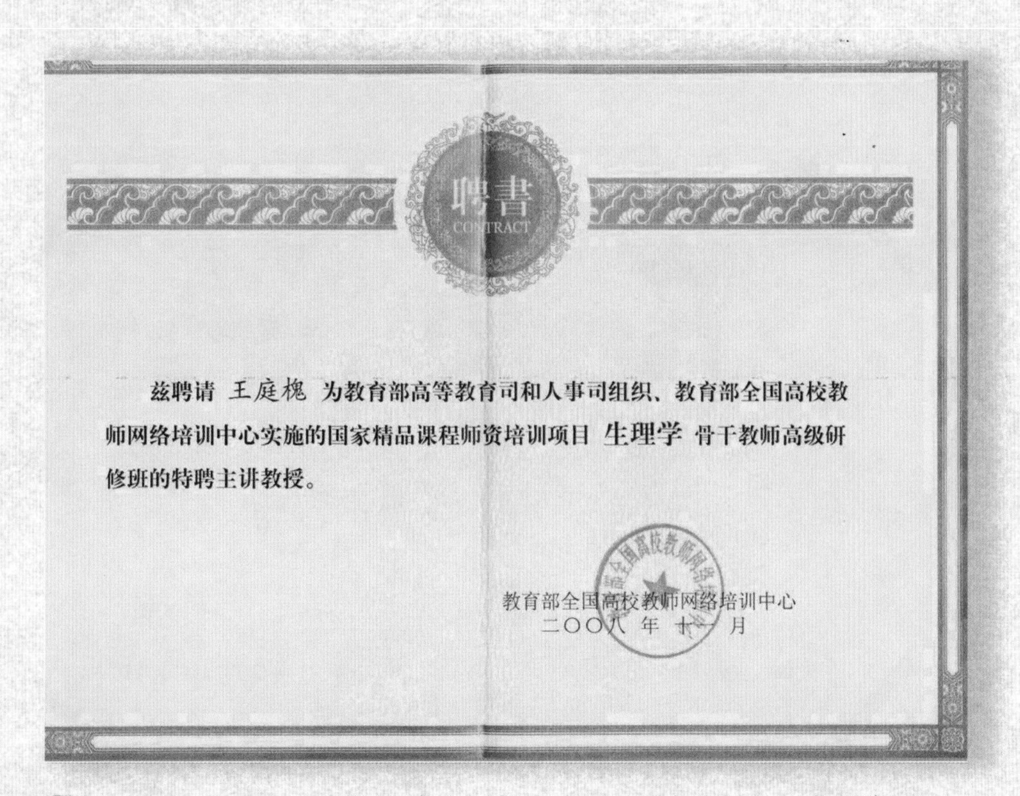

聘書

CONTRACT

兹聘请 王庭槐 为教育部高等教育司和人事司组织、教育部全国高校教师网络培训中心实施的国家精品课程师资培训项目 生理学 骨干教师高级研修班的特聘主讲教授。

教育部全国高校教师网络培训中心

二〇〇八 年 十一 月

2008 年 11 月，王庭槐获聘为国家精品课程师资培训项目生理学骨干教师高级研修班特聘主讲教授

聘书
LETTER OF APPOINTMENT

兹聘请王庭槐教授为中山大学本科教学指导委员会委员，聘期三年。

校长：黄达人

二〇〇九年三月十七日

2009 年 3 月，王庭槐获聘为中山大学本科教学指导委员会委员

聘任单位：深圳大学
聘任文号：深大【2010】52 号
聘书编号：2010017

聘　任

王庭槐 教授
为深圳大学医学院
第一届学术委员会
副主任。

校长：章必功

二〇一〇年四月二十八日

2010 年 4 月，王庭槐获聘为深圳大学医学院第一届学术委员会副主任

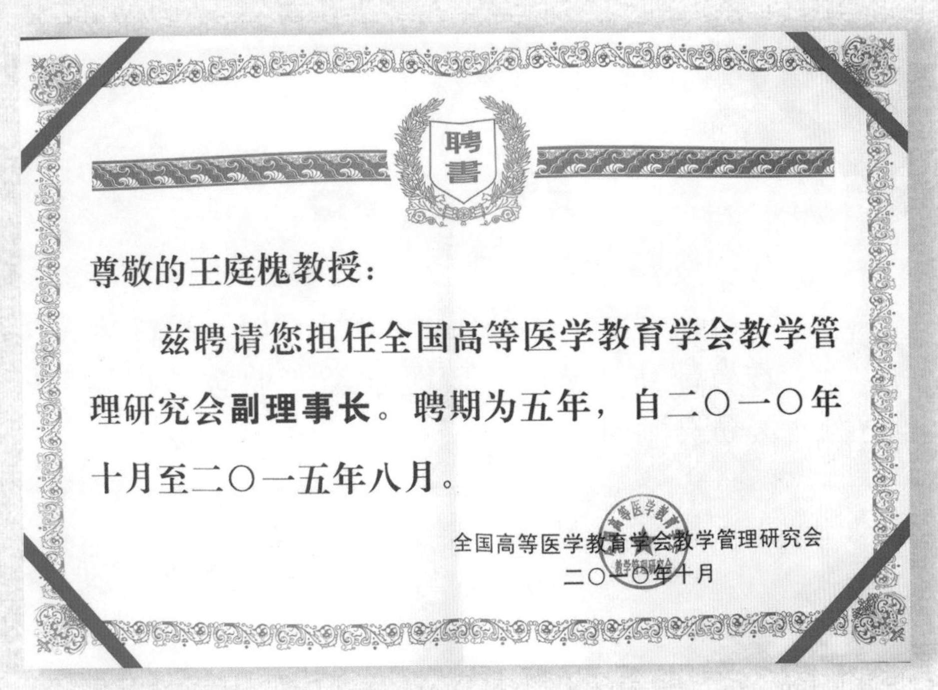

聘書

尊敬的王庭槐教授：

兹聘请您担任全国高等医学教育学会教学管理研究会**副理事长**。聘期为五年，自二〇一〇年十月至二〇一五年八月。

全国高等医学教育学会教学管理研究会

二〇一〇年十月

2010 年 10 月，王庭槐获聘为 2010—2015 年全国高等教育学会教学管理研究会副理事长

聘 书

兹聘请 王庭槐 同志任 2013-2017 年教育部高等学校基础医学类专业教学指导委员会委员。

中华人民共和国教育部

二〇一三年四月

2013 年 4 月，王庭槐获聘为 2013—2017 年教育部高等学校基础医学类专业教学指导委员会委员

聘书

兹聘请 王庭槐 教授任2013-2017年教育部高等学校临床医学类专业教学指导委员会顾问。

教育部高等学校
临床医学类专业教学指导委员会
二〇一三年十月

2013 年 10 月，王庭槐获聘为 2013—2017 年教育部高等学校临床医学类专业教学指导委员会顾问

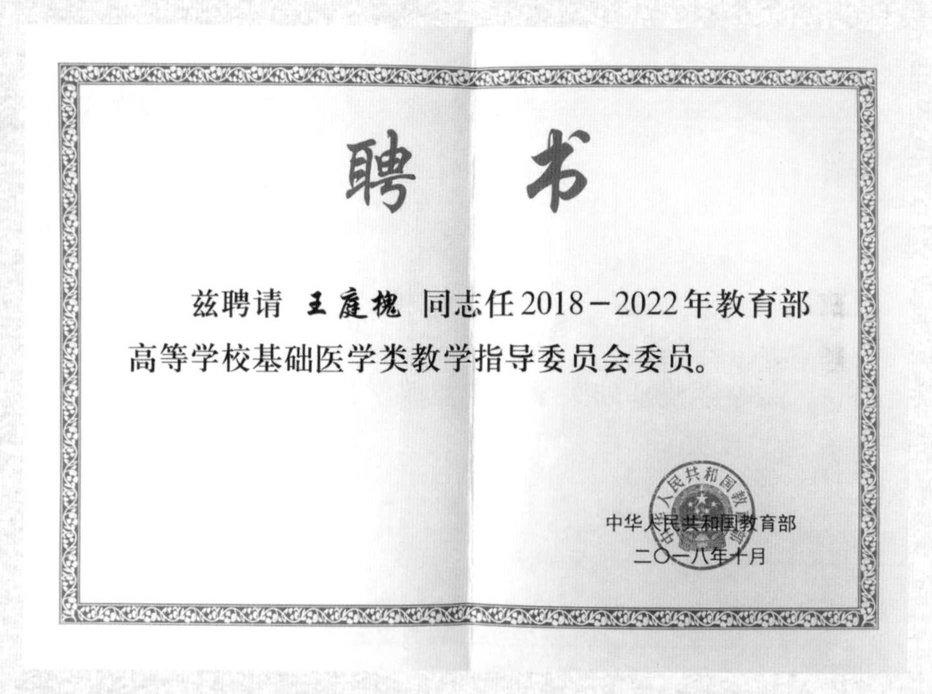

聘书

兹聘请 王庭槐 同志任2018－2022年教育部高等学校基础医学类教学指导委员会委员。

中华人民共和国教育部
二〇一八年十月

2018 年 10 月，王庭槐获聘为 2018—2022 年教育部高等学校基础医学类教学指导委员会委员

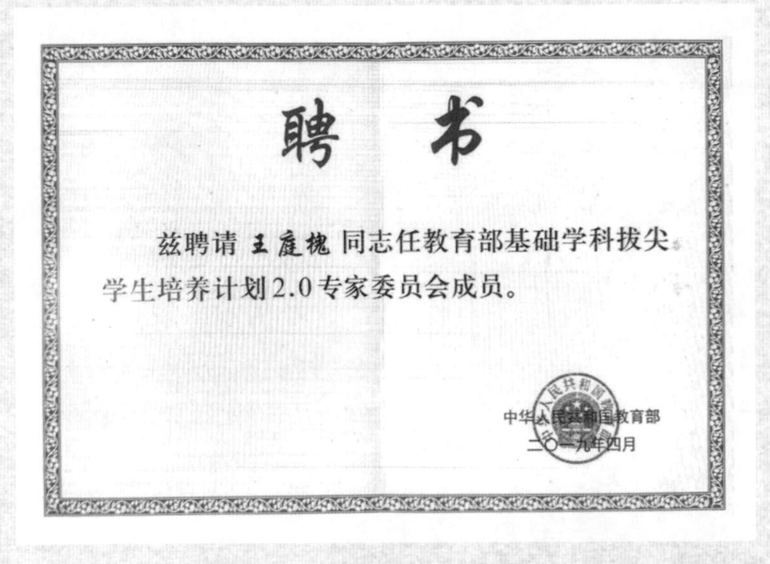

聘　书

兹聘请 王庭槐 同志任教育部基础学科拔尖学生培养计划2.0专家委员会成员。

中华人民共和国教育部
二〇一九年四月

2019年4月，王庭槐获聘为教育部基础学科拔尖学生培养计划2.0专家委员会成员

聘　书

兹聘请 中山大学新华学院 王庭槐 同志担任2019–2023年广东省本科高校临床教学基地教学指导委员会顾问，自 2019年8月 至 2023年8月 止，聘期 肆 年。

此聘！

广东省教育厅
2019年8月18日

2019年8月，王庭槐获聘为2019—2023年广东省本科高校临床教学基地教学指导委员会顾问

聘书

兹聘任 王庭槐 同志为广东省生理学会心血管专业委员会 终身名誉主任委员 。

广东省生理学会
二〇二〇年十二月十九日

2020年12月，王庭槐获聘为广东省生理学会心血管专业委员会终身名誉主任委员

第六届全国高校青年教师教学竞赛 2022

聘书

尊敬的 王庭槐 老师：

鉴于您在相关领域的专业代表性和学术权威性，兹聘请您担任由中华全国总工会、教育部联合主办的第六届全国高校青年教师教学竞赛决赛评委，评审时间为 2023 年 4 月 20 日至 4 月 24 日。

中华全国总工会办公厅　教育部办公厅

二〇二三年四月

2023 年 4 月，王庭槐被聘为第六届全国高校青年教师教学竞赛决赛评委

第三章 教思常新 勇于开拓

深化教学改革、提高教育质量，是高等教育改革的核心。改革开放后，在我国不同发展阶段，高校教学改革有不同的重点，但都在持续进行。王庭槐也参与其中，并一直坚持“啃”这块硬骨头，取得诸多成果，推动了生理学和实验生理学教学改革与发展。

20世纪80年代，建立适应21世纪经济和社会发展需要的教学内容和课程体系，是当时教学改革的发展方向，国家也极力推动人才培养模式变革。从执教之初，王庭槐及同事就着手开始进行生理课程教学改革的探索。他们认为传统的生理实验教学过分强调“以实验验证理论”的教学思想，忽视了学生智能的培养，而探究和创新的能力才是医学生在生理实验课堂中最应该培养的能力。所以他们开始尝试变生理学的验证性实验为探索性实验，创新性提出新型生理学实验“七部曲”。从这一改革实践出发所得经验的总结——“新型生理学实验课教学模式的建立和探索”最终荣获第二届国家级教学成果奖二等奖。始于1989年的国家级教学成果奖是我国教育教学的最高奖项，授予在高等教育教学工作中做出突出贡献、取得显著成果的集体和个人，每四年评选一次。此次奖项的斩获给予了他们更大的动力、更强的信心继续在教学改革之路上走下去。

“三基三严”是中山医学院柯麟院长倡导并推行的著名医学教育模式。王庭槐不仅是“三基三严”教育模式的受益者、实践者，也是这一理念的发展者。20世纪90年代末至21世纪初，在“三基三严”的基础上，他通过实践探索构建了“三早”医学教育模式，从推动学生到家乡医院预见习开始，发展深化出“早期接触临床”“早期接触科研”“早期接触社会”的系统教学理念。

2005年，王庭槐关于“三早”的探索与实践第二次荣获了国家教学成果奖。关于“三早”的探索与实践得到时任校领导的认可，并在中山大学医学学科普遍推行，后其社会影响进一步扩大，被全国众多医科院校所借鉴和应用。

教思常新不仅源于对传统的继承与发扬，也源于对他山之石的借鉴，博采众长而后化为己用。王庭槐一直注重学习吸收国外的先进教学理念及新型教学方法，他引进并本土化了以团队学习为基础的TBL教学法，2018年，“以团队为基础的教学（TBL）在医学教育教学中的探索与实践”项目荣获国家级教学成果奖二等奖。

为满足生理学教学和人才培养的需求，王庭槐也非常注重教材及课程建设。他连续担任“十一五”“十二五”“十三五”全国高等学校医学规划教材《生理学》主编。他主动迎接互联网时代的挑战，主编了我国第一部介绍医学慕课的著作《MOOC——席卷全球教育的大规模开放在线课程》，并领衔建设了国内第一部《生理学》慕课网络课程。2021年，王庭槐担任主编的第九版《生理学》（人民卫生出版社版）荣获首届全国教材建设奖“全国优秀教材（高等教育类）”一等奖。

国务院政府特殊津贴、第三届国家级教学名师奖、中华医学会医学教育杰出贡献奖、国家级教学团队“实验生理科学”负责人、“万人计划”首批国家级教学名师——四十年扎根第一线，积跬步而致千里，王庭槐的教学改革之路走得坚定而踏实。坚守提升医学教育水平的本心，不断学习，在实践中总结经验，从经验中探索道路，在道路上追求卓越。

中山医科大学：王庭槐

生理学实验课教学的探索和尝试

生理学是一门以实验为基础又具有高度理性思维的学科。对于步入2年级的医学生来说，学习生理学的方法与学习解剖学、组胚学显然有所不同。生理学实验是医学生入学后第1次运用较多的仪器在活体动物身上进行实验。如何通过生理学的实验教学，培养学生的医学实验基本技术和科学的工作态度、严密的工作方法、实事求是的工作作风，培养学生对事物进行观察、比较、分析的科学思维能力和独立解决问题的能力，无疑是6年制医学教育中的关键一环。

传统的生理实验教学，过分强调通过实验来验证和巩固所学知识，结果忽视了对学生科学思维能力和创造力的培养。这样，培养出来的学生，不少成了墨守成规、按图索骥、高分低能的人。这种教训是深刻的。因此，在教学改革中，我校生理教研室针对这个问题，对实验教学进行改革，取得了较好的成效。在教研室指导下，我在生理学实验课教学中，力求做到变"验证性"实验为"探索性"的实验，交给学生一杆"猎枪"，启发和引导学生掌握正确的科学思维方法，培养他们的独立解决问题的能力和科学的创造力。具体做法是：

一、围绕教学目的，在宏观策略上设置好教学上的着力点。

生理实验课的教学目的，主要在于：1、培养学生科学思维方法和科学工作态度；2、训练学生的基本技能和观察能力；3、增加学生的感性认识，使学生易于接受和理解所学的知识；4、理论联系实际，巩固所学的知识。

围绕这些教学目的，在整个学期的实验教学中，应在宏观策略上设置好教学的着力点。根据实验课的内容、学生对知识和实验技能的掌握程度，对教学的重点进行适当调整，做到有所侧重。比如，有的实验，操作机会较多，可把教学的重点侧重于培养学生的基本技能上；有的实验，在实验过程中发生的生理反应较复杂，观察项目较多，则可有意识地把教学的重点侧重于培养学生的观察能力上；实验结果的分析较能体现出科学思维特点的，就多让学生分析讨论，把教学重点放在培养学生的科学思维方法上。这样，教学的着力点有所不同，教师便可以把精力集中在某个教学环节上，学生也可在某个方面受到更多的训练。这比平均用力、多中心并举的教学方法要更切实可行。

二、指导学生用"发现法"做好实验前的预习。

做好实验前的预习，让学生有准备地去接受新的知识和进行实验，是实验课教学的重要步骤之一。我一般在上一次实验结束时就提出问题，要求学生预习下一次实验课的内容，强调学生要把自己当作实验的设计者来思考问题，即把实验的问题作为提交给学生的实验课题，让学生自己设立课题的情境，指出已知是什么，未知是什么，并提出求证和解决这个实验课题所必要的知识、方法和思路，为做好实验、求证问题做好思想上的准备。

三、让实验课对学生更富有挑战性。

传统的实验课教学中，学生是被动的受体，有的学生甚至是盲目的，因为反正是教师实验指导一步一步地做，有不清楚的地方，可以问老师。有的教师甚至由于怕实验超时，把实验过程中会引起麻烦或争议的东西，预先给处理掉。这样的教学效果自然是不能达到培养学生实验技能和观察、分析判断问题的能力的目的，甚至还会窒息学生的创造精神。

如何使学生在实验课中变被动为主动呢？我采用这样的方法：实验一开始，便要求学生把自己当作一个探索者来求证问题。首先让学生谈谈实验设计的原理，并鼓励他们讲出自己的见解。如做"平滑肌一般生理特性"实验，我首先给学生设立课题情境：假如你现在是世上第一个探索这个问题的求知者，你会选择什么样的动物和组织，采用什么实验方法，应用什么仪器，又如何

·56·

1987年，王庭槐在《高教探索》发表第一篇教学论文《生理学实验课教学的探索和尝试》

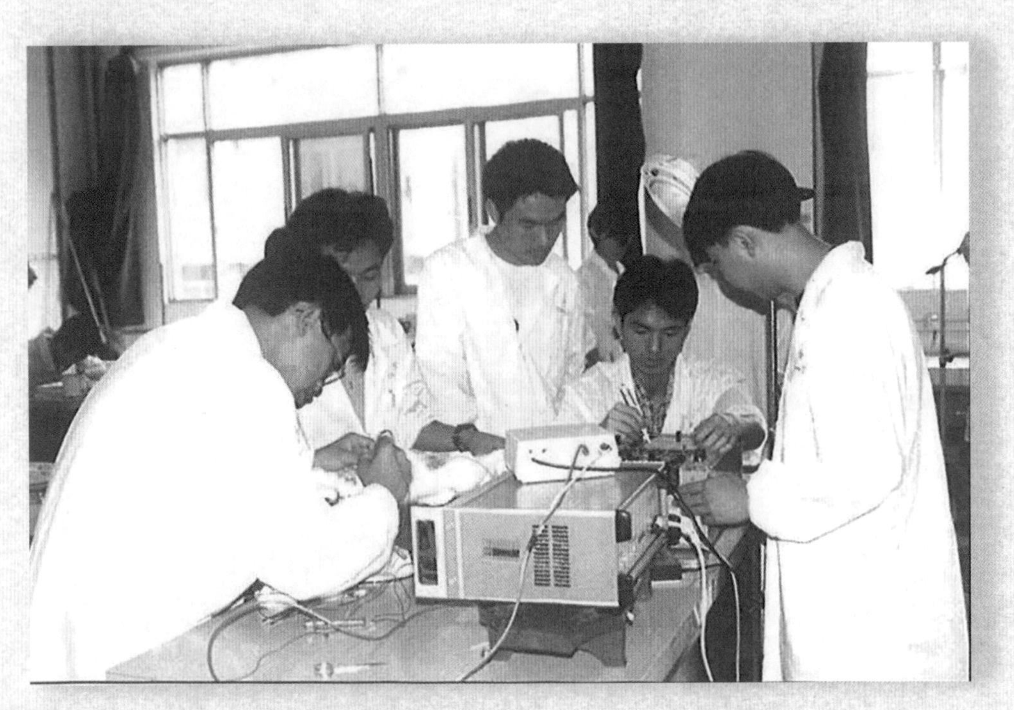

为培养学生的科研思维和综合实验能力，基础医学院把生理学、病理生理学、药理学的实验合并成一个综合课程：实验生理科学
（图为学生实验小组正在开展自己设计的实验）

王庭槐进行探索性实验设计教改，连续10年印制了10本《实验生理科学——探索性实验论文集》

王庭槐在2000级1班实验生理科学探索性实验论文答辩会上做总结发言

第2版　　中山医科大学　　1993年9月12日

光　荣　榜

广东省1993年南粤教书育人优秀教师名单

特等奖：李绍珍（眼科中心）

优秀奖：何友兼（肿瘤医院）、洪文德（一院）、余斌杰（一院）、杜传书（基础）、王庭槐（基础）

93年度中山医科大学先进工作者、优秀兼专职班主任、社教先进工作者名单

（一）先进工作者

中山一院：何柏林　何坤懿　揭素铭　肖海鹏　张妙嫦　刘雅玲　容中生　黄锋先　金思槐　林丽莉　刘翠英　刘卫红　陈秉学　谢礼君　张艳兰　郑三女　陈　红　赖伟忠　黄瑞琼　缪绮川　罗致强　庄广伦　方　群　房小玲　裘雪冰　黎锦如　宋兆辉　张　成　徐春先　佟菊贞　叶君苗　张志成　吴小荣　刘奕芝　唐拉结　朱婉而　黄思芳　陈　伟　李子平　黄兆民　莫恩明　覃有振　陈杏环　郑　莹　陈正煊　方海云　郑克立　詹世光　吴志棉　源淑英　于国中　杨忠汉　宋启洪　邝翠仪　黄学丽　詹　红　刘均澄

孙逸仙纪念医院：谷小鸣　李锦梅　邵　豪　张小霞　黄少萍　陈由芝　吕永添　廖荣娇　黄东全　吕　超　黄少娟　邓筱玲　郭美莲　陆月欢　张志光　刘嫣芬　阿洁珠　许德清　黄子通　黄秀琼　邱莲葵　叶燕芳　徐家明　宋振超　叶启强　黄文权　郭秀筠　刘晋华　魏家祺　余美基　梁炳佳　林自开　蔡玉莲　黎润江　黄文强　张佩坛　曾爱华

中山三院：古财然　何达秋　徐启桓　俞洪林　黄仰　杨绍基　李　源　余步云　吴祥元　卢　卉　陈其勋　陆慕贞　王清文　赖　维　陈小虹　喻中和　黄桂芬　姚集鲁　赵耕源　侯红英

中山眼科中心：陈国策　刘金陵　吴启崇　龚向明　李秀好　周锦芳　叶卫平　连　玉　陈绮华　梁威娜　黎锡熹　陈景荣　谢庆来　陈群好　区秀芬　钟国庆

肿瘤防治中心：彭望清　邝国庭　毛志达　林浩　苏义顺　万德森　蔡光龙　徐光川　杨名添　刘宗潮　吴燕萍　何曙云　李义觉　王耀兰　陈燕茹　钟素珍　周菊梅　吴剑辉　严泽禧　鲍辛南　雷穗妮　冯公侃　钟宁山　黄耀坤　吕丽炽　孔惠颜　劳惠燕

基础学院：黄小华　顾熊飞　谭润初　刘启文　陈子琏　汤丽芬　黄平　赵香兰　詹澄杨　周慕珩　罗泮祥　黄爱东　李海标　刘　青　高锦辉　李树浓　曾瑞萍　石　燕　肖建初　卓礼樨

口腔医疗中心：米乃元　谭艾贤　魏素华

卫生学院：邓桂芬　方积乾　刘移民

法医系：陈玉川

实验动物中心：黄　冰

护理系：陈红珊

卫校：张英华　黄惠霞

社科部：简占亮

校本部机关、后勤：谭芳平　阮　玥　郑坦零　李观乐　谭兴萍　方　贞　陈佩中　陈宇红　张晋湘　张有源　张晓珠　宋昌平　盛翠华　关如锦　陈沛祺　胡曾善　朱海强　吴燕玲　邓少梅　李月英　邹伟雄

期刊编辑部：张振弘

（二）优秀兼、专职班主任

廖志群（卫校）　沈冰奇（87级）　郑章清（89级）　杨文辉（91级）　陈娟（88级）　廖振尔（90级）　云利珍（92级）　梅　燕（卫生学院）　竞花兰（法医）

（三）社教先进工作者

县级：欧建平　刘　侃　王楚怀　曾宪波　李春海　宋启林　钱朝南　刘洪宁　黄文勇　顾慧明　杨宏志　夏忠军　符　明

校级：郭　彦　苏　诚　骆心慧　林崇健　罗向阳　梁九根　陈研峰

中山医科大学1993年优秀教学成果获奖名单

成果名称	获奖等级	获奖者
新型生理学实验课教学模式的建立和探索	国家二等奖　省级一等奖　校级一等奖	生理教研室：王庭槐　詹澄扬　潘敬运　许实光　姚愈忠
正确发挥临床考试导向作用，促进学生临床能力提高	国家二等奖　省级一等奖　校级一等奖	卢光启　邝沛荣　颜楚荣　李巧兰　刘晓荔
医学课程评估指标体系的优化与评估结果的综合分析	省级一等奖　校级一等奖	谭绪昌　张晓珠　唐廷勇　关如锦　邹赛德
实施规范化教学，提高外科临床教学效果	省级二等奖　校级一等奖	第一临床学院外科教研室：詹世光　梁力建　钟佛添　林勇杰　于国中
深化研究生教育改革，探讨临床医学博士生的培养	省级二等奖　校级一等奖	研究生处：程铭光　周瑞英　邱兆星　李济忠　黄日香
深化改革，实现医学教育手段优化	省级二等奖　校级一等奖	电教中心：吴志澄　李浩元　肖欢麟　罗启新
坚持开展广泛的社会实践活动，促进青年学生德智体的全面发展	校级一等奖	王绵宁　李玉光　卢恒递　王荣新　谢萍萍
内科临床见习有效的教学模式	校级一等奖	第一临床学院内科教研室　胡国亮　叶贤铮　曾群英　黄心玉　洪文德
加强管理，深化体育教学改革	校级二等奖	体育教研室
深化改革，加强管理，提高药理学教学质量	校级二等奖	药理学教研室
强化教学管理，提高外科临床实习的教学质量	校级二等奖	岭南医学院外科教研室：吕永添　陈声乐
基层医院临床教学工作的做法与体会	校级二等奖	佛山市第一人民医院：李蟹凌等
以德育为主导，加强教学行政管理	校级三等奖	岭南医学院：朱昌国　崔　辉　张幼伦
“四公开”在毕业生思想教育中的地位和作用	校级三等奖	学生处：王荣新　李玉光　董　零　王占龙
医用化学综合性考核的改革实践	校级三等奖	化学教研室

文鹏凌教学奖

90年：伍杰雄　翁书和　　91年：徐小虎　汤美安

92年：王庭槐　詹世光

92年卫生部有突出贡献中青年专家

吴乐正　张旭明　温　旭

“岗位学雷锋”先进集体、先进个人表彰名单

学雷锋先进集体

基础学院：病理解剖教研室、化学教研室、物理教研室

临床医学系：90级8班团支部

口腔系团总支

卫生学院：流行病学教研室

眼科中心：防盲办

肿瘤防治中心：胸科、汽车班

卫生学校教工

图书馆团支部

幼儿园团小组

学雷锋先进个人

基础学院：许实光、张　升、黄静妹、杨世方、刘慕洁

卫生学院：岳　平、林　海

幼儿园：关海燕、孔艳芳、庄晋荣、吴燕玲

学生专职干部：关如锦

学生：黄居科（87级）陈均南（88级）周建平（89级）朱庆棠　华平（90级）钟东波　陈丽昆（91级）魏杏华（92级）　附属一院：余斌杰　许元文　董秀清　杜志民　揭素敏　卢桂芳　甘伟英　谭素贞　陈小帆　刘雅玲　孙小荣　陈志群　武亚莉　房小翠　曾丽珍　王恩琛　汤凤姿　黄琴芳　王子莲　廖文华　钟春玲　吴美斯　李智英　何兆珏　车丽红　许服笑　梁秀龄　魏小琴　潘锡榜　张成　张健清

纪念医院：黄佩贤　吴木潮　蓝育青　蔡华雄　赵海燕　叶　枚　黄巨威　林宝珠　黄东全　刘　生　邱宝明

眼科中心：胡兆科　梁威娜　叶卫平　林映芬　刘海泉　陈国策　陈桂珍　李卓琼　黎静

肿瘤防治中心：汪惠云　冼慕慈　钟月桂　彭望清　尹丽珊　黄慧强　周志伟

卫生学校：周　英　赵振威　陈学文　马列凯　彭映基　廖志群　张晋康　司徒妙琼　林先轩　张峰　梁连友　何方标　陈必迁　陈绮玲　刘美兰　赖丽宇　吕　英　邓杏灵　黄燕君　刘春燕　杨　云　范秀平　陈梦云　梁洁华　石宏英　王敏红　吴雪珍　田碧珊　周新韩

口腔系：王剑宁　朱娟芳　陈昉

护理系：谭惠仪　文朝阳

1993年，王庭槐参与的“新型生理学实验课教学模式的建立和探索”项目获得国家二等奖、省级一等奖、校级一等奖，王庭槐被评为广东省南粤教书育人优秀教师

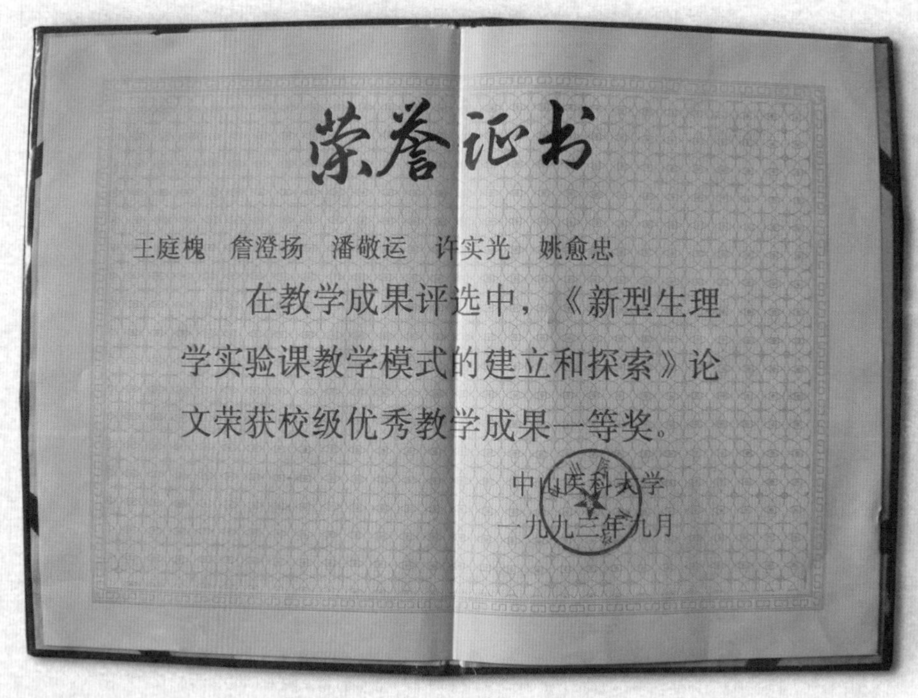

荣誉证书

王庭槐 詹澄扬 潘敬运 许实光 姚愈忠

在教学成果评选中，《新型生理学实验课教学模式的建立和探索》论文荣获校级优秀教学成果一等奖。

中山医科大学

一九九三年九月

1993 年 9 月，王庭槐参与的《新型生理学实验课教学模式的建立和探索》论文荣获校级优秀教学成果一等奖

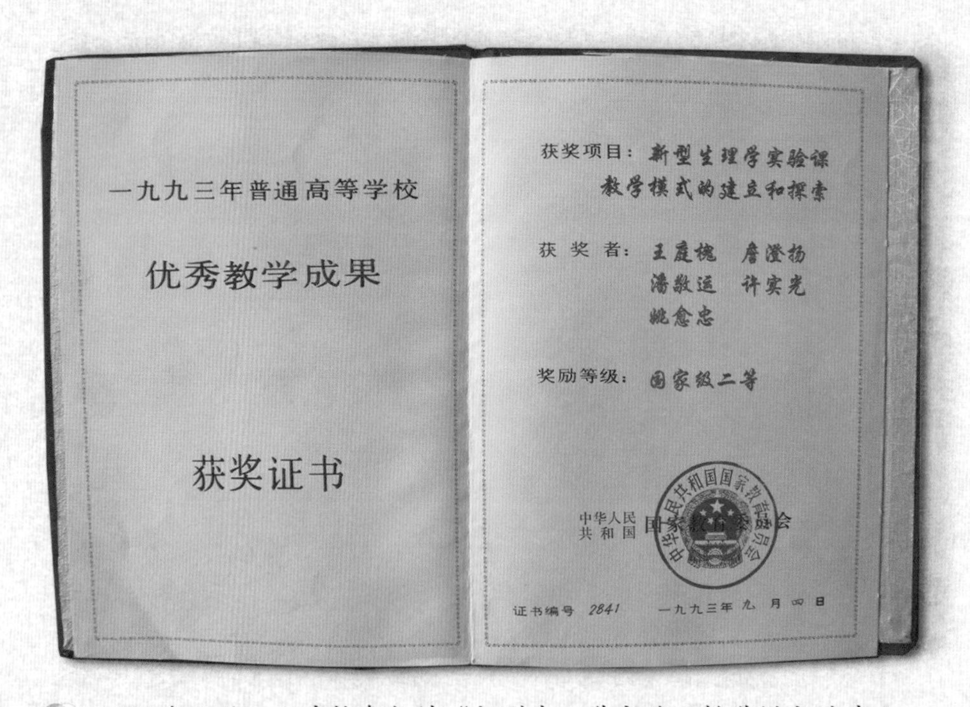

一九九三年普通高等学校

优秀教学成果

获奖证书

获奖项目：新型生理学实验课教学模式的建立和探索

获 奖 者：王庭槐 詹澄扬 潘敬运 许实光 姚愈忠

奖励等级：国家级二等

中华人民共和国 国家教育委员会

证书编号 2841 一九九三年九月四日

1993 年 9 月，王庭槐参与的“新型生理学实验课教学模式的建立和探索”项目荣获普通高等学校优秀教学成果二等奖

1999年12月14日，《人民日报》关于中山医科大学探索性实验教改的报道

中山医科大学探索性实验教改走在全国高校前列

走出验证教学　拓展创新思路

"请问'几种灌流对白鼠离体心脏的影响'这个实验的创新性体现在哪里？"

"我们建立了一个白鼠离体心脏灌流模型，而且实验装置全由我们自己组装，试剂的剂量也是我们自己摸索出的。"

……

这是中山医科大学在近日举行的"'97级实验生理科学探索性实验试点班学习报告会"上的一幕——自由答辩。

从实验选题、设计到选择组织仪器，从设计实验软件出论文集，再到组织这次颇为正规的报告会，全部由这个试点班的学生一手操办。这便是中山医科大学实验生理科学教学改革成果的最佳体现。

试点班指导老师王庭槐教授介绍说，早在1986年，他们就开始进行变验证性实验为探索性实验的摸索。1993年，他们又推出了新型生理学实验课教学模式，获得国家优秀教育成果二等奖。去年，中山医科大学将生理学、药理学和病理生理学三门课程的实验合并为一门实验生理科学，并在广东省高教厅资助下开展"现代生理学实验教学中学生综合科学素质教育的方法研究"，可谓这个教学模式的延续、补充和推广，其内涵在于提高学生的综合科学素质。有关专家认为，这在全国高校基础实验课教改中走在前列。

探索性实验教学模式包括8项目标，如采用实验课前的答辩式讨论，培养学生的科学思辨能力、语言口头表达能力；利用开放实验室和探索性实验设计，培养学生基础技能和自行设计实验的初步科学研究能力；利用组织学生科研小组通过参加课余科研活动，开发学生创造性思维、科学创新意识和创新能力等等。他们将试点班的学生分为若干实验小组，每个小组一学期完成一至两个探索性的实验。

试点班的同学说："我们在探索性实验中学到的，不仅是加深了对课本上某理论的理解，更重要的是学到了创新的思维方式与如何学习的方法，锻炼了组织、公关、协调等工作能力。"为了获得实验和印刷论文集的经费，试点班的学生成立了公关组，并且拿到了一万多元的试验赞助费。

"我国的教育一直习惯于'填鸭式'的教学方法，这种方法弊端良多，其中，最主要在于知识结构单一，综合素养不够，创造性差。而当今时代激烈竞争，需要的是具备全面素质，特别是富有创造性的人才。"王庭槐捧着学生们的论文集，感慨万千地说。

美国国立卫生研究院一位华裔教授回国，看到这本学生论文集后，非常欣赏。他认为探索性实验教学在开放创新和综合素质培养方面较有特色，与美国现时的教学方法很近似。看来关键是教育方法。只要方法对，我们的学生一样出色。

教育模式如何转变，是现代社会人们探索的一个新课题。中山医科大学对此进行了有益的探索。

本报记者张乐人、实习生苏卓/文

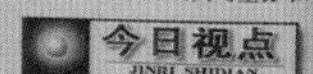

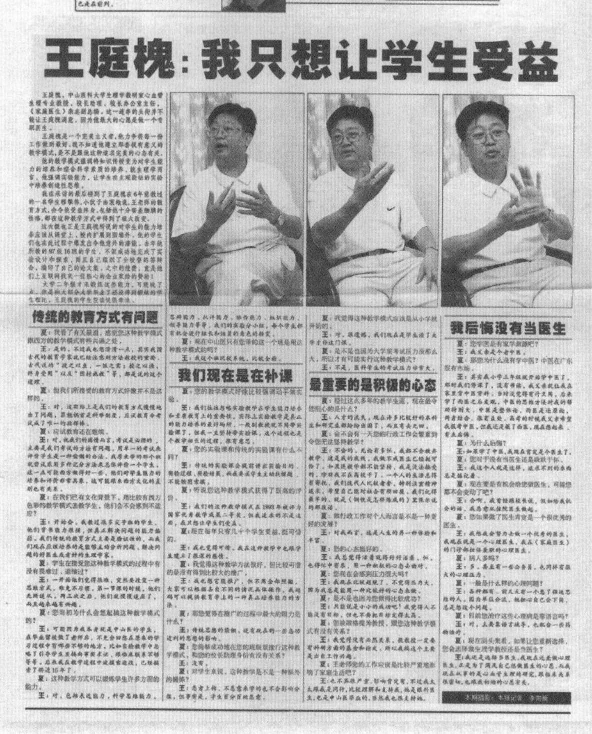

2000年5月14日，《南方都市报》关于王庭槐探索性实验教学模式的专访

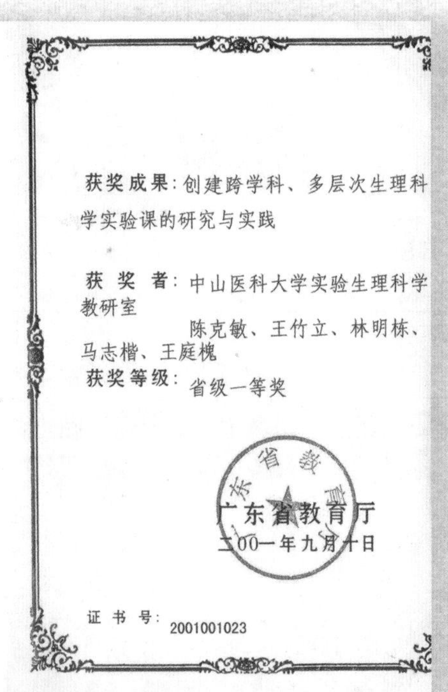
获奖成果：创建跨学科、多层次生理科学实验课的研究与实践

获奖者：中山医科大学实验生理科学教研室

陈克敏、王竹立、林明栋、马志楷、王庭槐

获奖等级：省级一等奖

广东省教育厅

二〇〇一年九月十日

证书号：2001001023

2001年9月，王庭槐参与的“创建跨学科、多层次生理科学实验课的研究与实践”荣获广东省教学成果奖一等奖

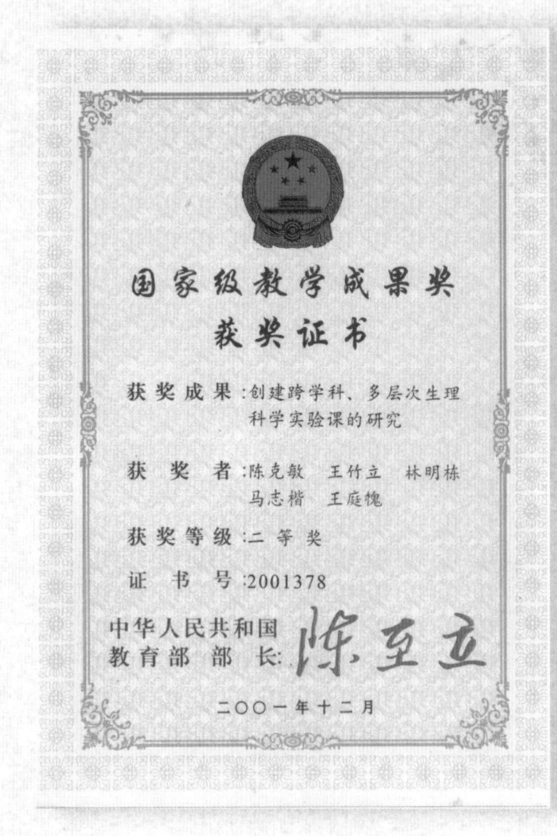
国家级教学成果奖

获奖证书

获奖成果：创建跨学科、多层次生理科学实验课的研究

获奖者：陈克敏 王竹立 林明栋 马志楷 王庭槐

获奖等级：二等奖

证书号：2001378

中华人民共和国教育部部长：陈至立

二〇〇一年十二月

2001年12月，王庭槐参与的“创建跨学科、多层次生理科学实验课的研究”荣获国家级教学成果奖二等奖

GUANGMING DAILY 2003年4月13日 星期日 今日4版

网址：http://www.gmw.com.cn 农历癸未年三月十二 国内统一刊号 CN11-0026 第19467号（代号1-16）

中山大学将为学生构建转专业“立交桥”

新华社广州4月12日电（记者杨霞） 中山大学最近公布招生方案时介绍，将在培养人才的过程中构建“立交桥”——对兴趣发生转移、品学兼优的学生实行转专业，对学有余力的学生实施双学位、双专业培养。

中山大学教务处处长王庭槐介绍说，中大学生能在一、二年级就可以根据自己的兴趣或未来发展方向转专业，可在每学年的5月份向学校呈递转专业的申请。跨院系转专业的学生控制在一定人数内，少于60人的专业控制在10%以内，大于60人的专业控制在15%以内。转入转出专业实行双向选择，择优录取优秀学生。

与此同时，学生还可以在二年级下半学期申请转“复合类”专业，即社会经济发展亟需、与市场相适应、前瞻性好的专业，如物流管理、电子商务、国际金融等，学生申请前必须选修其相关课程。

根据规定，转专业学生必须是确有专长，转专业后更能发挥其专长；在校期间无任何违法违纪行为；勤学敬业，所学课程没有不及格，必修、限选课程成绩达到一定标准以上。此外，学生入学后发现某种疾病或生理缺陷，或者某种特殊困难，不转专业则无法继续学习的学生，经学校认可，可不受上述条件限制提出申请。

根据招生方案，中山大学今年计划面向全国招生5050人，有77个专业。学校今年新增康复治疗学、艺术设计学、微电子学等9个专业。

2003年4月13日，《光明日报》报道中山大学教务处处长王庭槐介绍中山大学新培养方案

APR. -08' 04(THU) 14:49 DEPT OF MEDICINE TEL:403 944 2876 P.002

2004/Apr/08

UNIVERSITY OF CALGARY

FACULTY OF MEDICINE

Division of Nephrology
Telephone: (403) 944-4300
Fax: (403) 944-2876

Dr. Henry Mandin, MD, FRCPC, DSc. (Hon)
Professor, Department of Medicine

Professor Wang, Ting-Huai
Dean of Medical Education
Zhongshan University135 Xin Gang Xi Road
Guangzhou, Guangdong
PRC

Dear Professor Wang,

As chairman of the panel discussion entitled "The Need for Curriculum Reform" at the 11th International Ottawa Conference on Medical Education in Barcelona, Spain on July 6 – 8, 2004, I would like to invite you to attend our session and participate in the discussion that is to follow the presentations.

The other two participants on the panel are Dr. Kevin McLaughlin from the University of Calgary, Faculty of Medicine, and Dr. Paul A. O'Neill from the University of Manchester Faculty Of Medicine. I look forward to your participation in Barcelona.

Sincerely,

Henry Mandin

3330 Hospital Drive N.W., Calgary, Alberta, Canada T2N 4N1 • www.ucalgary.ca

099

2004年7月，王庭槐应邀赴西班牙参加第11届渥太华国际医学教育会议“课程改革的需要”（图为Henry Mandin教授致王庭槐的邀请函）

A10 广东新闻·时政　南方都市报　2003年1月5日 星期日　责任编辑 张炜 刘岸然 版式设计 甘丹

千名医学生回乡预见习

中山大学为培养五星级医生率先开展教学改革实施全人教育

本报讯 （记者卞晶）“一张证明下乡去！”近日，中山大学北校区预见习千人动员大会隆重举行，作为该校“三早”活动（早期接触临床、早期接触科研、早期接触社会）的重头戏，接受动员的千名2001级医学生将在寒假分赴各自家乡医院，进行为期1周的临床预见习。

千名学生提前接触临床

在动员大会上，应邀讲演的数位已完成预见习的高年级学生描述了各自的体会，几位女生深有感触地说：“带教医生的言传身教，让我学习了如何与病人沟通……”、“在短暂的预见习时间里，我感受医院、感受医生、感受病人，更深刻地体会到关爱患者身心、全力呵护健康的意义！”而另一名男生则风趣地表示：“最大的收获是明白了做一个外科医生需要超人的体力，手术有时会达到十几个小时，所以现在我们应该提前学会长时间站立！”语音刚落，台下一片掌声，气氛十分热烈。随后，来自中山大学附属医院的部分专家就如何利用预见习积累临床实践经验等问题向该校临床、口腔、影像、麻醉、法医、预防、护理等专业的学生详细述了临床可能遇到的情况及应对措施。

据了解，中山大学北校区试行大一、大二学生临床预见习已有4年，但规模均在百人左右，如今年这般大规模的动员则属首次。

中大最先开展预见习

据中山大学教务处处长王庭槐介绍，目前国际上共有3种流行的医学教学模式：以学科为中心、以器官为中心和以问题为中心。前者为中国及世界上大多数国家所采用，但缺点在于各课程之间缺乏纵向联系；后两种模式注重学科知识的融会贯通，增强学生分析问题的能力，但易造成基础知识不够扎实，且对教师能力要求高，教学成本耗费大。中山大学决定采用“改良传统”的方法，即：鼓励低年级学生早期接触临床，带着校方证明回到各自家乡医院，赴外科、内科、妇科等临床科室预见习。据了解，中山大学是国内率先开展预见习教学改革的院校，今后还将不断在实践中探索。

“大一、大二学生的知识水平还不足以进行完整的见习，而学校附属医院也无法容纳这么多的学生。现在推行回乡预见习，让医学生有机会早期接触实际病例，不仅可以促进他们对学科知识的内化、融合，理论与实际的相互联系，基础与临床的相互结合，而且可以加强他们社区保健的意识以及对医生职业的认识，明白何所谓医者父母心，一举数得，这对于实施‘全人教育’，为社会输送高素质的‘五星级’医生（即卫生服务的提供者、综合诊治方案的制定者、健康教育的开展者、平衡卫生保健需求的社区领导和服务的管理者）有着积极的推动作用。”王庭槐教授如是说。

2003年1月5日，《南方都市报》报道中山大学千名医学生回乡预见习

2005年，王庭槐在中山医学院长学制医学生预见习动员大会上讲话

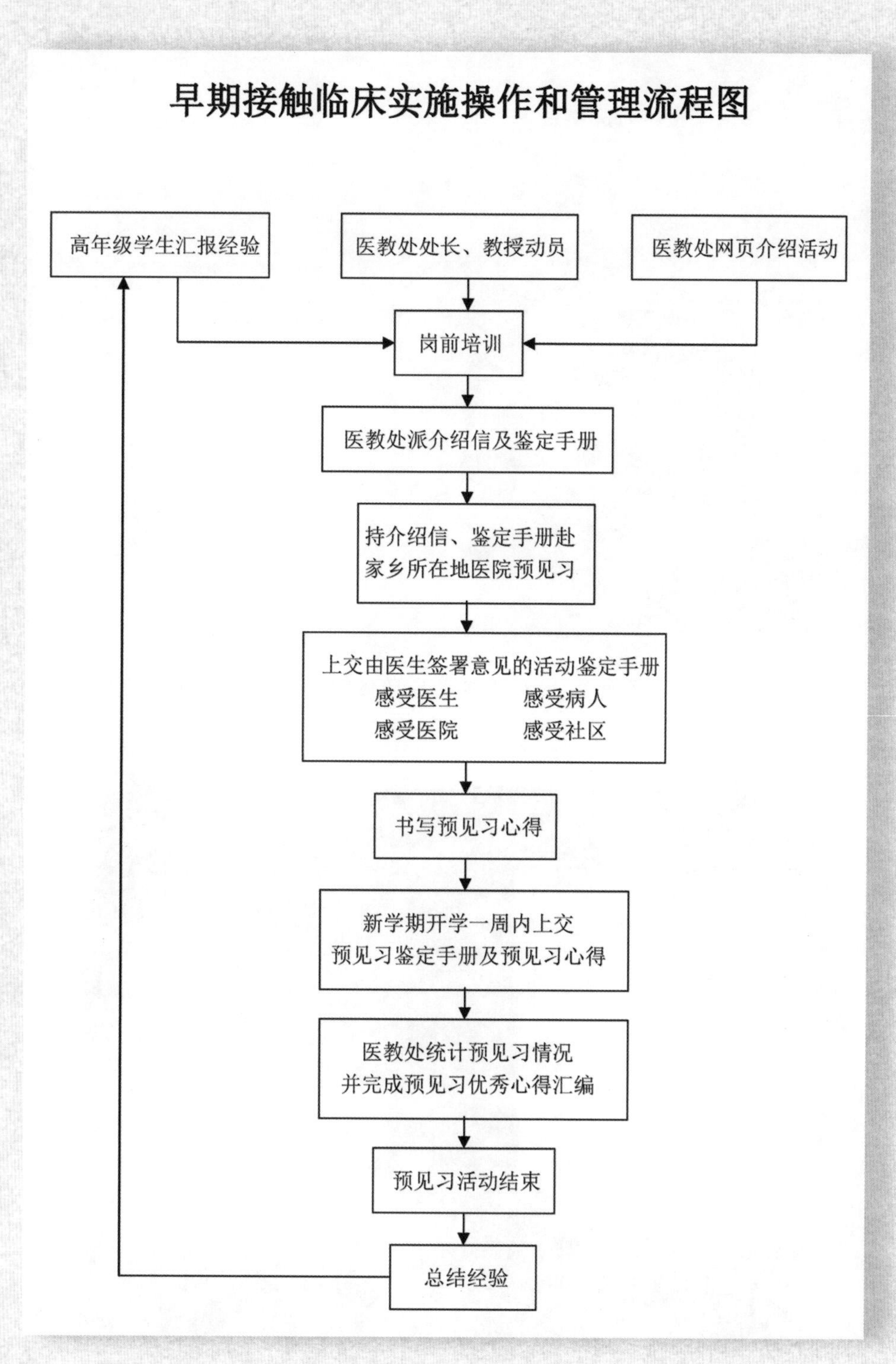

早期接触临床实施操作和管理流程图

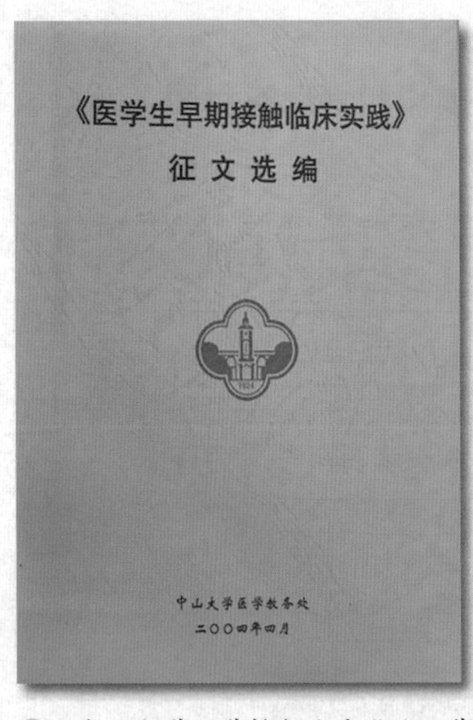

序

又是一个春暖花开的季节。

算起来，预见习已开展了六年，最早参与预见习的那批学生，有的已经毕业，有的开始了真正的见习，他们想必会在类似的情景中，想起曾经有过的经历。

时间总给人一种仓促感，而时间的流逝，也必然沉淀下果实，一切才刚刚开始……

我校从1998年开始组织预见习，但那时参加的人数不多，自2001年起规模不断扩大，现在已经开始普及，有很多学生参与假期预见习，几年来，他们观摩了17，124例各种不同类型的病例，都将记录在医教处的档案库中，但是，感动无法记录，收获的不仅仅是一个庞大的统计数据。

我一直以为，经历就是最大的收获，兴趣是最好的导师。预见习最初的目的，在于让学生早期接触临床，而早期接触临床的作用，在于培养学生对医学的兴趣。

反馈回来的信息告诉我们，我们的初衷是对的。三十篇的文稿，或总结经验，或抒写感动，或描述见闻，都传达了一个信息：学生们在感受社会、感受医院、感受病人等方面，都有了进一步的认识，对医学产生更大的兴趣、对医生这一人类崇高职业的向往以及对一些社会问题的思考……而这，正是我们所期盼的。

在此，感谢各级领导的支持，感谢全体学生的积极参与。正是有你们的热情，才有近几年预见习的累累硕果和这本集子的产生。

而我相信，更多的感动，更多的文稿还没有被发现，被征集起来。

而我坚信，这只是一个开端，更精彩的还在后头。

是为序。

中山大学医学教务处
王庭槐
2004年4月

中山大学医学教务处编《〈医学生早期接触临床实践〉征文选编》

2005年9月，王庭槐参与的“构建‘三早’医学教育新模式的探索与实践”荣获国家级教学成果奖二等奖

中山大学医学教务处编《2006年暑假预见习征文选集》

（"三早"教育实践系列）

中山大学医学教务处编《预见习征文选集（十周年特刊）》

（"三早"教育实践系列）

医学生三早活动手册汇编

医学生预见习手册汇总

2002年5月5日，《南方日报》报道中山医77级毕业生王庭槐的相关事迹

2009年11月，《中大学子》专题报道中山医学院"预见习"，采访王庭槐教授

2005 年 12 月，王庭槐参加第二次高等学校医学教学改革研讨会

2006年，王庭槐参与的《中国医学教育管理体制和学制学位改革研究》（教育部研究课题成果）出版

国家级教学成果奖
获奖证书

获奖成果：研究型大学本科教学质量长效保障体系建设的研究与实践

获 奖 者：陈春声 刘济科 王庭槐 吴晓枫 陈 慧

获奖等级：二 等 奖

证 书 号：2009526

中华人民共和国
教育部部长：周济

二〇〇九年九月

2009年9月，王庭槐参与的“研究型大学本科教学质量长效保障体系建设的研究与实践”荣获国家级教学成果奖二等奖（获奖证书）

2009年9月，王庭槐参与的“研究型大学本科教学质量长效保障体系建设的研究与实践”荣获国家级教学成果奖二等奖（奖章）

中山大学第七届教学成果奖
获奖证书
获奖成果：“四四”架构的本科专业实践教学体系的探索与实践
获 奖 者：李文军、邓少芝、肖海鹏、王庭槐、尹小川、张尚武、植慧仪、周 花、李 莹
获奖等级：一等奖
二〇一三年四月

2013年4月，王庭槐参与的“‘四四’架构的本科专业实践教学体系的探索与实践”荣获中山大学第七届教学成果奖一等奖

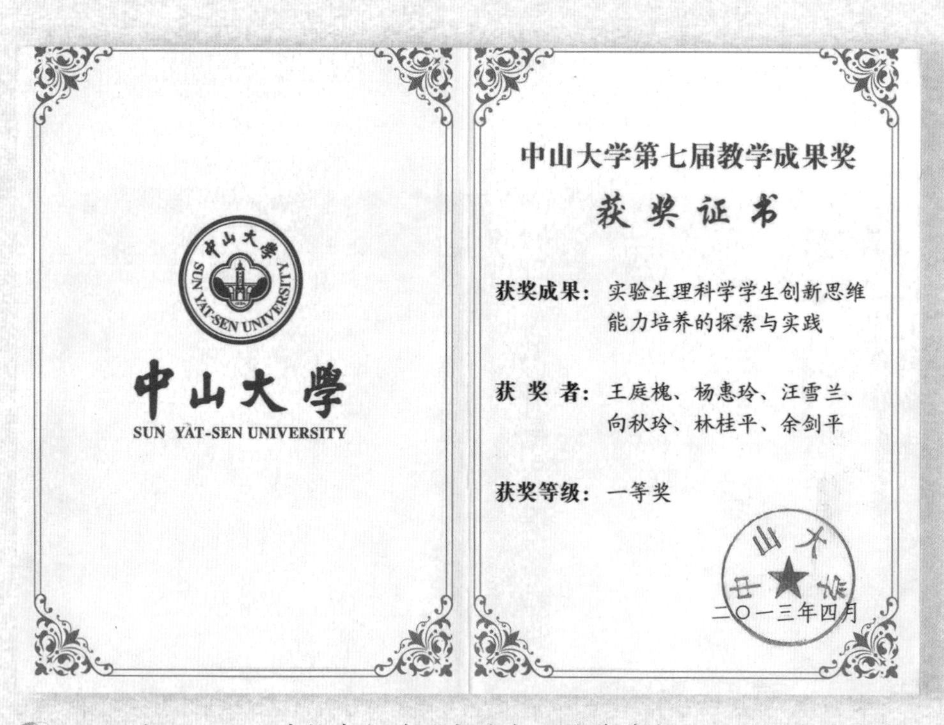
中山大学第七届教学成果奖
获奖证书
获奖成果：实验生理科学学生创新思维能力培养的探索与实践
获 奖 者：王庭槐、杨惠玲、汪雪兰、向秋玲、林桂平、余剑平
获奖等级：一等奖
二〇一三年四月

2013年4月，王庭槐参与的“实验生理科学学生创新思维能力培养的探索与实践”荣获中山大学第七届教学成果奖一等奖

2013 年 4 月，王庭槐参与的“提高医学生临床技能教学质量的研究与实践”荣获中山大学第七届教学成果奖一等奖

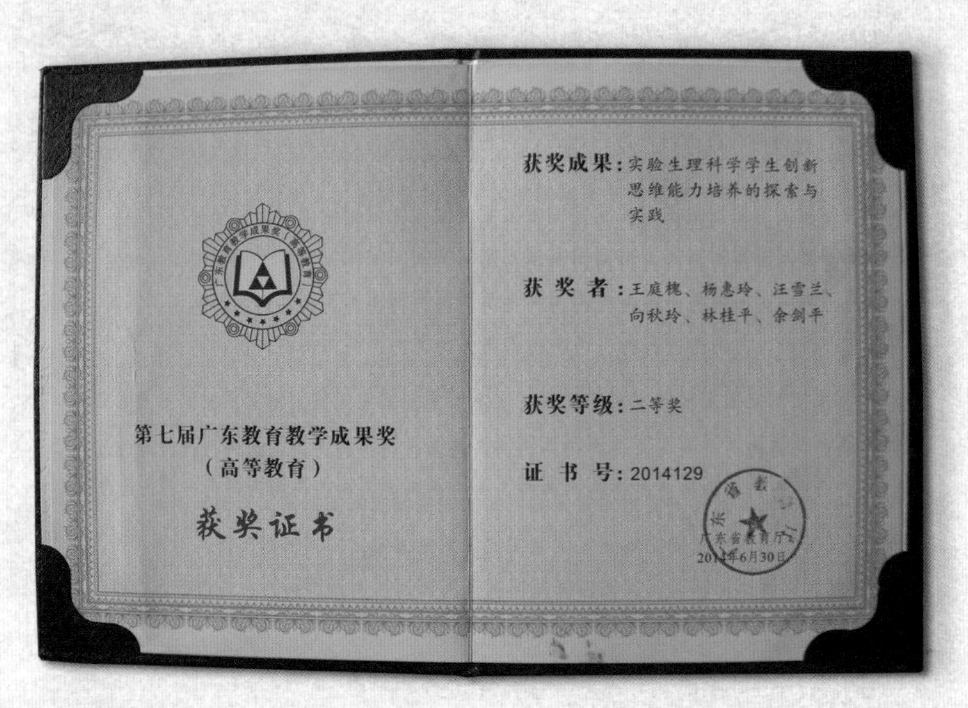

2014 年 6 月，王庭槐主持的“实验生理科学学生创新思维能力培养的探索与实践”荣获第七届广东教育教学成果奖（高等教育）二等奖

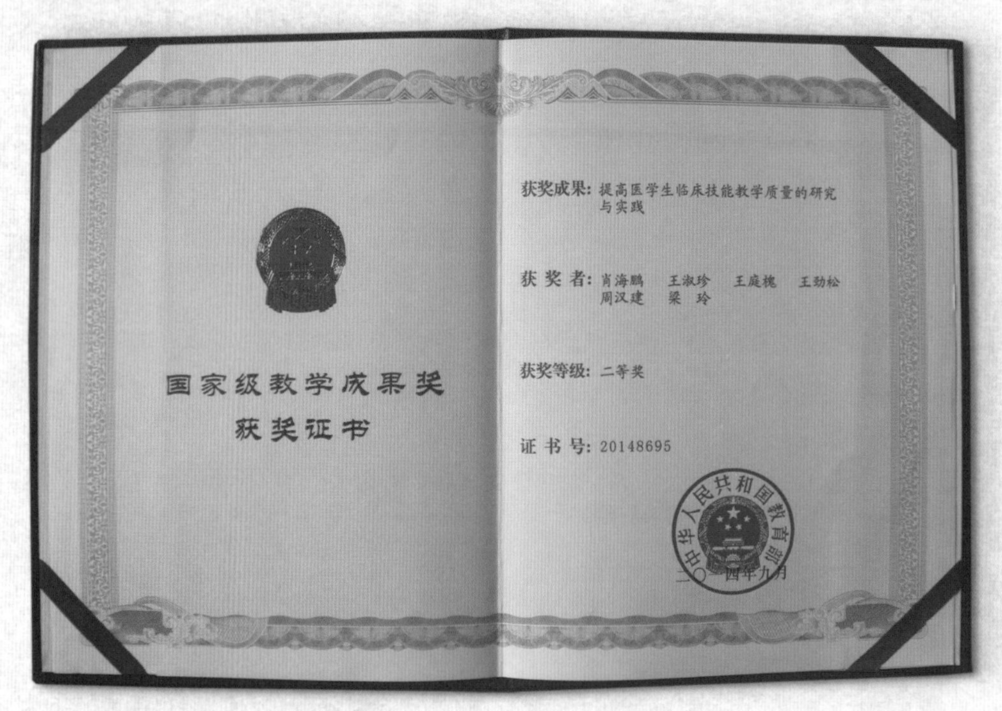

2014 年 9 月，王庭槐参与的“提高医学生临床技能教学质量的研究与实践”荣获国家级教学成果奖二等奖

2016 年 7 月，王庭槐出席中国生理学会第十一届全国生理学教学研讨会

封面人物 FIGURE

社会组织

现代教育的探索者——王庭槐

王庭槐 男，1956 年出生，教授，博士生导师，1982 年毕业于中山医学院医疗系，现任中山大学新华学院院长、中山大学医学部副主任、中山大学医学情报所所长。

中山大学二级教授、博士生导师、国家万人计划教学名师，中山大学医学教务处处长、医学部副主任、医学情报所所长、中山大学新华学院院长王庭槐耕耘教育34载。他认为，教育的本质在于开发人的心智，挖掘和推动人的潜能发展，培养"人"良好的个性、心理品质和健全的人格，包括兴趣爱好、审美情趣和追求真理、热爱生命、崇尚科学的良知和习惯，培养学生自主学习和研究性学习的能力，激发每一位学生的智慧和潜能，让他们对未来的学习、生活、工作充满梦想，并具有实现梦想所必备的知识和能力储备。这也是中大新华人的教育理想。

19

封面人物 FIGURE

秉承让教育回归本质的理念，由中山大学与广东东宝集团联合申办的独立学院——中山大学新华学院（以下简称"新华学院"）走过了十年风华，走出了独立学院办学的"新天地"。目前，学院一校两区，横跨穗莞两市，在校生超1.8万人。设有"经管、医药、理工、文法、艺术"五大学科专业群，共39个专业。王庭槐力推的"开天窗、接地气"教育理念，培养出一批批复合型、应用型人才，其中护理、听力与言语康复学等专业的毕业生都供不应求。

开天窗、接地气、走出去

"我们的社会存在很多错位，譬如：当医生热衷做研究发表论文，很少接触临床，结果医术不行；当老师只愿搞科研发表论文，不愿上课，结果教学不行。其实社会本来的面貌应是'做酒要醇，做醋要酸，做盐要咸'，教育也一样，应该回归教育本质。这样，我们的教育才能好起来。"王庭槐出生于50年代，他的身上拥有此年代知识分子特有的、强烈的责任心和使命感。

2013 年，王庭槐履职新华学院院长后，他把自己的教育本质论设定为中大新华人的教育理想，希望教育回到原点，"以德、智、体、美全面发展为目标，培养品德优良、人格健全、身体健康、特长发展、有知识、有智慧、有能力和有修养的复合型、应用型人才"。

2003 年教育部发布了《关于规范并加强普通高校以新的机制和模式试办独立学院管理的若干意见》，肯定了普通高校按新的机制和模式试办的相对独立的二级学院（俗称独立学院）对今后我国高等教育的持续、健康发展具有重大的意义。在此背景下，中山大学新华学院诞生了，并于 2005 年正式招生。学院实行董事会领导下的校长负责制，实施相对独立的教学组织和管理，独立招生，涵盖文、理、医、工、经、管、法、艺等学科的综合性全日制普通高等院校。

在王庭槐的教育理念中，教育应力求因材施教、注重和尊重学生的个性发展及健康人格的养成，在培养人文精神、强调文理融通、实施素质教育的基础上，强化学生实践能力，特别是实际应用能力的培养。为此，他坚持"早正严实"教学原则和"三基三严三早"教学传统，以"开天窗、接地气"思路为引领，积极推行教学改革试验，创新应用型人才培养模式。

"开天窗"就是走出去，看国内外同类专业发展情况，通过借鉴学习提升发展水平。新华学院一方面积极开展国际教育合作，引进国外优质教育资源。目前已与美国索尔兹伯里大学、美国拿撒勒大学、英国雷丁大学、澳大利亚昆士兰大学等 22 所海外院校签订合作协议。另一方面不断地优化教学质量，创新人才培养模式。除了邀请国际数学大师、哈佛大学终身教授丘成桐院士，世界著名经济学家、英国伦敦政治经济学院教授 Ron Anderson 等一批国内外优秀教师学者来授课外，新华学院为学生开通了"3+X"人才培养模式，并提出"立交桥"人才培养模式，即大一通识教育，大二开始专业化培养，让学生在对自己及各专业有一定了解的基础上进行专业选择。

新华学院成立了我省首个高校创客实验室——Fab Lab XH，试图借助创客教育的方式，激发学生自主学习意识及创新思维。在这里，没有传统的理论化教学模式，而是强调"只要能想到，就能做得到"，强化创意创新创造能力。该实验室还是我省第一个通过美国麻省理工学院（MIT）Fab Lab 的审核，成为广东唯一一个可以直接接受 MIT

2016 年 3 月，《大社会》报道《现代教育的探索者——王庭槐》

2016年，王庭槐（右一）在西班牙巴塞罗那出席AMEE会议（欧洲医学教育年会）。图中左二为AMEE主席Trudie Roberts，左三为AMEE会议秘书长Trevor Gibbs，左一为现中山大学常务副校长肖海鹏

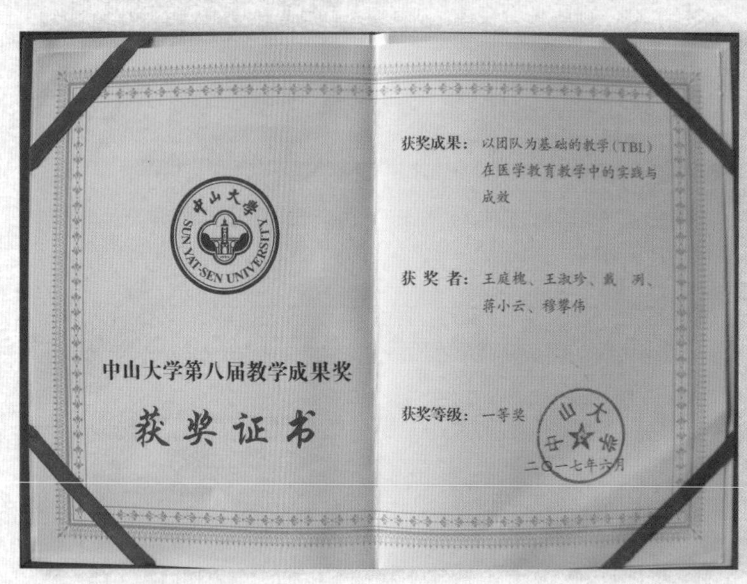

中山大学 SUN YAT-SEN UNIVERSITY

中山大学第八届教学成果奖

获奖证书

获奖成果：以团队为基础的教学（TBL）在医学教育教学中的实践与成效

获 奖 者：王庭槐、王淑珍、戴　洲、蒋小云、穆攀伟

获奖等级：一等奖

二〇一七年六月

2017年6月，王庭槐主持的“以团队为基础的教学（TBL）在医学教育教学中的实践与成效”荣获中山大学第八届教学成果奖一等奖

2009年
上学期 06级八年制临床医学3个班104人
下学期 07级五年制临床医学4个班130人

2010年
上学期 07级八年制临床医学3个班100人
下学期 09级七年、五年制口腔、法医、检验5个班134人

2011年
上学期 08级八年制临床医学3个班99人

2012年
上学期 09级八年制临床医学3个班100人
下学期 11级五年制临床医学4个班135人

2013年
上学期 10级八年制临床医学3个班105人
下学期 12级五年制临床医学4个班138人

2014年
上学期 11级八年制临床医学3个班105人
下学期 13级五年制临床医学4个班135人

2015年
上学期 12级八年制临床医学3个班100人
下学期 14级五年制临床医学4个班138人

2016年
上学期 13级八年制临床医学3个班100人
下学期 15级五年制临床医学4个班145人

2017年
上学期 14级八年制临床医学3个班100人
下学期 16级五年制临床医学4个班150人

2018年
上学期 15级八年制临床医学3个班108人

2019年
上学期 16级八年制临床医学3个班102人

中山医学院生理学课程TBL教学十年一览：从2009年5月开始，我校生理学课程率先开展TBL教学，逐步面向八年制临床医学和预防医学等专业的学生。随后解剖学、药理学、人体寄生虫学等课程也尝试了这一新的教学模式

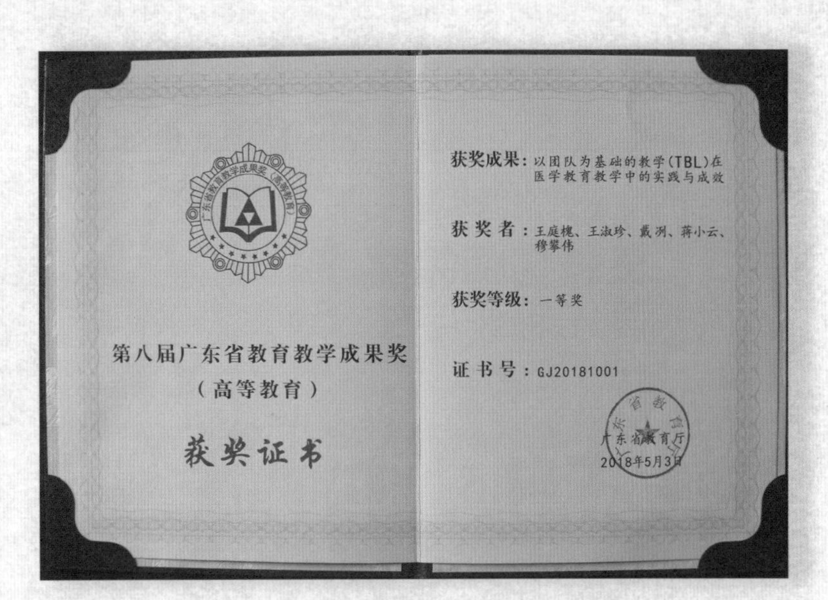

2018 年 5 月，王庭槐主持的“以团队为基础的教学（TBL）在医学教育教学中的实践与成效”荣获第八届广东省教育教学成果奖（高等教育）一等奖

2018 年 12 月，王庭槐主持的“以团队为基础的教学（TBL）在医学教育教学中的探索与实践”荣获国家级教学成果奖二等奖

羊城晚报 教育·大学城 2018年4月27日/星期五 A20

中山大学举行首届卓越名师颁奖典礼，表彰一线教学能手

卓越名师领奖 首先感谢学生

中山大学 卓越名师系列报道之1

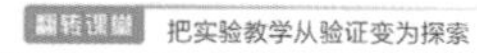

中山大学中山医学院生理学教授王庭槐：

教学改革36年不曾止步 三早教育春风化雨润物无声

实践真知 “先去做，做了以后自然会有用”

翻转课堂 把实验教学从验证变为探索

三早教育 让前期理论和后期实践早结合

改革突破 鼓励学生自编学术论文集

课外熏陶 让治学传统潜移默化传下去

2018年4月27日，《羊城晚报》报道中山大学卓越名师王庭槐

2018 年，王庭槐（右一）参加医学类智慧实验平台建设与实验教学改革研修班

2019 年，王庭槐（前排左四）出席第二届欧洲医学教育联盟中国区域教育论坛暨 2019 中山医学教育国际论坛

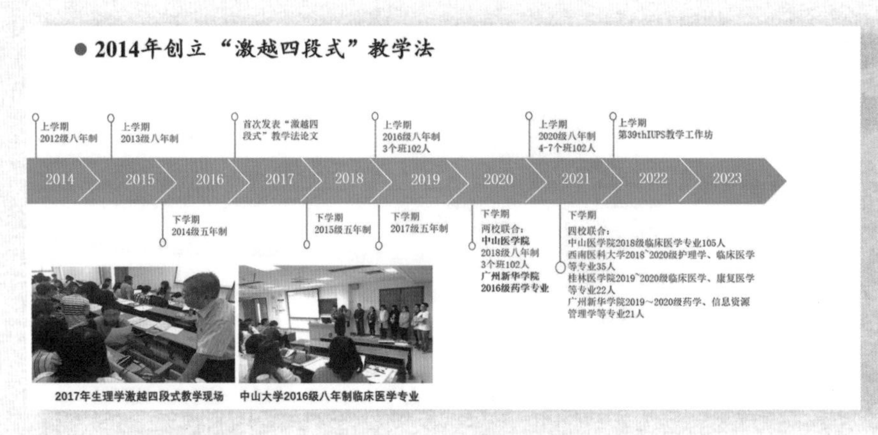

2014—2023年，王庭槐创立的“激越四段式”教学法的实践

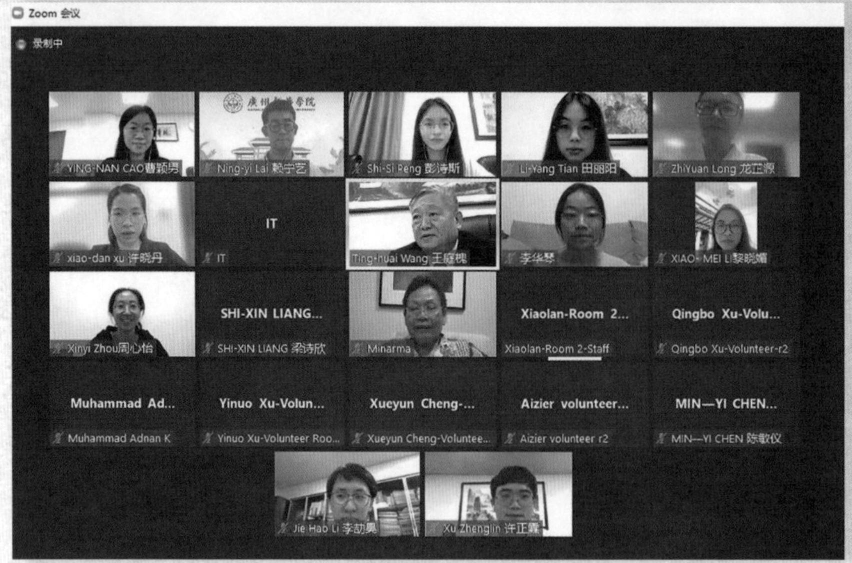

2022年5月，王庭槐参加国际生理学会IUPS会后教学工作坊，主持讨论“后疫情时代生理学教学中远程校际跨专业与‘激越四段式’教学的结合与应用”

◐ 2023 年 8 月，中山大学附属第一医院荣获 AMEE ASPIRE-TO-EXCELLENCE（国际合作）大奖（上图正中为王庭槐，左二为中山大学常务副校长肖海鹏）

2023 年 10 月，王庭槐参加中国生理学会学术年会专题研讨会，分享“新时代”和“新医科”背景下的生理学教学问题

2023 年 11 月，王庭槐到清华大学教师发展中心做 TBL 与 FST 教学法的分享

第四章 潜心科研 硕果累累

王庭槐在教学、教改上的突出表现，有时难免遮掩了他的学术风采和科研贡献。他认为“有真学术，才有真教育；有好科研，才有好教学”。基于此，他对科研工作非常重视，成为我国知名的心血管专家。在从事教学工作的同时，他坚持科研攻关，成绩斐然。他所取得的大量研究成果，也为其教学工作的顺利进行提供了重要支撑，主要成果已经成为本科生和研究生“高级生理学”“临床生理学”“生理学进展”等课程的学习内容。

生物反馈疗法是王庭槐首先进入的研究领域，并一直坚持下来。在求学时期，他已对生物反馈疗法产生极大兴趣，认为其是一种积极的治疗方法。因此，他持续追踪相关研究进展。1984 年，王庭槐就开始了对生物反馈生理机制的研究，成果倍出。近年来，他还结合现代治疗学前沿研究，建立了国内首个研究生物反馈生理机制的实验室，带领研究生发现了正常心理差异对生物反馈效果的影响，并率先将混沌动力学理论及近似熵分析方法引入生物反馈的信号分析中，解决了生物反馈机制研究中的部分瓶颈难题；他应用生物反馈对高血压前期进行干预，为非药物治疗高血压提供了新的思路和方法。

王庭槐的另一个重要研究研究领域是心血管生理领域。1989 年开始进入，专攻雌激素对心血管产生的效应。通过多年研究，王庭槐在甾体性激素的心血管效应及其信号转导机制、生物反馈学等现代治疗学研究前沿取得了突破性进展。王庭槐从基因和非基因两条途径，心肌和血管内膜、中膜、外膜多个层次系统深入研究了雌激素抑制血管损伤反应的作用及其细胞内信号转导机制，该研究成果获 2009 年教育部自然科学奖二等奖。

从事医学科研 40 年来，王庭槐共承担了国家自然科学基金、省部级科研基金项目数十项，在国内外期刊上发表科研学术论文百余篇，主编学术专著、教材30多本，潜精研思，硕果累累，初心始终如一。

学会先进工作者证书

王庭槐 同志在学会工作中做出了突出成绩，被评为学会先进工作者，特颁发此证书，以资鼓励。

广东省科学技术协会

1992年12月8日

1992年12月，王庭槐被评为广东省科学技术协会“学会先进工作者”

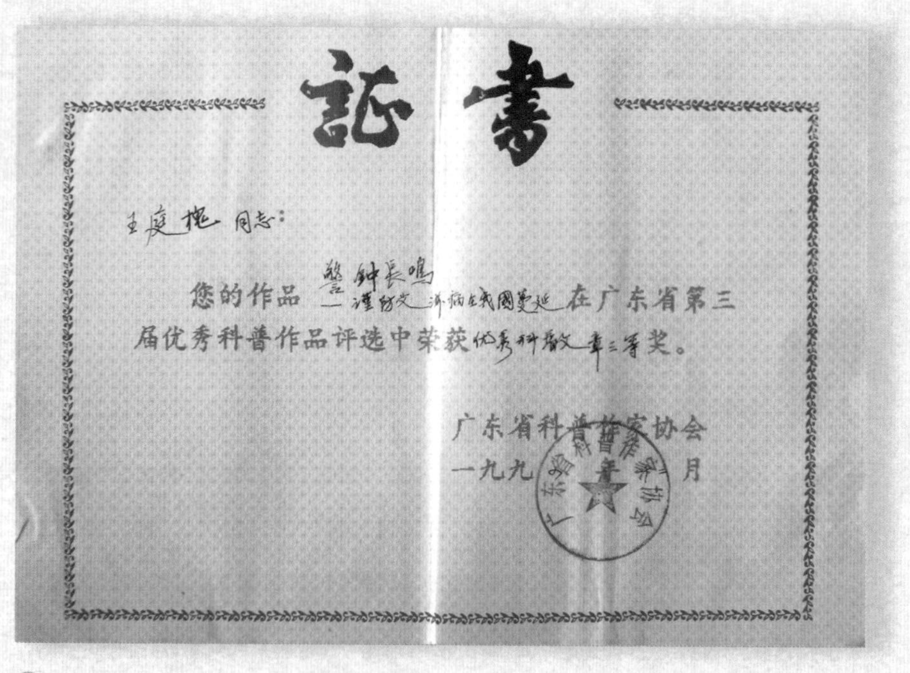
證書

王庭槐 同志：

您的作品 警钟长鸣——谨防艾滋病在我国蔓延 在广东省第三届优秀科普作品评选中荣获优秀科普文章三等奖。

广东省科普作家协会

一九九 月

1994年12月，王庭槐的《警钟长鸣——谨防艾滋病在我国蔓延》荣获广东省第三届优秀科普文章三等奖

1998年，王庭槐参与主编的《实用临床症状的鉴别诊断》出版

2001年，王庭槐参编的《实用临床肾脏病学》出版

資訊科技與健康

主辦單位：澳門護士學會、資訊科技協會

邀請函

尊敬的中山大學教務處處長

王庭槐教授台鑒：

廿一世紀，隨著資訊科技的飛躍發展，利用電腦處理信息的技術已被廣泛應用在日常生活中，由政府部門、商業機構及至家庭、個人，無所不及。而護理工作的發展已從以疾病爲中心轉移到對疾病的預防和促進健康爲中心。如何透過資訊科技幫助人們認識健康，滿足人們對健康知識的需求，以達到促進健康的目標，正是當今研究之課題。

多年來，澳門護士學會和資訊科技協會，致力推動資訊科技在日常生活中的應用，加強澳門市民對資訊科技及醫療護理的認識。適逢，澳門醫療保健制度的改革正實施中，加上醫療診斷技術的迅速發展，兩會特別誠意舉辦"資訊科技與健康"活動。藉此，推介當前資訊及醫療護理科技，喚起健康工作者在這方面的關注和增加市民對有關方面的認識。我們衷心期望通過今次活動中的研討會、展覽會及論壇，建立一自助式護理與健康資料庫，所有的資訊將儲存在一個服務資料庫中，其內容將進一步被擴展到個人護理與健康的問題，讓本澳門各界人士，尤其是醫護界認識到資訊科技在生活和健康中的應用，務求深入淺出，增進交流，爲本澳醫療護理及資訊科技界的發展，起一帶頭促進的作用，也能爲商界帶來不少商機，促進本澳社會經濟的發展。

素仰　閣下是醫學教育的典範人物，對資訊科技素有研究，實踐經驗豐富。對我會的活動鼎力支持，我們特奉函誠邀　閣下爲研討會及論壇作嘉賓及講者。演講題目有兩部分：1. 請圍繞　貴校的電子醫學雜誌 2. 家庭醫生雜誌的經驗。前者在研討會上與業界分享，後者會在公開論壇中與市民交流。並希多加指導，藉匡不逮，承蒙俯允，不勝感激。

具體活動內容詳見附件，敬請審閱指正。對此表示衷心的感謝。

願我們屆時歡聚在澳門！

謹祝

台祺

澳門護士學會

謹啟

資訊科技協會

2002年4月3日

賜覆　Tel：+(853) 6828298 尹一橋

Fax：+(853) 8913547

036

2002年7月，王庭槐应澳门护士学会及资讯科技协会联合邀请参加“资讯科技与健康”活动

證　書

CREDENTIAL

王庭槐同志在广东省心理卫生协会第三届换届选举中被选为第三届常务理事。特发此证。

广东省心理卫生协会

2003年9月7日

2003年9月，王庭槐当选广东省心理卫生协会第三届常务理事

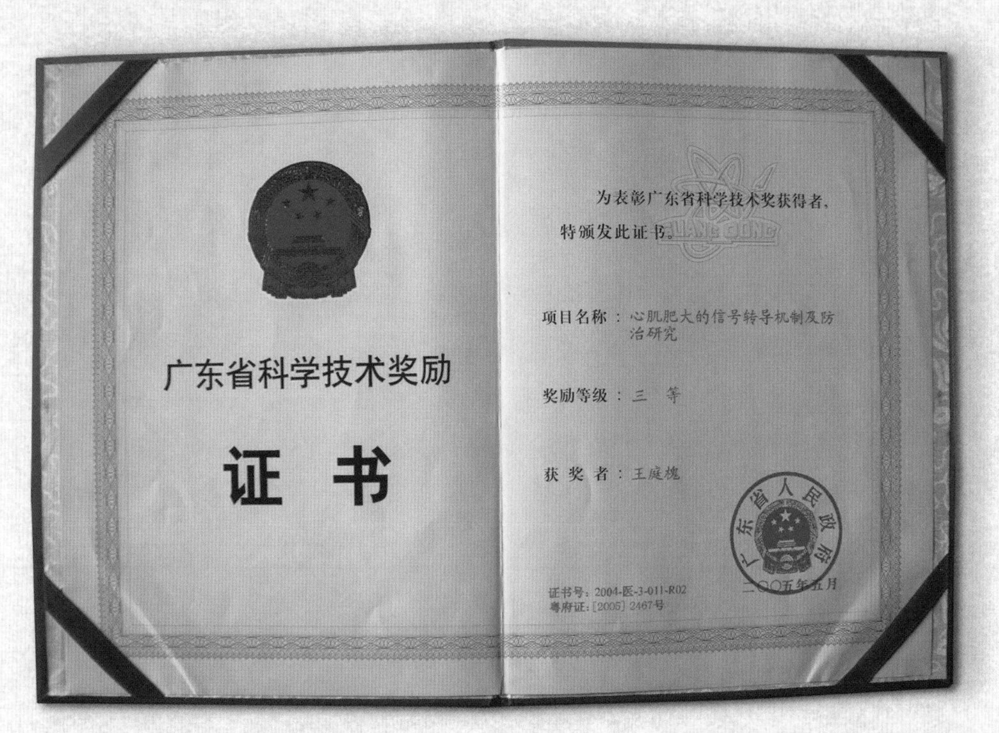

广东省科学技术奖励

证 书

为表彰广东省科学技术奖获得者，
特颁发此证书。

项目名称：心肌肥大的信号转导机制及防治研究

奖励等级：三 等

获 奖 者：王庭槐

证书号：2004-医-3-011-R02
粤府证：[2005] 2467号

广东省人民政府

二〇〇五年五月

2005 年 5 月，王庭槐主持的“心肌肥大的信号转导机制及防治研究”荣获广东省科学技术奖三等奖

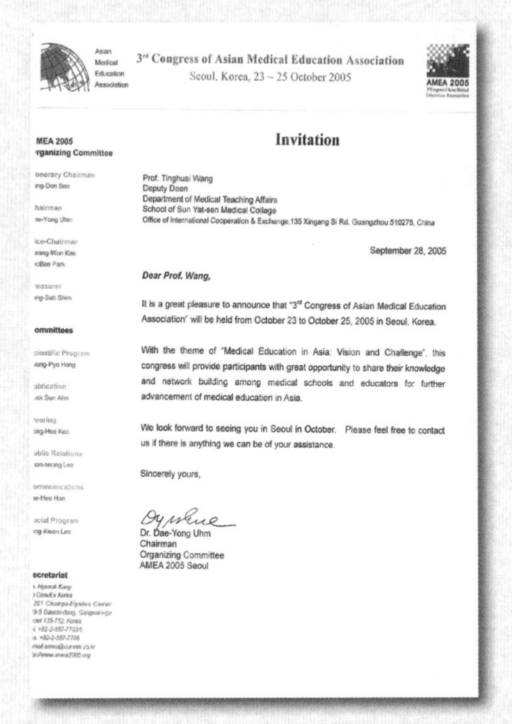

Asian Medical Education Association

3rd Congress of Asian Medical Education Association
Seoul, Korea, 23 ~ 25 October 2005

AMEA 2005

Invitation

Prof. Tinghuai Wang
Deputy Dean
Department of Medical Teaching Affairs
School of Sun Yat-sen Medical College
Office of International Cooperation & Exchange,135 Xingang Si Rd. Guangzhou 510275, China

September 28, 2005

Dear Prof. Wang,

It is a great pleasure to announce that "3rd Congress of Asian Medical Education Association" will be held from October 23 to October 25, 2005 in Seoul, Korea.

With the theme of "Medical Education in Asia: Vision and Challenge", this congress will provide participants with great opportunity to share their knowledge and network building among medical schools and educators for further advancement of medical education in Asia.

We look forward to seeing you in Seoul in October. Please feel free to contact us if there is anything we can be of your assistance.

Sincerely yours,

Dr. Dae-Yong Uhm
Chairman
Organizing Committee
AMEA 2005 Seoul

2005 年 10 月，王庭槐应邀赴韩国参加 3rd Congress of Asian Medical Education Association 学术会议（图为邀请函）

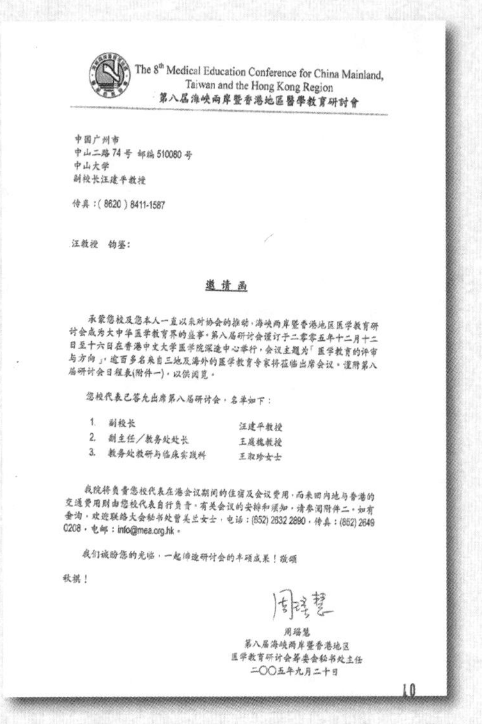

The 8th Medical Education Conference for China Mainland, Taiwan and the Hong Kong Region
第八屆海峽兩岸暨香港地區醫學教育研討會

中国广州市
中山二路 74 号 邮编 510080 号
中山大学
副校长汪建平教授

传真：(8620) 8411-1587

汪教授 钧鉴：

邀请函

承蒙您校及您本人一直以来对协会的推动，海峡两岸暨香港地区医学教育研讨会成为大中华医学教育界的盛事。第八届研讨会谨订于二零零五年十二月十二日至十六日在香港中文大学医学院深造中心举行，会议主题为「医学教育的评审与方向」，逾百多名来自三地及海外的医学教育专家将莅临出席会议。谨附第八届研讨会日程表(附件一)，以供阅览。

您校代表已答允出席第八届研讨会，名单如下：

1. 副校长 汪建平教授
2. 副主任／教务处处长 王庭槐教授
3. 教务处教研与临床实践科 王淑珍女士

我院将负责您校代表在港会议期间的住宿及会议费用，而来回内地与香港的交通费用则由您校代表自行负责。有关会议的安排和须知，请参阅附件二。如有查询，欢迎联络大会秘书处曾美兰女士，电话：(852) 2632 2890，传真：(852) 2649 0208，电邮：info@mea.org.hk。

我们诚盼您的光临，一起缔造研讨会的丰硕成果！敬颂

钧祺！

周瑶慧
第八届海峡两岸暨香港地区
医学教育研讨会筹委会秘书处主任
二〇〇五年九月二十日

2005 年 12 月，王庭槐应邀赴香港参加“第八届海峡两岸暨香港地区医学教育研讨会”（图为筹委会秘书处主任所发邀请函）

2008 年 12 月，王庭槐参加中南地区第七届生理学学术会议暨广东省生理学会 2008 年学术年会

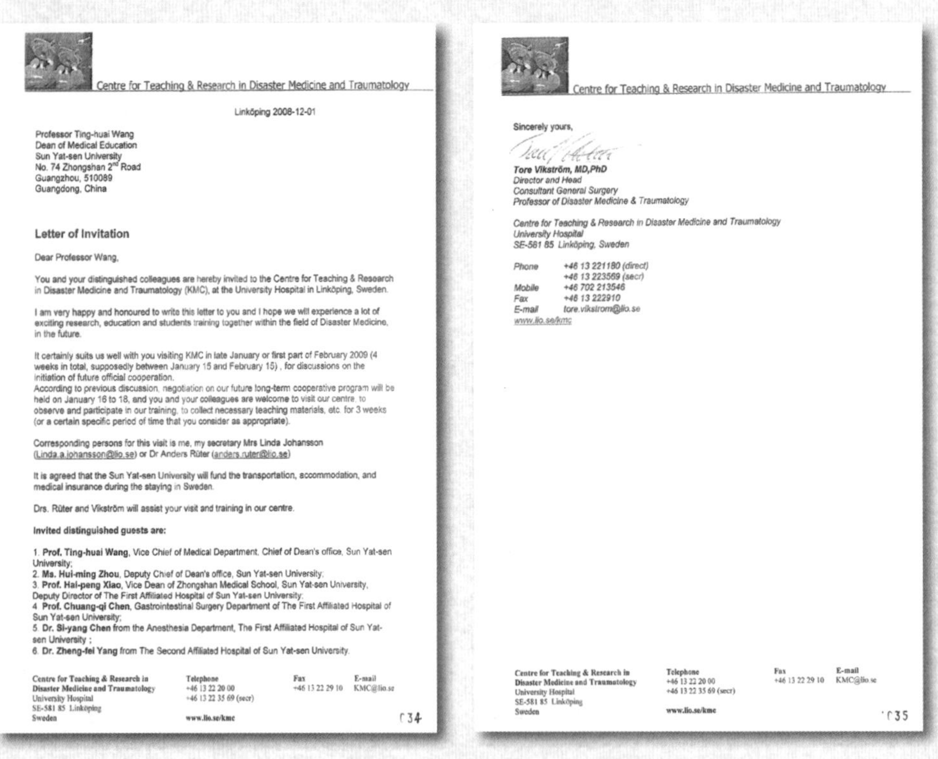

Centre for Teaching & Research in Disaster Medicine and Traumatology

Linköping 2008-12-01

Professor Ting-huai Wang
Dean of Medical Education
Sun Yat-sen University
No. 74 Zhongshan 2nd Road
Guangzhou, 510089
Guangdong, China

Letter of Invitation

Dear Professor Wang,

You and your distinguished colleagues are hereby invited to the Centre for Teaching & Research in Disaster Medicine and Traumatology (KMC), at the University Hospital in Linköping, Sweden.

I am very happy and honoured to write this letter to you and I hope we will experience a lot of exciting research, education and students training together within the field of Disaster Medicine, in the future.

It certainly suits us well with you visiting KMC in late January or first part of February 2009 (4 weeks in total, supposedly between January 15 and February 15) , for discussions on the initiation of future official cooperation.
According to previous discussion, negotiation on our future long-term cooperative program will be held on January 16 to 18, and you and your colleagues are welcome to visit our centre, to observe and participate in our training, to collect necessary teaching materials, etc. for 3 weeks (or a certain specific period of time that you consider as appropriate).

Corresponding persons for this visit is me, my secretary Mrs Linda Johansson (Linda.a.johansson@lio.se) or Dr Anders Rüter (anders.ruter@lio.se)

It is agreed that the Sun Yat-sen University will fund the transportation, accommodation, and medical insurance during the staying in Sweden.

Drs. Rüter and Vikström will assist your visit and training in our centre.

Invited distinguished guests are:

1. **Prof. Ting-huai Wang**, Vice Chief of Medical Department, Chief of Dean's office, Sun Yat-sen University;
2. **Ms. Hui-ming Zhou**, Deputy Chief of Dean's office, Sun Yat-sen University;
3. **Prof. Hai-peng Xiao**, Vice Dean of Zhongshan Medical School, Sun Yat-sen University, Deputy Director of The First Affiliated Hospital of Sun Yat-sen University;
4. **Prof. Chuang-qi Chen**, Gastrointestinal Surgery Department of The First Affiliated Hospital of Sun Yat-sen University;
5. **Dr. Si-yang Chen** from the Anesthesia Department, The First Affiliated Hospital of Sun Yat-sen University ;
6. **Dr. Zheng-fei Yang** from The Second Affiliated Hospital of Sun Yat-sen University.

Centre for Teaching & Research in Disaster Medicine and Traumatology
University Hospital
SE-581 85 Linköping
Sweden
Telephone +46 13 22 20 00
+46 13 22 35 69 (secr)
www.lio.se/kmc
Fax +46 13 22 29 10
E-mail KMC@lio.se

034

Centre for Teaching & Research in Disaster Medicine and Traumatology

Sincerely yours,

Tore Vikström, MD,PhD
Director and Head
Consultant General Surgery
Professor of Disaster Medicine & Traumatology

Centre for Teaching & Research in Disaster Medicine and Traumatology
University Hospital
SE-581 85 Linköping, Sweden

Phone +46 13 221180 (direct)
+46 13 223569 (secr)
Mobile +46 702 213546
Fax +46 13 222910
E-mail tore.vikstrom@lio.se
www.lio.se/kmc

Centre for Teaching & Research in Disaster Medicine and Traumatology
University Hospital
SE-581 85 Linköping
Sweden
Telephone +46 13 22 20 00
+46 13 22 35 69 (secr)
www.lio.se/kmc
Fax +46 13 22 29 10
E-mail KMC@lio.se

035

2009 年 1 月，王庭槐应邀赴瑞典参与灾难医学方面的研究、学习和交流（图为瑞典 Linköping 大学灾难医学和创伤学教研中心主任 Tore Vikström 致王庭槐的邀请函）

2009 年 7 月，王庭槐主持的“雌激素抑制血管损伤反应的作用及其细胞内信号转导机制”荣获广东省科学技术奖三等奖

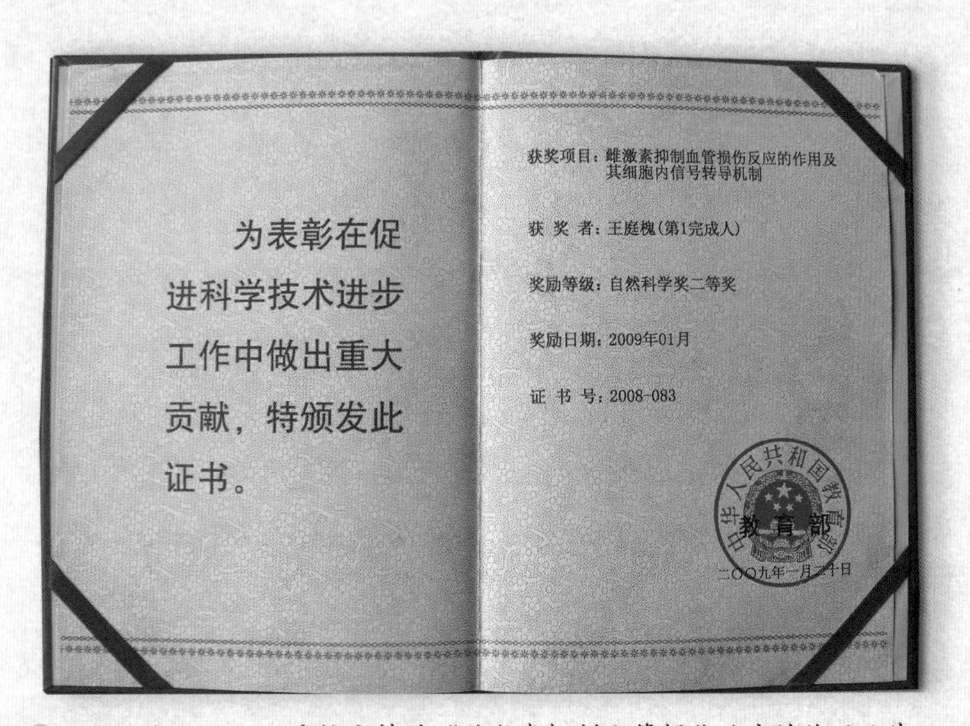

2009 年 1 月，王庭槐主持的“雌激素抑制血管损伤反应的作用及其细胞内信号转导机制”荣获教育部自然科学奖二等奖

2013年7月，王庭槐荣获第五届“广东省科学技术协会荣誉奖”

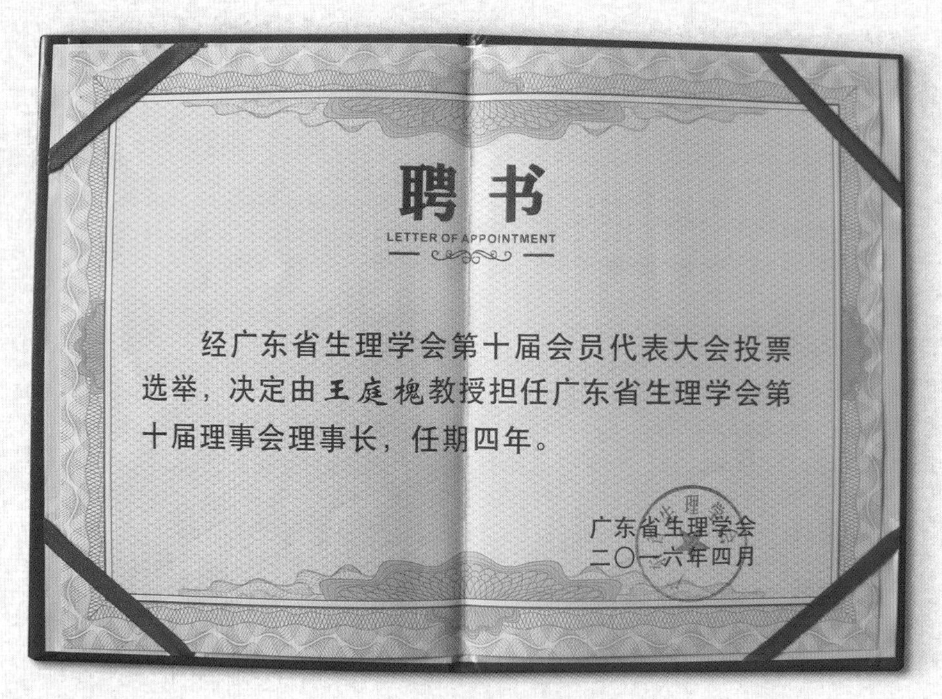

2016年4月，王庭槐当选广东省生理学会第十届理事会理事长

王庭槐（前排左五）主持广东省生理学会 2016—2017 学术年会

2017 年 8 月，王庭槐出席国际心血管前沿 – 福田论坛

2019 年 11 月，王庭槐在 A2Z 高峰论坛演讲《交感过度激活对心血管系统的危害》

2019 年，王庭槐（左二）为广州国际康复论坛主旨论坛－中国国际康复产学研合作创新大会的获奖者颁奖

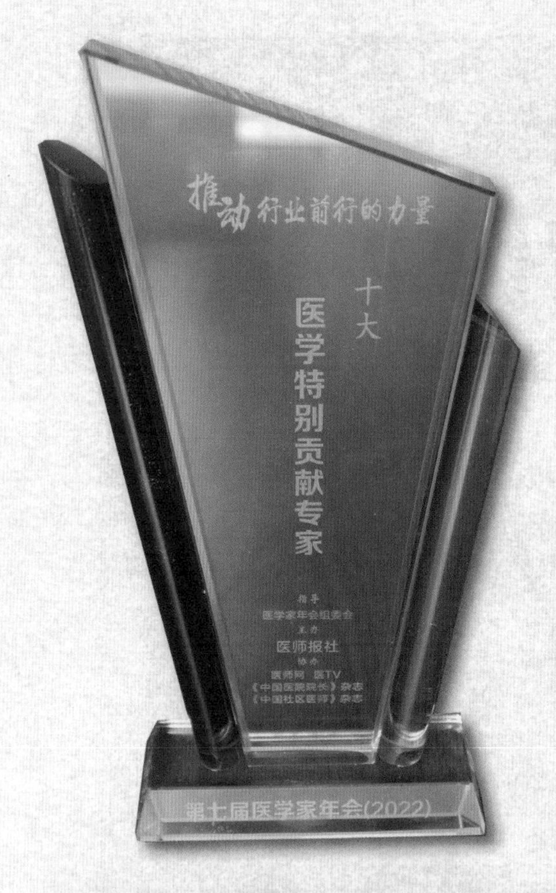

2022 年 3 月，王庭槐获评 2021 年度中国“推动行业前行的力量”十大医学特别贡献专家

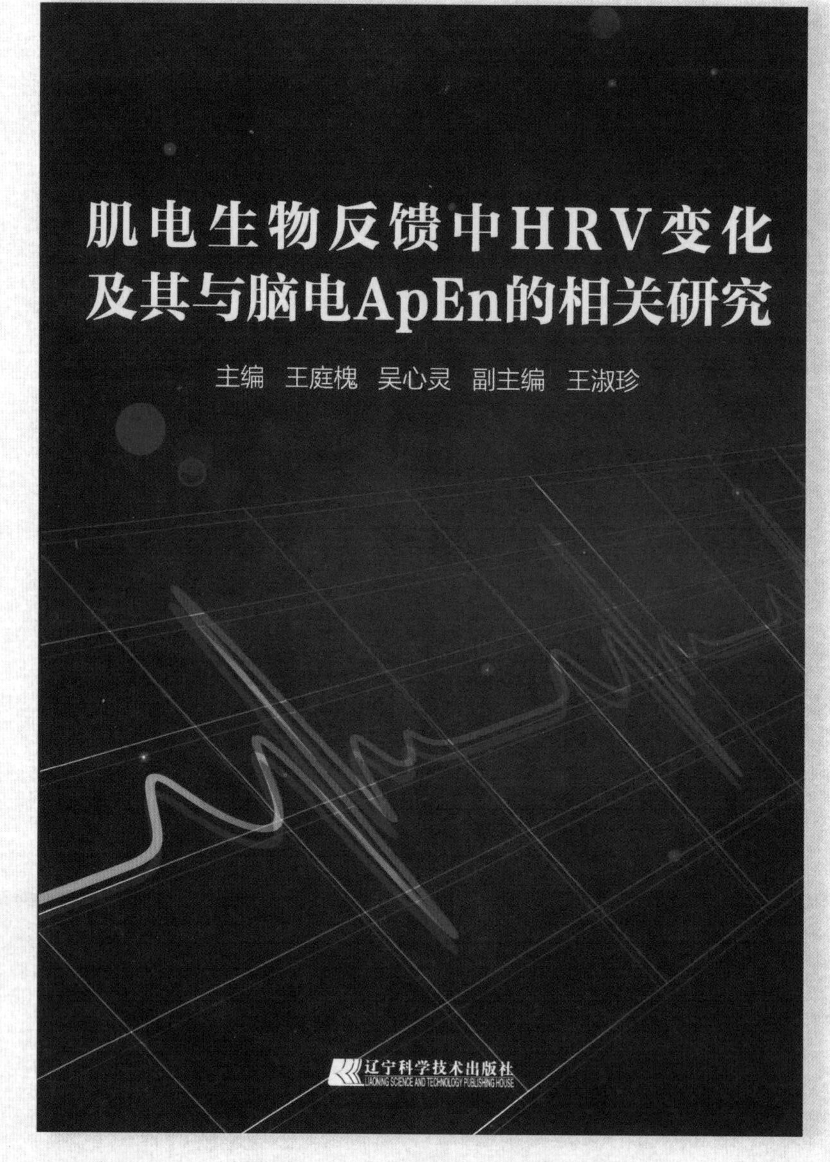

2015年，王庭槐主编的《肌电生物反馈中HRV变化及其与脑电ApEn的相关研究》出版

第五章 管理服务 贡献突出

自1993年担任生理教研室副主任、《家庭医生》杂志副主编以来，王庭槐历任原中山医科大学医学情报所副所长、校办主任、校长助理，中山大学教务处处长、医学教务处处长、医学部副主任、医学情报所所长、澳门镜湖医院院长、中山大学新华学院校长等职，无论是老地方还是新天地，他都将严谨负责的工作原则、积极认真的工作态度贯彻始终，兢兢业业，贡献卓著。

2010年，王庭槐被委任为澳门镜湖医院院长，他大刀阔斧力推改革，先定岗定编建立专业人才高级职称制度，再推三级查房和三级医疗质量管理体系，以高效的管理水平和不断开拓进取的精神提高了澳门镜湖医院的管理水平和医疗服务质量。其中所建立的职称评价体系，解决了医院长期以来的职称难题，而三级查房等核心制度，则为医生定下规则和要求，通过制度规范弥补新晋医生的经验不足，在保障治疗效果的前提下给他们在临床实践中成长的机会和空间。制度改革之外，王庭槐还在镜湖医院设立了糖尿病诊疗中心、听力保健筛选中心、脑卒中防治中心以及心理咨询中心等服务单元，集中多学科、多层次的专业人才提供针对性医疗服务，提高医疗服务的质量与水平。

2013年，王庭槐履职新华学院校长，提出“中国需要清华，中国也需要新华”的办学理念，践行“学术强校、质量立校、特色兴校、开放办学”的办学方略。他以“开天窗、接地气”思路为引领，积极推行教学改革实验，通过“新华逸仙班”创新应用型人才培养模式，不断探索独立学院的办学模式。

在教师、科研人员的身份之外，王庭槐一直是位精明强干的管理者，无论身处何种身份、何处岗位，他始终坚持自己做人做事的深刻与扎实。“人要永远追着向前走，不能故步自封”——王庭槐永远以开放的姿态迎接新的挑战，并总会以最大的努力将本职工作做到最好。靡不有初，鲜克有终，他用40年的拼搏奋斗证明了自己的信念和坚守。

一、杂志刊物兼职

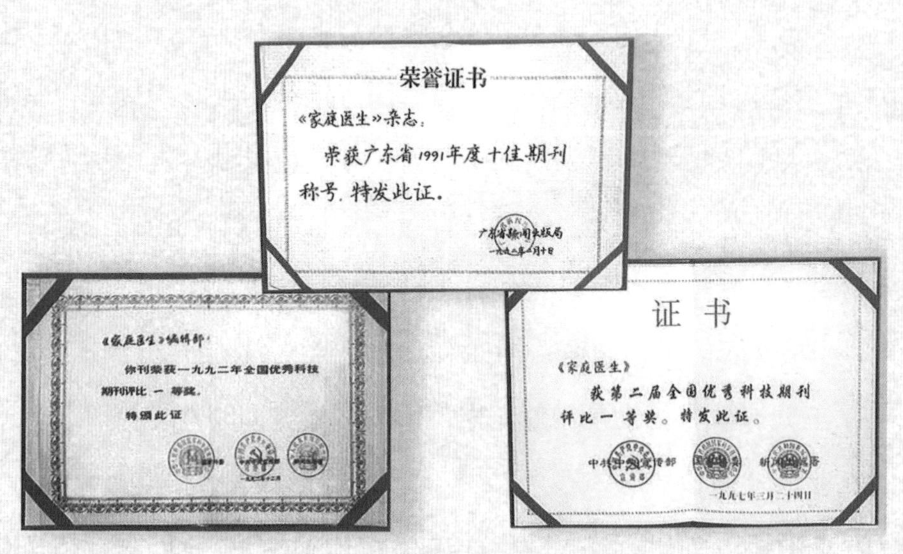

荣誉证书

《家庭医生》杂志：

荣获广东省1991年度十佳期刊称号，特发此证。

广东省新闻出版局

《家庭医生》编辑部：

你刊荣获一九九二年全国优秀科技期刊评比一等奖。

特颁此证

证书

《家庭医生》

获第二届全国优秀科技期刊评比一等奖。特发此证。

一九九七年三月二十四日

《家庭医生》杂志多次获得全国优秀期刊评比一等奖

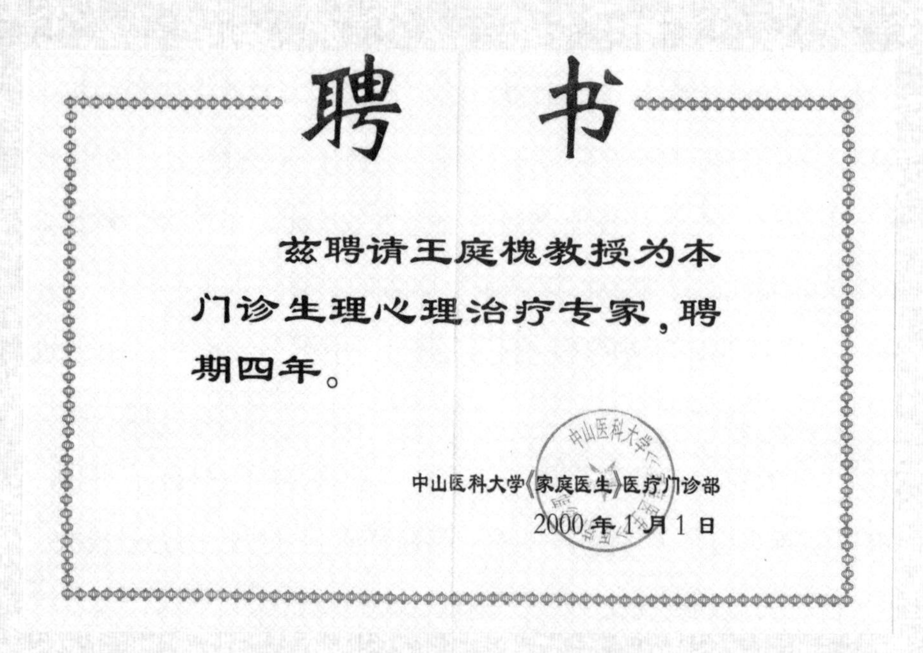

聘书

兹聘请王庭槐教授为本门诊生理心理治疗专家，聘期四年。

中山医科大学《家庭医生》医疗门诊部

2000年1月1日

2000年1月，王庭槐获聘为《家庭医生》门诊生理心理治疗专家

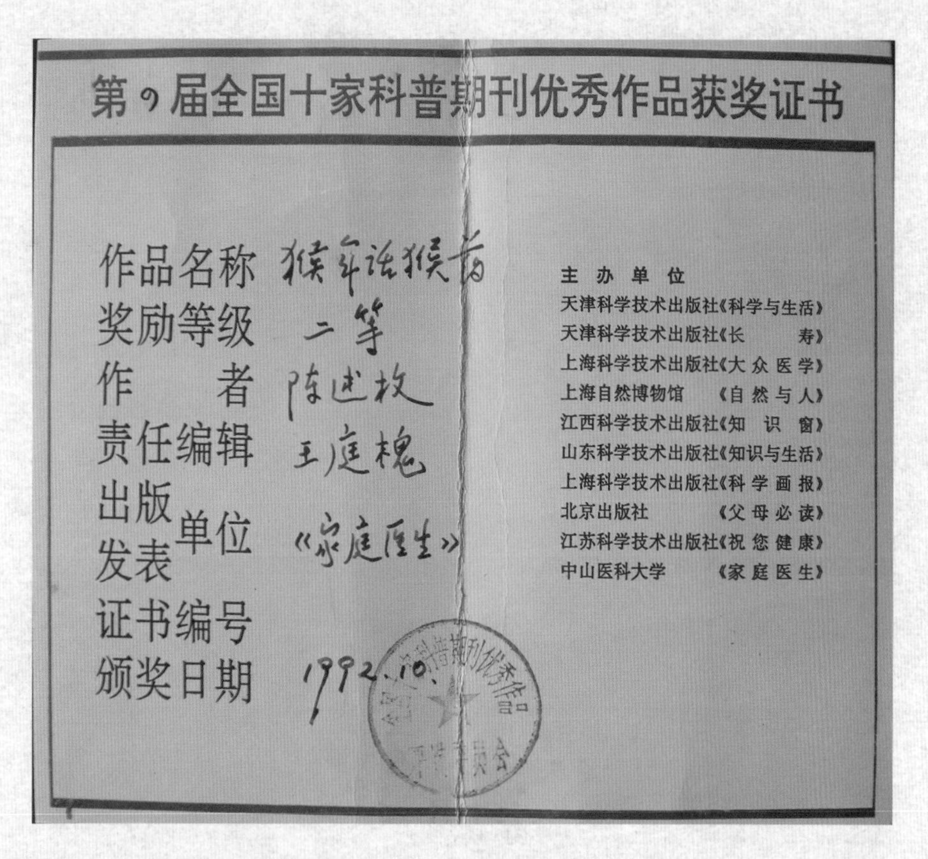
第4届全国十家科普期刊优秀作品获奖证书

作品名称 猴年话猴药
奖励等级 二等
作　　者 陈述枚
责任编辑 王庭槐
出版发表单位 《家庭医生》
证书编号
颁奖日期 1992.10.

主办单位
天津科学技术出版社《科学与生活》
天津科学技术出版社《长　寿》
上海科学技术出版社《大众医学》
上海自然博物馆《自然与人》
江西科学技术出版社《知识窗》
山东科学技术出版社《知识与生活》
上海科学技术出版社《科学画报》
北京出版社《父母必读》
江苏科学技术出版社《祝您健康》
中山医科大学《家庭医生》

1992 年 10 月，王庭槐编辑的《猴年话猴药》荣获第四届全国十家科普期刊优秀作品二等奖

证　书

中共广东省委宣传部　广东省新闻出版局　广东省科学技术委员会
广东省出版工作者协会　广东省期刊出版协会联合举办

广东省期刊一九九二年优秀作品评选

一　等　奖

作品名称：康诺斯称雄网坛之秘
作　　者：王庭槐
责任编辑：张振弘
刊名期号：《家庭医生》1992年第5期

广东省新闻出版局
一九九三年五月十九日

1993 年 5 月，王庭槐的《康诺斯称雄网坛之秘》荣获广东省期刊一九九二年优秀作品一等奖

第六届全国十家科普期刊优秀作品获奖证书

作品名称：别忘了破伤风抗毒素
奖励级别：二 等奖
作　　者：叶德荫
责任编辑：王庭槐
发表单位：《家庭医生》93(10)

主办单位：
上海《大众医学》　上海《科学画报》
北京《父母必读》　天津《科学与生活》
天津《华夏长寿》　江苏《祝您健康》
上海《自然与人》　广东《家庭医生》
江西《知识窗》　黑龙江《家庭美容健身》
山东《知识与生活》

全国十家科普期刊优秀作品评选委员会
1994年10月28日

1994年10月，王庭槐编辑的《别忘了破伤风抗毒素》荣获第六届全国十家科普期刊优秀作品二等奖

第七届全国十家科普期刊优秀作品获奖证书

作品名称：饮茶可以致癌还是可防癌
奖励级别：二等
作　　者：瘥文华
责任编辑：王庭槐
发表单位：家庭医生

主办单位：
上海《大众医学》　上海《科学画报》
北京《父母必读》　天津《科学与生活》
天津《华夏长寿》　江苏《祝您健康》
上海《自然与人》　广东《家庭医生》
江西《知识窗》　黑龙江《家庭美容健身》
山东《知识与生活》

全国十家科普期刊优秀作品评选委员会
1995年9月

1995年9月，王庭槐编辑的《饮茶可以致癌还是可防癌》荣获第七届全国十家科普期刊优秀作品二等奖

聘　書

王庭槐同志：

您已被聘为《癌症》杂志第三届编委会编委。

《癌症》证字第015号

《癌症》杂志编辑部
1995年1月26日

1995年1月，王庭槐获聘为《癌症》杂志第三届编委会编委

聘　书

王庭槐教授

经研究决定，特聘您任《癌症》杂志编辑委员会　委员，任期四年。

《癌症》编委会

一九九九年一月一日

1999 年 1 月，王庭槐获聘为《癌症》杂志编辑委员会委员

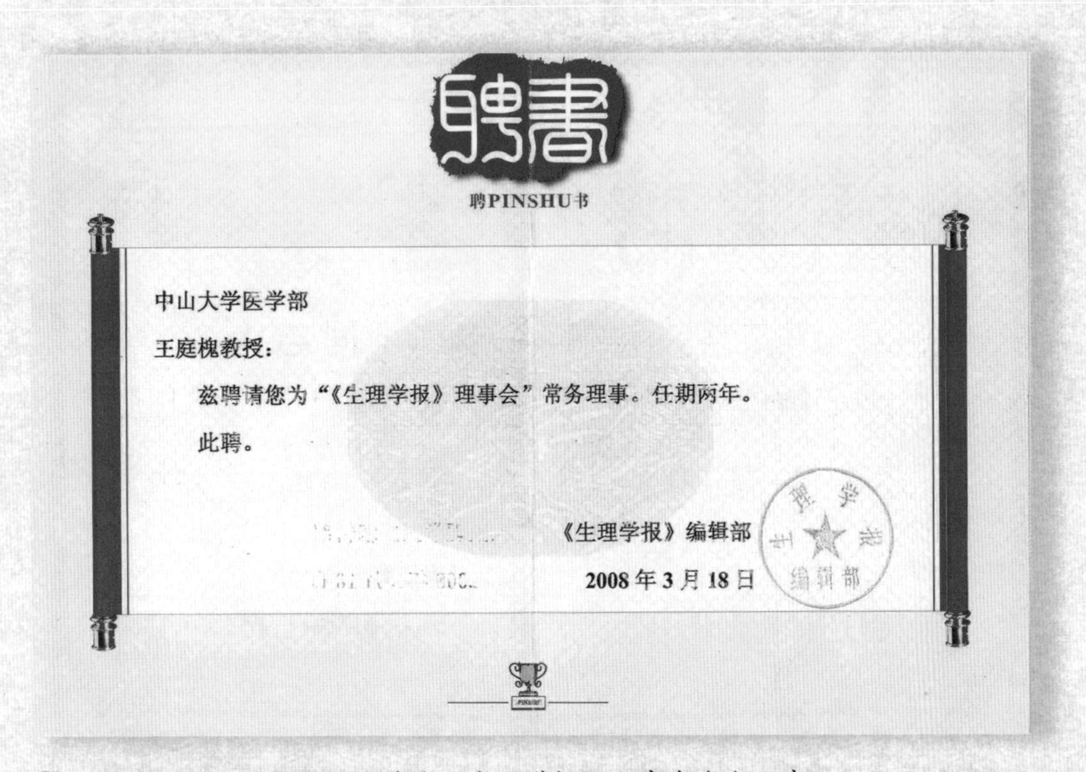

聘書

聘PINSHU书

中山大学医学部

王庭槐教授：

兹聘请您为“《生理学报》理事会”常务理事。任期两年。

此聘。

《生理学报》编辑部

2008 年 3 月 18 日

2008 年 3 月，王庭槐获聘为《生理学报》理事会常务理事

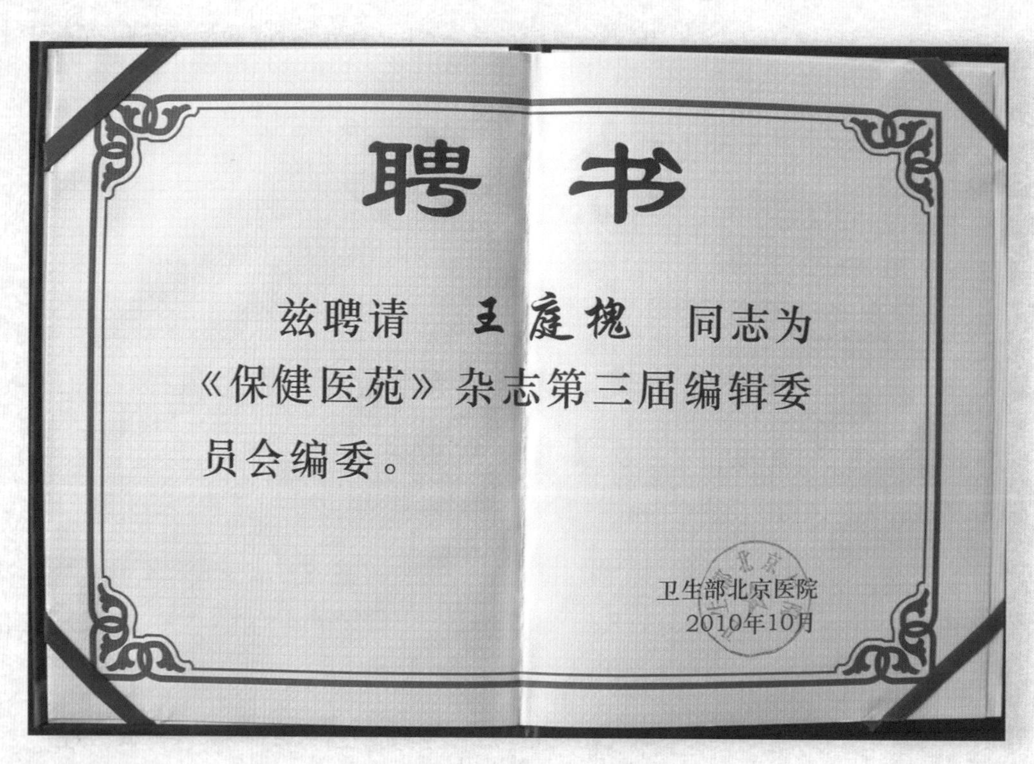

2010 年 10 月，王庭槐获聘为《保健医苑》杂志第三届编辑委员会编委

2013 年 12 月，王庭槐获聘为《保健医苑》杂志社编委

医学新知何处觅
立马谘询王庭槐
贺王庭槐团队主编的
医学信息荟萃创刊二十周年
陈灏珠
二〇一六年十一月

2016年，陈灏珠院士祝贺王庭槐团队主编的《医学信息荟萃》创刊二十周年

聘 书

尊敬的王庭槐教授：

兹聘请您担任《高校医学教学研究（电子版）》顾问。

聘期为三年，自二〇一七年三月至二〇二〇年二月。

《高校医学教学研究（电子版）》编辑部

二〇[illegible]月

2017年3月，王庭槐获聘为《高校医学教学研究（电子版）》顾问

表彰状

王庭槐 教授：

您在担任《中华医学教育杂志》第一届编辑委员会委员工作期间，对杂志工作做出了贡献，特给予表彰。

特颁此证。

中华医学会

二〇一六年一月十日

2018年1月，王庭槐因《中华医学教育杂志》第一届编辑委员会委员工作荣获中华医学会的表彰状

二、校内任职

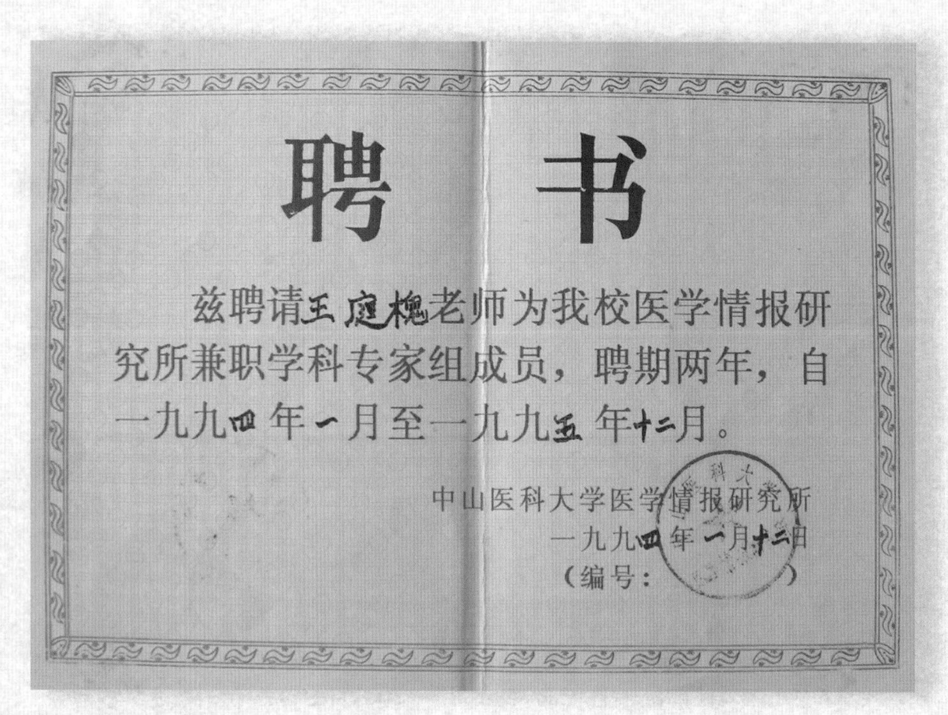

聘　书

兹聘请王庭槐老师为我校医学情报研究所兼职学科专家组成员，聘期两年，自一九九四年一月至一九九五年十二月。

中山医科大学医学情报研究所
一九九四年一月十二日
（编号：　　）

1994 年 1 月，王庭槐获聘为 1994—1995 年中山医科大学医学情报研究所兼职学科专家组成员

1996 年 5 月 27 日，中山医科大学校办主任王庭槐（左）、卫生部副部长孙隆椿（中）、青年收藏家罗材虎（右）在纪念十九路军图片展览室合影

1996 年 11 月，吴阶平院士（右）受聘为中山医科大学名誉校长（中：黄洁夫校长，左：王庭槐教授）

1996 年与吴阶平院士（左）的合影

1998年，王庭槐（右一）陪同吴阶平院士（中）参加中山医科大学肿瘤防治中心医疗科技大楼奠基仪式

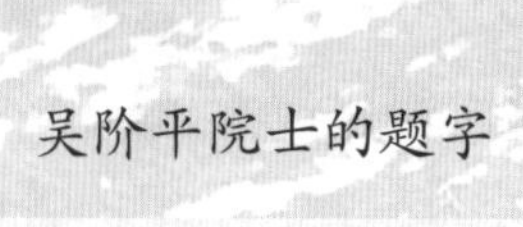

吴阶平院士的题字

2002 年 5 月，王庭槐作为代表团成员之一参加莫斯科大学展（下图左二为教育部副部长章新胜，右二为中山大学副校长徐远通）

2003 年，王庭槐与师生网上对话“防非典”

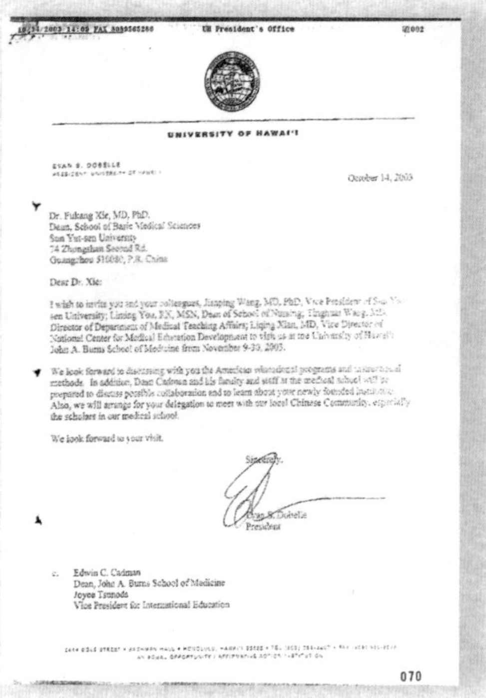

10/14/2003 14:09 FAX 8089565280 UH President's Office 002

UNIVERSITY OF HAWAI'I

EVAN S. DOBELLE
PRESIDENT, UNIVERSITY OF HAWAI'I

October 14, 2003

Dr. Fukang Xie, MD, PhD.
Dean, School of Basic Medical Sciences
Sun Yat-sen University
74 Zhongshan Second Rd.
Guangzhou 510080, P.R. China

Dear Dr. Xie:

I wish to invite you and your colleagues, Jianping Wang, MD, PhD, Vice President of Sun Yat-sen University; Liming You, RN, MSN, Dean of School of Nursing; Tinghuai Wang, MD, Director of Department of Medical Teaching Affairs; Liqing Xian, MD, Vice Director of National Center for Medical Education Development to visit us at the University of Hawai'i John A. Burns School of Medicine from November 9-30, 2003.

We look forward to discussing with you the American educational programs and instructional methods. In addition, Dean Cadman and his faculty and staff at the medical school will be prepared to discuss possible collaboration and to learn about your newly founded institution. Also, we will arrange for your delegation to meet with our local Chinese Community, especially the scholars in our medical school.

We look forward to your visit.

Sincerely,

Evan S. Dobelle
President

c. Edwin C. Cadman
Dean, John A. Burns School of Medicine
Joyce Tsunoda
Vice President for International Education

070

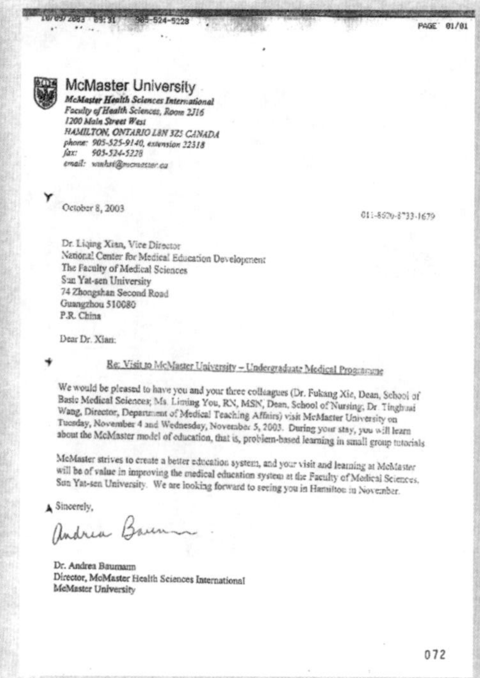

10/09/2003 09:31 905-524-5228 PAGE 01/01

McMaster University
McMaster Health Sciences International
Faculty of Health Sciences, Room 2J16
1200 Main Street West
HAMILTON, ONTARIO L8N 3Z5 CANADA
phone: 905-525-9140, extension 22318
fax: 905-524-5228
email: [illegible]@mcmaster.ca

October 8, 2003

011-8620-8733-1679

Dr. Liqing Xian, Vice Director
National Center for Medical Education Development
The Faculty of Medical Sciences
Sun Yat-sen University
74 Zhongshan Second Road
Guangzhou 510080
P.R. China

Dear Dr. Xian:

Re: Visit to McMaster University – Undergraduate Medical Programme

We would be pleased to have you and your three colleagues (Dr. Fukang Xie, Dean, School of Basic Medical Sciences; Ms. Liming You, RN, MSN, Dean, School of Nursing; Dr. Tinghuai Wang, Director, Department of Medical Teaching Affairs) visit McMaster University on Tuesday, November 4 and Wednesday, November 5, 2003. During your stay, you will learn about the McMaster model of education, that is, problem-based learning in small group tutorials

McMaster strives to create a better education system, and your visit and learning at McMaster will be of value in improving the medical education system at the Faculty of Medical Sciences, Sun Yat-sen University. We are looking forward to seeing you in Hamilton in November.

Sincerely,

Andrea Baumann

Dr. Andrea Baumann
Director, McMaster Health Sciences International
McMaster University

072

2003 年 11 月，汪建平、王庭槐、谢富康、龙黎明、冼利青赴美考察长学制医学教育（图为夏威夷大学校长 Evan Doblle 和麦克马斯特大学医学院国际部 Andrea Baumann 主任给的邀请函）

中山大学

University of Oxford

This is to certify that

兹证明

Wang Ting-huai

attended a training programme given by Oxford University, from 28 June to 3 July 2004, as part of their Sun Yat-sen University M. Ed. course for Senior Administrators of Research Universities.

参加了 2004 年 6 月 28 日-7 月 3 日由中国中山大学和英国牛津大学联合举办的研究型大学高级管理人员培训课程。

Sun Yat-Sen University	and Oxford University
中山大学	牛津大学
Professor Huang Daren	*Sir Colin Lucas*
President	*Vice-Chancellor*
Sun Yat-Sen (Zhongshan) University	*Oxford University*
校长：黄达人	校长：科林．卢卡斯

2004 年，王庭槐参加中山大学—牛津大学研究型大学高级管理人员培训课程的证书

2005 年 12 月，王庭槐参加中山大学网络中心首届信息会议

2005年12月，王庭槐参加长学制导师培训会议，报告《全球医学教育最基本要求与我校8年制医预课程设置思路》

2005年，王庭槐参加中山大学中山医学院140年庆典大会

国务院台湾事务办公室

赴台批件

国台赴台字〔2006〕[illegible]号

广东省公安厅：

同意 王庭槐 同志等 肆 人

应台湾 中山医学大学 邀请，

自 06 年 2 月 17 日至 06 年 3 月 3 日

经 香港 前往台湾地区进行

交流。

第一联

本批件有效期：自 06 年 2 月 14 日至 06 年 3 月 3 日

名单附后

抄：公安部入出境管理局　　　　二〇〇六年[illegible]

2006 年 2 月，应台湾中山医学大学校长陈家玉教授邀请，王庭槐等赴台湾考察 PBL（以疾病为中心的教学方法）的教学情况

2006 年 3 月，王庭槐参加中山大学基础医学院精品课程建设经验交流会

2006 年 6 月，王庭槐主持中山大学 2006 年医科本科教学中青年教师授课大赛暨青年教师全英授课大赛总决赛

2006 年 12 月，教育部章新胜副部长到中山大学北区调研，王庭槐汇报医科教育的情况

2007 年 1 月，王庭槐（右六）为中山大学医科临床教学优秀带教教师颁奖（左六为中山大学医学部党委书记芮琳）

2007 年 6 月，王庭槐主持中大 2007 年医科本科教学中青年教师授课大赛暨青年教师全英授课大赛总决赛。前排就座的为大赛评委，从左至右分别是许发茂、汤美安、王志瑾、潘敬运、王子栋、卓大宏、卢光启、马润泉、张希美、林仲秋

2007 年 7 月，王庭槐主持生理学国家精品课程骨干教师高级研修班

2007年12月，王庭槐主持中山大学“医学教育新思想、新概念、新方法”临床教学师资培训会

2007年，王庭槐主持医学伦理学爱心实践成果展示活动

2007年，王庭槐（前排右）出席高等医学教育管理工作研讨会（左一为北京大学副校长程伯基）

2008年1月，王庭槐主持中山大学2008年医科临床教学工作会议。郑德涛（左七）、黎孟枫（左六）出席会议

2008 年 10 月，王庭槐出席第十一届海峡两岸暨香港地区医学教育研讨会

2009 年 1 月，王庭槐（前排右七）参加中山大学 2009 年医科教学医院工作会议暨教学医院新春联谊会

2009年3月，王庭槐出访印第安纳大学，与座谈师生合影

2009年4月2日，王庭槐参加部属指导组教学座谈会

2009 年 8 月 29 日至 31 日，王庭槐随同中山大学访问团赴云南澄江访问考察

2009 年 9 月，王庭槐参加医学博士生教学助理岗前培训，主讲《中山大学医科教学传统与课程设置暨“全球医学教育最基本要求”》

2009年11月，王庭槐参加全国高等学校医学教务处长联席会议

2009年11月，王庭槐与参加全国高等学校医学教务处长联席会议的广东省代表合影

2009年，王庭槐出席中山大学教学质量研讨会

2009年，王庭槐出席部属指导组教学座谈会

2010年1月，王庭槐参加2010年中山大学教学医院工作会议，做《2009年临床教学工作总结暨2010年临床工作计划》的报告

2010年1月，王庭槐（前排右五）与广东省护理学会联合组织医学教育"新思想、新理念、新方法"临床护理教学师资培训（前排左五为广东省护理学会会长张振露）

2010年6月，王庭槐（前排左五）出席第三届中山医学联席会（左六为周汝川，右五为陈家玉），作"TBL——基于团队的学习策略和初步实践之体会"演讲

王庭槐

澳门镜湖医院院长。中山大学医学部副主任、生理学教授、博士生导师、国家教学名师。教育部高等学校医药学科（专业）教学指导委员会委员，中国高等医学教育学会医学管理研究会副理事长。长期从事临床生理学的科研和教学一线工作。

演讲题目：精细管理，持续提升医疗品质
时间／地点：11月27日下午B4论坛（国会一层D厅）

2011 年 11 月，王庭槐（时任澳门镜湖医院院长）出席第五届中国医院院长年会，做《精细管理，持续提升医疗品质》演讲

2011 年，王庭槐出席高等医学教育教学管理工作研讨会

2017 年，王庭槐出席中山一院—欧洲医学教育联盟（AMEE）临床师资培训班开班仪式

2017 年 6 月 5 日，王庭槐应邀出席中山大学第一附属医院柯麟楼揭牌仪式

三、镜湖医院

2001 年 7 月，王庭槐参加澳门镜湖护理学院第一届毕业典礼

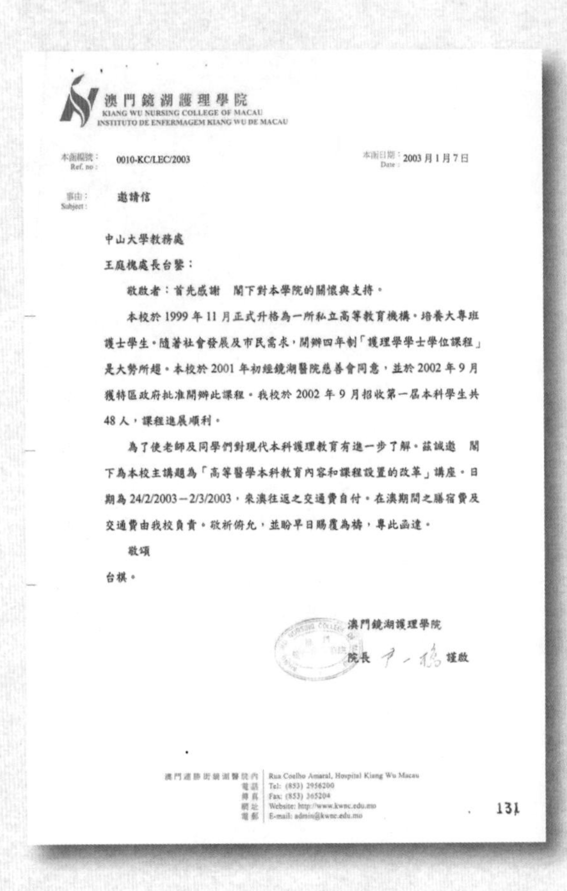

澳門鏡湖護理學院
KIANG WU NURSING COLLEGE OF MACAU
INSTITUTO DE ENFERMAGEM KIANG WU DE MACAU

本函編號：Ref. no: 0010-KC/LEC/2003　　本函日期：Date: 2003 月 1 月 7 日

事由：Subject: 邀請信

中山大學教務處

王庭槐處長台鑒：

敬啟者：首先感謝　閣下對本學院的關懷與支持。

本校於 1999 年 11 月正式升格為一所私立高等教育機構。培養大專班護士學生。隨著社會發展及市民需求，開辦四年制「護理學學士學位課程」是大勢所趨。本校於 2001 年初經鏡湖醫院慈善會同意，並於 2002 年 9 月獲特區政府批准開辦此課程。我校於 2002 年 9 月招收第一屆本科學生共 48 人，課程進展順利。

為了使老師及同學們對現代本科護理教育有進一步了解。茲誠邀　閣下為本校主講題為「高等醫學本科教育內容和課程設置的改革」講座。日期為 24/2/2003－2/3/2003，來澳往返之交通費自付。在澳期間之膳宿費及交通費由我校負責。敬祈俯允，並盼早日賜覆為禱，專此函達。

敬頌

台祺。

澳門鏡湖護理學院

院長 尹一橋 謹啟

澳門連勝街鏡湖醫院內 Rua Coelho Amaral, Hospital Kiang Wu Macau
電話 Tel: (853) 2956200
傳真 Fax: (853) 365204
網址 Website: http://www.kwnc.edu.mo
電郵 E-mail: admin@kwnc.edu.mo

131

2003 年 2 月，王庭槐应邀赴澳门镜湖护理学院进行短期讲学（图为尹一桥院长出具的邀请函）

2010年10月14日，时任中山大学副校长陈春声（右五）送王庭槐（左四）至澳门镜湖医院任职

2010年10月，中山医学院师生为王庭槐教授赴任澳门镜湖医院举行欢送会

2010 年 10 月，王庭槐（前排左三）与中山大学首批来镜湖医院实习的学生合影

2011 年 1 月，时任中山大学医学教务处处长肖海鹏（中间左）带队到镜湖医院交流

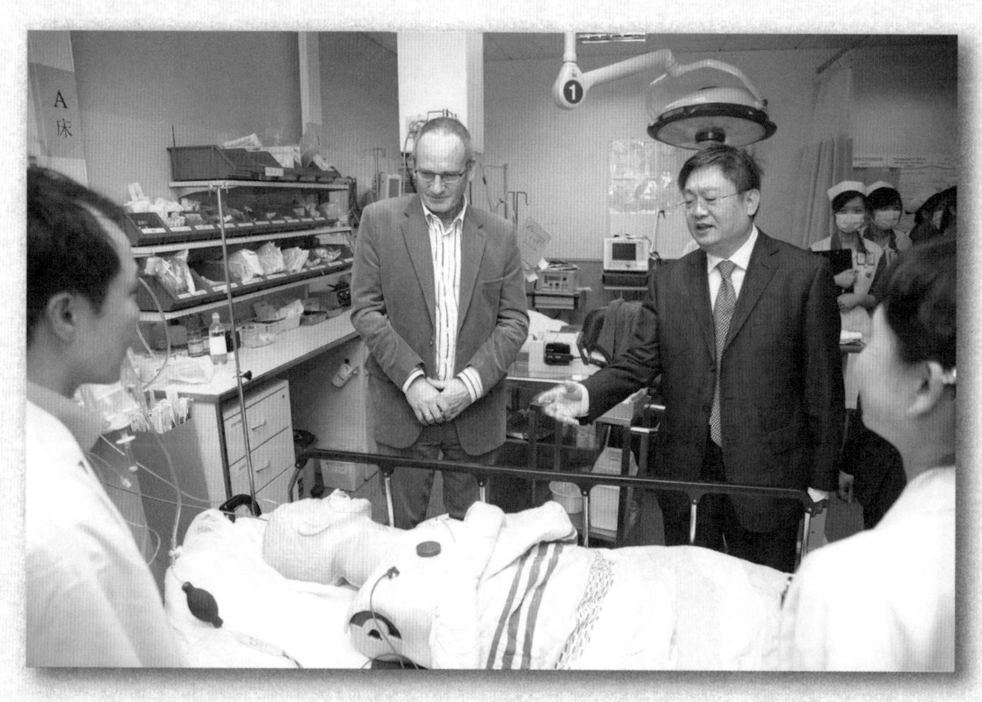

2010 年 12 月，邀请欧洲灾难医学教授 Dr. Anders Ruter（左）指导模拟医学急救的床边教学

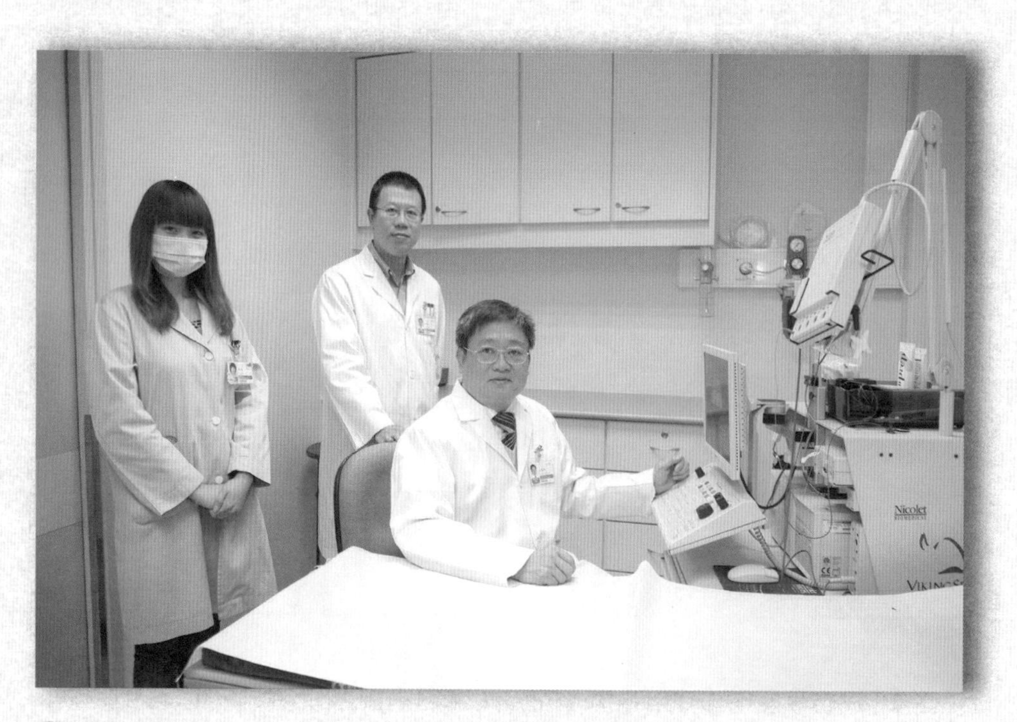

2011 年 2 月，王庭槐在澳门镜湖医院操作新引进的电生理与生物反馈仪

2011 年 10 月，王庭槐在柯麟院长诞辰 110 周年纪念大会暨《柯麟院长与镜湖》图片展剪彩仪式上讲话

2012 年 6 月，王庭槐出席镜湖医院“澳门地区缺血性卒中高危人群抽样筛查研究”启动仪式，台上为王陇德院士示范

2010 年，王庭槐带队中山大学医学教务处访问澳门镜湖医院

2012 年 2 月，王庭槐受聘为澳门特别行政区科学技术奖奖励评审委员会委员，澳门特别行政区行政长官崔世安（前排左一）为他颁发证书（后排左三：杨家福，右四：钟南山）

鏡湖中山醫簽合作協議

貢獻兩地醫療衛生事業

鏡湖醫院及中山市人民醫院院長簽署友好合作協議

簽署協議後兩院負責人合照

【本報消息】為配合醫療業務發展和提高服務質量，鏡湖醫院繼去年六月與中山大學簽署臨床教學協議後，日前與中山市人民醫院簽署建立友好醫院合作協議，藉此促進兩院醫療水平和技術提升，更好為兩地醫療衛生事業作出貢獻。

本月六日，鏡湖慈善會理事長馮志強率領部分負責人及醫院領導、科室主任一行十四人前往中山市人民醫院，與該院簽署友好合作協議。出席是次簽署儀式包括鏡湖慈善會理事長馮志強，副理事長黃國勝，秘書長吳培娟，副秘書長柯正，常務理事蕭肖金、吳在權、蕭志偉，理事林日初；鏡湖醫院院長王庭槐，副院長陳泰業等。

中山市人民醫院是中山市最大型的集醫療、教學、科研、預防保健為一體的綜合性三級甲等醫院；鏡湖醫院是本澳具有一百四十年歷史的民辦綜合性教學醫院。兩家醫院同屬中山醫學聯盟單位，為進一步加強兩院的合作和交流，兩院經協商達成友好醫院協議，有關協議由鏡湖醫院院長王庭槐及中山市人民醫院院長余元龍代表簽署。

兩院今後可根據不同學科優勢開展醫療交流及互派醫生進行醫療合作，可就各自短缺的專科作互相支援，定期召開學術交流會或其他形式的交流活動，並開展臨床醫學研究項目，就兩地常見病、多發病或來自疑難疾病的學術問題，共同合作開展課題研究，藉此促進醫療水平和技術的提升，更好為兩地醫療衛生事業作出貢獻。

《镜湖中山医签合作协议》（《澳门日报》2011年1月8日）

B9 澳聞 澳門日報 二〇

加強科研全面培養提高醫生素質

鏡湖六方向推醫學教改

鏡湖醫院致力提升醫生素質

【本報消息】由北京大學醫學部舉辦的"全球醫學衛生教育專家委員會關於醫學教育改革報告"的中文版首發式暨"廿一世紀中國醫學衛生教育改革理念創新項目"啟動大會於上月中旬在北京召開。鏡湖醫院院長王庭槐表示，通過參與有關活動清楚了解醫學教育面臨着新的形勢和新的挑戰，迫切需要以教育理念為先導，以能力培養為突破口，推動醫學教育的系統改革。

着力提升醫生能力

王庭槐參會回澳後指出，隨着經濟社會的不斷發展，醫療衛生服務需求水準日益增長，國際交流與合作亦不斷深入，醫學教育面臨着新的形勢和新的挑戰，迫切需要以教育理念為先導，以能力培養為突破口，推動醫學教育的系統改革。醫學教育領域正掀起第三次浪潮。第一次浪潮發生在一九一〇年，強調學科為中心的發展；第二次浪潮提倡新方法、新途徑，建立以問題和能力為中心的醫學教育模式；而第三次浪潮強調以培養醫生的職業勝任能力為中心的教育模式，着力推進醫學教育發展與醫療衛生發展需求的緊密結合，着力推進培養模式和體制機制的重點突破，着力推進醫學教育職業素養和臨床實踐能力培養品質的顯著提升。

深入推廣在崗培訓

他表示，圍繞提高醫生職業勝任能力為最新的醫學教育中心，鏡湖醫院目前已開始積極準備在醫學教育在崗培訓方面進行深入實踐，具體計劃：一、加強職業價值、職業態度的認知，強化醫生熱愛生命、尊重生命的仁愛之心，加強人文關懷；二、加強臨床急重症（包括休克、器官功能衰竭等）理論知識的學習以及規範臨床處理；三、加強基本技能的培訓，特別針對一百六十多位年輕醫生編製了為期七周的強化訓練課程，建設臨床模擬人訓練室，並購置了模擬醫學教育模具供年輕醫生反覆練習基本臨床操作技能，以達到熟能生巧，力求在緊急醫療處理時年輕醫生也能得心應手；四、加強醫醫、醫護、醫患之間溝通能力的培訓，強化醫療團隊合作的有效性；五、培養醫生終身學習的態度，提供多渠道的學習途徑令醫生獲取最新的醫學知識。通過與中山大學的深度合作，獲得中山大學免費開放電子資料庫，醫生可以非常方便地在醫院內瀏覽最新的電子期刊、電子圖書等；六、在順利完成中山大學、暨南大學臨床醫學實習生的帶教工作基礎上，通過教學相長，使得全體醫生的疾病理論基礎和臨床處理能力都獲得提高。同時通過加強科研工作，培養醫生更全面、深入、周詳地審視各種臨床問題。

《镜湖六方向推医学教改》（《澳门日报》2011年6月20日）

二〇一一年七月三十一日 星期日 辛卯年七月初一日 澳門日報

鏡湖醫院PET/CT中心啟用

王庭槐：填補影像診斷空白

【本報消息】鏡湖醫院昨日舉行正電子發射計算機斷層顯像儀(PET/CT)及迴旋加速器室（PET/CT藥物生產中心）啟用儀式暨學術研討會，多名醫學界人士出席。鏡湖醫院院長王庭槐表示，新儀器填補本澳在影像診斷技術方面的空白，並提高診斷惡性腫瘤及心腦血管疾病的準確性，為病人爭取治療時間及節省醫療費用。

嘉賓主持PET/CT中心啟用儀式

與會者參觀PET/CT中心設施

王庭槐致辭介紹PET/CT中心

《镜湖医院PET/CT中心启用 王庭槐：填补影像诊断空白》（《澳门日报》2011年7月31日）

二〇一二年二月十日 星期五 壬辰年正月十九日　澳門日報　B6 澳聞

優化管理 協調發展 激勵進取

鏡湖建定崗定編高級職稱體系

由三地廿四位專家全方位多角度考核

鏡湖評定高級職稱過程嚴謹

體現公平公正公開

體系改革探索性強

鏡湖慈善會續為澳和諧獻力

經濟發展迅速需求增潛力大

保險公會訪本報交換意見

《镜湖建定岗定编高级职称体系》（《澳门日报》2012年2月10日）

二〇一二年二月十二日 星期日 壬辰年正月廿一日

出席活動嘉賓合照

鏡湖醫院學術年會暨科教工作會議昨舉行

鏡湖學術年會逾百醫護人員出席

王庭槐：醫教研結合提升水平

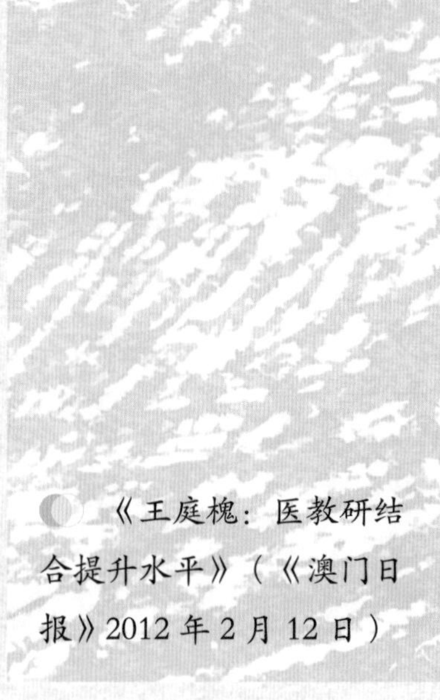

《王庭槐：医教研结合提升水平》（《澳门日报》2012年2月12日）

B5 澳聞 澳門日報 二〇一二年三月十六日 星期五 壬辰年二月廿四日

回應區內居民需求 適當調配人手

鏡湖氹仔夜間急診重開

王庭槐：優化人資保證醫療質量

化驗師公會明辦科學會

春之曲

澳門廉政快報第4期出版

《王庭槐：优化人资保证医疗质量》（《澳门日报》2012年3月16日）

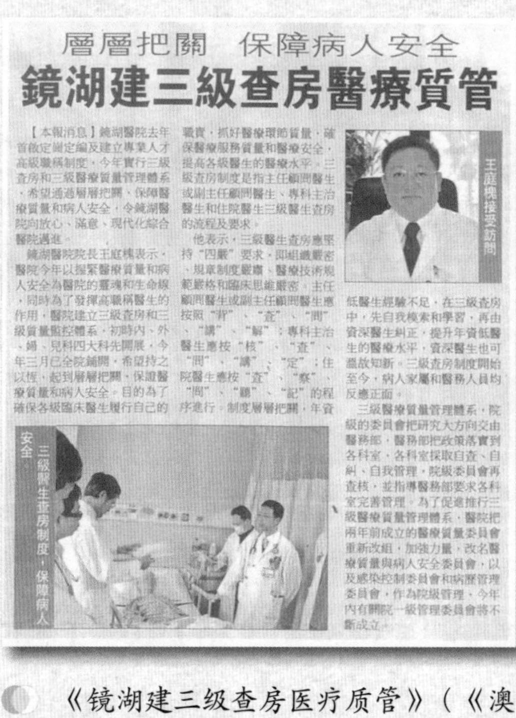
層層把關 保障病人安全

鏡湖建三級查房醫療質管

【本報消息】鏡湖醫院去年首敲定崗定编及建立專業人才高級職稱制度，今年實行三級查房和三級醫療質量管理體系，希望通過層層把關，保障醫療質量和病人安全，令鏡湖醫院向放心、滿意、現代化綜合醫院邁進。

鏡湖醫院院長王庭槐表示，醫院今年以握緊醫療質量和病人安全為醫院的靈魂和生命線，同時為了發揮高職稱醫生的作用，醫院建立三級查房和三級質量監控體系，初時內、外、婦、兒科四大科先開展，今年三月已全院鋪開，希望持之以恆，起到層層把關，保證醫療質量和病人安全。目的為了確保各級臨床醫生履行自己的職責，抓好醫療環節質量，確保醫療服務質量和醫療安全，提高各級醫生的醫療水平。三級查房制度是指主任顧問醫生或副主任顧問醫生、專科主治醫生和住院醫生三級醫生查房的流程及要求。

他表示，三級醫生查房應堅持“四嚴”要求，即組織嚴密、規章制度嚴肅、醫療技術規範嚴格和臨床思維嚴密。主任顧問醫生或副主任顧問醫生應按照“背”、“查”、“問”、“講”、“解”；專科主治醫生應按“核”、“查”、“問”、“講”、“定”；住院醫生應按“查”、“察”、“問”、“聽”、“記”的程序進行，制度層層把關，年資低醫生經驗不足，在三級查房中，先自我模索和學習，再由資深醫生糾正，提升年資低醫生的醫療水平，資深醫生也可溫故知新。三級查房制度開始至今，病人家屬和醫務人員均反應正面。

三級醫療質量管理體系，院級的委員會把研究大方向交由醫務部，醫務部把政策落實到各科室，各科室採取自查、自糾、自我管理，院級委員會再查核，並指導醫務部要求各科室完善管理。為了促進推行三級醫療質量管理體系，醫院把兩年前成立的醫療質量委員會重新改組，加強力量，改名醫療質量與病人安全委員會，以及感染控制委員會和病歷管理委員會，作為院級管理，今年內有關院一級管理委員會將不斷成立。

王庭槐接受訪問

三級醫生查房制度，保障病人安全。

《镜湖建三级查房医疗质管》（《澳门日报》2012年6月26日）

鏡湖重開實習醫生培訓

王庭槐冀醫委會盡快成立規範培訓工作

《镜湖重开实习医生培训》（《澳门日报》2012年7月16日）

2012 年 12 月，镜湖慈善会第 18 届主席暨理监事赠送王庭槐卸任纪念盘

中央人民政府驻澳门特别行政区联络办公室

办文教〔2013〕26号

关于王庭槐教授在澳工作有关情况的函

中山大学：

为进一步推动澳门镜湖医院的发展，贵校于2010年10月至2012年12月期间派出医学部副主任、医学教务处处长王庭槐教授来澳担任澳门镜湖医院院长。在王庭槐教授的积极努力下，镜湖医院组织落实了医生高级职称评审、医生三级查房制度和三级医疗质量管理等规章制度，大力培养年轻医生和科室主任，积极举办各种本澳及国际性医学学术研讨会，促进了镜湖医院“医、教、研三位一体”建设。同时，王庭槐教授还着力推动镜湖医院加强与中山市人民医院、中大一院等内地医疗机构的交流与合作，取得了良好效果。

王庭槐教授履任期间，态度严谨负责，工作积极认真，以高效的管理水平、精湛的专业技术和不断开拓进取的精神，提高了镜湖医院的管理水平和医疗服务质量，很好地履行了院长职责，得到了广大患者、镜湖医院慈善会及澳门社会的认可和赞扬。

对贵校长期以来给予澳门和我办工作的大力支持，表示感谢。

特此函达。

2013年4月3日

文化教育部

—2—

2013 年 4 月，中央人民政府驻澳门特别行政区联络办公室关于王庭槐教授在澳工作有关情况的函

四、问学新华

《问学新华——王庭槐演讲录暨教育谈（2013—2019年）》（中山大学出版社，2020年）

全宗号	目录号	案卷号	件号
3	[illegible]	1	11

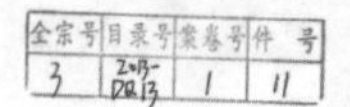

中共中山大学委员会组织部

党组函〔2013〕4号

关于推荐王庭槐为中山大学新华学院
院长人选等的函

新华学院：

经校党委研究，同意推荐王庭槐同志为中山大学新华学院董事、副董事长、院长人选。

专此致函

中共中山大学委员会组织部
2013年3月20日

2013年3月，王庭槐获聘为中山大学新华学院董事、副董事长、院长

2018年3月16日，我校2018年春季工作会议召开，王庭槐校长作题为《抓重点 补短板 强特色 培元固本厚内涵》的工作报告

2023年6月26日，王庭槐校长为2023届优秀毕业生代表颁奖

五、教学评估

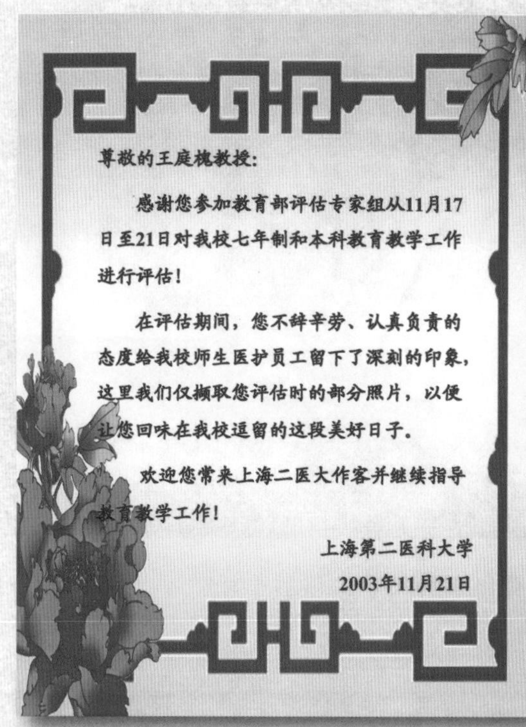

尊敬的王庭槐教授：

感谢您参加教育部评估专家组从11月17日至21日对我校七年制和本科教育教学工作进行评估！

在评估期间，您不辞辛劳、认真负责的态度给我校师生医护员工留下了深刻的印象，这里我们仅撷取您评估时的部分照片，以便让您回味在我校逗留的这段美好日子。

欢迎您常来上海二医大作客并继续指导教育教学工作！

上海第二医科大学

2003年11月21日

2003 年，上海第二医科大学给教育部专家评估组成员王庭槐的感谢信

2003 年，王庭槐（左二）作为教育部专家组成员参加上海第二医科大学教育教学工作评估座谈会

2007 年，王庭槐出席迎接教育部本科教学工作水平评估责任状签字仪式

2007 年，王庭槐与教育部本科教学工作评估专家李凡教授等合影

2008 年，王庭槐接待中山大学高校本科教学工作水平预评估专家

2008 年，王庭槐向教育部本科教育评估专家纪宝成、李立明等演示模拟手术室的电感洗手装置

聘书

兹聘请 王庭槐 同志任教育部临床医学专业认证工作委员会委员。

中华人民共和国教育部
二〇〇八年三月

2008年3月，王庭槐获聘为教育部临床医学专业认证工作委员会委员

国家教育部临床医学专业认证工作

留念

承德医学院
2013.11.28

2013年11月，王庭槐参加承德医学院临床医学专业认证工作汇报会

结业证书

王庭槐同志参加了2016年普通高等学校本科教学工作审核评估专家工作培训会，已完成评估专家规定的学习内容，特发此证。

编　号：SH20160041721
有效期：2016年—2019年

教育部高等教育教学评估中心

2016年，王庭槐参加普通高等学校本科教学工作审核评估专家工作培训会

六、其 他

1998年，王庭槐（前排左四）与时任中山医科大学党委副书记陈玉川（前排左六）带队赴湖南常德赈灾

2001年7月21日，王庭槐与巴德年院士（右）合影

聘任

王庭槐 教授

为深圳大学医学院

第一届学术委员会

副主任。

校长：

二〇一〇年四月二十八日

聘任单位：深圳大学

聘任文号：深大【2010】52号

聘书编号：2010017

2010年4月，王庭槐获聘为深圳大学医学院第一届学术委员会副主任

2016年7月，王庭槐（左二）出席“医何以生——‘互联网+’与基层医生培养”论坛

附录一 王庭槐纪事小历

1978 年 22 岁

考入中山医学院医疗系（77 级）。

1977 年国家恢复统一的高校招生考试。10 月，广东省高等学校招生委员会成立。1978 年春，中山医学院招收了“文革”后首批经过分省出题考试录取的大学生，本科学制 5 年；同年秋，又招收了“文革”后首批经过全国统一考试录取的大学生。1978 年 2 月，教育部制定了《关于恢复和办好全国重点高等学校的报告》，根据该报告，第一批拟定的全国重点大学为 88 所，中山医学院被确定为全国 4 所重点高等医药院校之一，另外三所是北京医学院、上海医学院、四川医学院。王庭槐作为中山医学院 77 级的一员，在 1978 年 3 月 12 日报到入学。

1980 年 24 岁

柯麟重返中山医学院兼任院长。

学校本科学制改为 6 年。“三基三严”(“三基”即基础理论、基本知识、基本技能，“三严”即严格要求、严肃态度、严密方法）的传统得以恢复。

与吴一龙、黄梓材同学完成论文《禁不住的真理之光——哈维血液循环学说创立的前后及其启示》的写作。

1981 年 25 岁

中山医学院成为首批有权授予博士、硕士、学士学位的单位之一，设有医疗、卫生、口腔、医学基础和法医等专业。病理学与病理生理学获批硕士学位授权点（第一批）。

王庭槐、吴一龙在《中山医学院校报》1981年10月13日第四版发表诗歌《致老师》。

王庭槐参加学生科研小组。《禁不住的真理之光——哈维血液运行学说创造的过程及其启示》在《医学与哲学》1981年第2期发表（署名王庭槐、吴一龙、黄梓材）。此论文的中心思想成为王庭槐日后留校担任教师后，要求学生"向事实求知"的思想源头，也是他改革实验课程的缘起。

1982年 26岁

在老师指导下，王庭槐及同学共同撰写的论文《疾病论》，在《医学与哲学》杂志上连载8期，从第1期到第8期（署名为中山医学院"疾病观"写作组）。该论文主要从哲学层面认识疾病、定义疾病以及认识疾病的转归过程和结果。全文3万多字，王庭槐负责1万余字的内容。

王庭槐撰写的论文《怎样当好实习生》在《中国医学生》1982年第3期发表。

组织14位同学撰写了《现代医学史纲》，该书虽未正式出版，但王庭槐却从中学会了如何组织收集资料、分析研究、整理编辑、修改定稿，为今后的主编工作奠定了基础。

王庭槐、吴一龙成果突出，中山医学院学生业余科研协会校庆献礼单上就有他们的5篇文章（他们两人或与他人合作）。朱剑的采访报道《他们哪里来那么多时间——访医学生王庭槐、吴一龙》发表在《中国医学生》1982年第1期。随后，王庭槐和吴一龙加入了《中国医学生》的编辑队伍。吴一龙后成长为享誉国际的肺癌研究和治疗领域的顶尖专家。

12月中山医学院77级594名同学完成学业。王庭槐本科毕业，留校，在生理教研室担任助教。

1983年 27岁

王庭槐、吴一龙撰写的文章《学会解多选题》在《中国医学生》1983年第5期发表（署名王龙）。

王庭槐、吴一龙撰写的文章《高尚的职业要求我们》，介绍胡弗兰德氏(Hufeland)《医德十二箴言》，在《中国医学生》1983第6期发表（署名王龙）。

王庭槐、吴一龙、黄若盘合作撰写的论文《新型医患关系的模式探讨》，在《医学与哲学》1983年第2期发表。

《家庭医生》杂志创刊，目的是普及医疗卫生科学知识，关注人民健康。王庭槐作为创刊人之一，在该杂志上发表了大量医学科普文章，并任《家庭医生》杂志编辑。

1984年 28岁

吴一龙、王庭槐撰写的论文《转座理论的产生及其评价》发表在《医学与哲学》（人文社会医学版）1984年第8期。

吴一龙、王庭槐撰写的文章《狗・鳝鱼血清・过敏反应》发表在《中国医学生》1984年第6期（署名龙槐）。

王庭槐在生理教研室开始应用生物反馈治疗中风后失语症和抑郁症，并开始了对生物反馈生理机制的研究，在生理实验教学方面开始探索“变验证性实验为探索性实验”的教学方法。

1985年 29岁

1985年6月20日，中山医学院改称中山医科大学。同年9月26日，邓小平同志亲笔为“中山医科大学”题写了校名。

王庭槐撰写的论文《观察前负荷对肌肉收缩影响的实验设计》，发表在《中国医学生》1985年第5期。

1986年 30岁

吴一龙、王庭槐撰写的论文《建立单克隆抗体技术的方法论》，发表在《医学与哲学》（人文社会医学版）1986年第6期。

中山医科大学病理学与病理生理学获批博士学位授权点（第三批）。

1987年 31岁

晋升讲师。

王庭槐开始总结“变验证性实验为探索性实验”的教学成效，希望建立起一个全新的、现代化且规范化的生理学实验教学模式。

总结了三年的教学经验，在《高教探索》1987年第2期发表论文《生理学实验课教学的探索和尝试》，提出了变验证性实验为探索性实验的主要观点，并报告了教改的具体做法。此项工作为新型实验教学模式的建立奠定了基础。

在《中山医科大学学报》发表《额叶底内侧部与言语语法功能的关系》的研究论文。

1988年 32岁

学校本科学制改为五年。

中山医科大学成为全国15所首批试办七年制高等医学教育的学校之一，招收了七年制临床医学专业学生30名，采用全英教学。王庭槐担任七年制本科生生理实验的带课老师。

1月，中山医科大学主办的《中国医学生》停刊，该刊登记证交回广东省新闻出版局。受主编委托，王庭槐作为第一执行编辑，组织选编《中国医学生成功之路》。

1989年 33岁

王庭槐和侯慧存合作撰写的论文《人类大脑语言中枢研究进展》发表在

《自然杂志》1989年第4期。

开始转向心血管生理领域，专攻雌激素对心血管产生的效应。

1990年 34岁

作为第一执行编辑，所组织选编的《中国医学生成功之路》一书由广东高等教育出版社出版。

1992年 36岁

文章《警钟长鸣——谨防艾滋病在我国蔓延》获广东省第三届优秀科普文章三等奖。

12月，荣获广东省科学技术协会“学会先进工作者”称号。

1993年 37岁

9月4日，王庭槐及生理教研室同事（詹澄扬、潘敬运、许实光、姚愈忠）完成的教改课题“新型生理学实验课教学模式的建立和探索”获第二届国家级教学成果奖二等奖。国家级教学成果奖是我国教育教学的最高奖项，授予在教学工作中做出突出贡献、取得显著成果的集体和个人。始于1989年，每四年评选一次。该成果还获省级一等奖、校级一等奖。

王庭槐被评为广东省南粤教书育人优秀教师。

任中山医科大学医学情报所副所长，建立了文献检索系统，开设了文检课程。

任生理教研室副主任，《家庭医生》杂志副主编。

晋升副教授。

1994年 38岁

提出建立开放性实验室构想，并在生理教研室开展全天候开放实验室的教学实践。

1月3日，获得国务院政府特殊津贴（津贴由1993年10月起发放）。

10月28日，王庭槐编辑的文章《别忘了破伤风抗毒素》获第六届全国十家科普期刊优秀作品二等奖。

主持开设开放性生理实验课，为之后生理学、病理生理学、药理学的实验课“三合一”奠定了基础。

1995年 39岁

与药理教研室和病理生理教研室联合探索建立生理学、病理生理学、药理学的实验课“三合一”的教学模式。该项教改是我国实验生理科学（机能实验学）的开创性工作。

作为专家组组长参加广东省高教厅基础、技术基础实验室的评估工作。

1996年 40岁

3月，王庭槐任校长办公室主任。

参编《生理学实验指导》，由河南医科大学出版社出版。

作为中山医学院访美代表团的成员参观美国斯坦福大学，在医学教育人才培养模式上颇受启发。

5月24日，论文《开放型生理实验教学方式的实践与探索》入选全国高等医学教育学会会员大会及教学管理、教育科研分会1996年学术会议。

6月，正式加入中国共产党。

撰写的论文《心脏病学专家谈心衰》获得广东省第四届优秀科普文章三等奖。

10月9日，与中山医科大学校长黄洁夫一起参加第一届海峡两岸医学教育研讨会。此行为台湾阳明大学（现为台湾阳明交通大学）和中山医科大学建立合作交流的开端。

10月25日，学校成立中山医科大学校友工作办公室，王庭槐担任校友会秘书长，柯麟医学教育基金会秘书长。

12月25日，撰写的论文《左旋精氨酸抑制血管紧张素Ⅱ诱导培养心肌细胞的肥大反应》获广东省生理学会1995—1996年度优秀学术论文二等奖。

1997年 41岁

担任生理学硕士研究生指导教师。

晋升为教授。

参编《医学文献检索》，由杭州出版社出版。

1月，担任主编的《家庭医生》杂志获广东省第二届优秀科学技术期刊奖一等奖。

3月19日，中山医科大学七年制临床医学专业培养模式由“五七分流”改为“七年一贯制”。

6月10日，担任主编的《家庭医生》杂志获全国卫生产业企业管理协会表彰。

将所带教班级学生的生理学实验探索性论文编辑成册，形成了自主设计、自主实验、自主撰写论文和自主编辑、排版印刷的《探索性实验论文集》，每年一本，共坚持10年。

11月16—18日，开放生理实验室的工作受到全国高等学校实验室工作研究会的重视。王庭槐受邀介绍经验，其经验被写进工作纪要，在全国推广。

1998年 42岁

在“泌尿生理学”课程上率先推行早期接触临床的教学方法。

总结开放实验室的教改工作，形成论文《开放生理实验室——医学生自由、主动、创新学习的教学基地》，被收录于《全国高等学校实验教学改革文集》。

担任《实用临床症状的鉴别诊断》的第二主编，该书由中国医药科技出版社出版。

1999 年 43 岁

3 月，创办《医学信息巡览》电子刊物，并担任主编。

12 月 14 日，《人民日报》就中山医科大学探索性实验教改取得的教学成效，做了《走出验证教学，拓展创新思路》专题报道。

2000 年 44 岁

1 月 13 日，王庭槐等撰写的论文《17β-雌二醇诱导血管内皮细胞一氧化氮释放及其与细胞内钙的关系》获广东省生理学会 2000 年度优秀学术论文奖。

1 月 21 日，作为特邀代表出席广东省属高校实验室建设工作交流会，其经验介绍获得与会者好评。

参与的新课程“实验生理科学”得到教育部、卫生部的肯定，并获得卫生部专项资助。

被中山医科大学学术委员会学科评议组评定为博士研究生导师。

10 月，主持的“面向 21 世纪的‘医学生理学’课程教学实践”项目和“开拓创新，积极开展探索性试验的研究与实践”分别获中山医科大学 2000 年优秀教学成果奖一、二等奖。

在中山医科大学第三届“我爱我师”评选活动中荣获“学生心目中的好老师”称号。

2001 年 45 岁

主编《百年柯麟》，由广东省柯麟医学教育基金会资助出版。

7 月 21 日，与中山医科大学卓大宏教授和张旭明教授同被聘为澳门镜湖护理学院首批客座教授。

10 月 26 日，中山大学和中山医科大学强强合并组成新的中山大学，仪式在广东省政府礼堂隆重举行。10 月 28 日，王庭槐被任命为中山大学教务处处长。

合校后，王庭槐出任校务委员会委员、本科教学指导委员会医科组委员。

主持的教改课题“创建跨学科、多层次生理科学实验课的研究与实践”获第四届国家级教学成果奖二等奖。

参编《实用临床肾脏病学》，由中国医药科技出版社出版。

策划启动了“三早”教育之“预见习”计划，医学院大二学生在寒暑假分散回到各自家乡预见习（早期接触临床）。

2002 年 46 岁

2 月 22—23 日，中山大学 2002 年发展战略研讨会在珠海校区召开，在大会上王庭槐报告了教师队伍建设情况。

8 月，获聘为全国高等学校教学研究会理事会理事。

12 月 25 日，中山大学医学生早期接触临床实践暨动员大会在北校区校友会堂举行，2001 级北校区全体学生参加。王庭槐主持会议，李延保书记、徐远通副校长出席会议并发表讲话。“预见习计划”在临床专业全面铺开。

预见习实践是“早期接触临床”教学理念的最好体现。之后，王庭槐还提出“早期接触科研”“早期接触社会”，并将之归纳为“三早”，补充和发展“三基三严”模式，探索建立“三基三严三早”医学教育模式。

主编《教学研究与实践》论文集，由中山大学出版社出版。

2002 年 5 月，与徐远通副校长赴俄罗斯参加莫斯科大学展。

2003 年 47 岁

1 月 11 日，王庭槐等撰写的论文《膜雌激素受体介导一氧化氮含酶活性增高的快速非基因效应》获 2002 年广东省生理学年会宣读论文三等奖。

7 月 4 日，中山大学决定成立新的中山大学中山医学院、中山大学医学部（一套建制），下设基础医学院、公共卫生学院、口腔医学院、护理学院、药学院等 7 个临床学院。

7 月，王庭槐担任中山大学医学教务处处长。

11月23日，美国中华医学基金会项目顾问David Stem教授来我校进行访问，并考察长学制医学教育改革的进展。医学教务处处长王庭槐教授介绍了学校医学教育改革情况。

担任中山大学医学情报所所长。

作为教育部评估专家，对上海第二医科大学七年制和本科教育教学工作进行评估。

作为负责人的“生理学”被评为校级精品课程，并入选2003年广东省精品课程。

参加“全球医学教育最低基本要求”集中培训。

参与“中国医学教育管理体制和学制改革研究”课题的研究。

中山大学申报八年制临床医学教育。

2004年 48岁

“预见习计划”推广到全校和国内其他医学院。

担任《实习医生住院医生诊疗手册》副主编，由广东省科技出版社出版。

担任《心血管生理学与临床》副主编，由高等教育出版社出版。

主编《生理学实验教程》，由北京大学医学出版社出版。

主编《生理学学习指导》，由高等教育出版社出版。

主编《生理学习题集》，由高等教育出版社出版。

主编《生理学》，全国高等学校医学规划教材，由高等教育出版社出版。当时的全国人大常委会副委员长、两院院士吴阶平为该书作序。

参与主编《实用临床症状的鉴别诊断》，由中国医药科技出版社出版。

作为课程负责人主持的“生理学”课程入选国家级精品课程。

“构建‘三早’医学教育新模式的探索与实践”获中山大学校级教学成果一等奖（排名第一）。

7月6—8日，参加国际渥太华医学教育大会（巴塞罗那）。

受教育部批准，中山大学首办临床医学八年制教育。

代表学校参加首届“中国八年制高等医学教育峰会”并交流我校临床医学八年制办学方案。

2005 年　49 岁

担任中山医学院（医学部）副院长（副主任）。

参编《生理学》（八年制教材），由人民卫生出版社出版。

主编《医学信息资源检索与利用》，由高等教育出版社出版。

参与主编《生理学》（医学考研系列辅导丛书），由华中科技大学出版社出版。

与黄洁夫、赵北海合著《吴阶平》（《中国当代著名科学家丛书》），由贵阳人民出版社出版。

策划和设计的模拟临床技能训练中心建成。

倡导并策划教学基地的教师和临床带教教师每年集中培训“新思想、新技术、新方法”，组织“三赛”：中青年教师大赛、临床带教教师教学技能大赛、医学生临床技能大赛。2009 年，教育部在借鉴中山医学院做法的基础上推出全国高等医学院校大学生临床技能大赛。

5 月，“心肌肥大的信号转导机制及防治研究”项目获广东省科学技术奖三等奖。

7 月 24—25 日，代表中山大学参加“第二届中国八年制医学教育峰会”（中南大学，湖南长沙）。

9 月，“构建‘三早’医学教育模式的探索与实践”获国家级教学成果奖二等奖。

11 月，主编的《生理学》（第一版，由高等教育出版社出版）获中山大学 2005 年度医科优秀教材一等奖。

2006 年　50 岁

荣获中山大学第二届校级教学名师奖、第二届广东省高等学校教学名师奖。

主编《医学生探索科学研究与实践》，由中山大学出版社出版。

参编《医学与人文》，由广东人民出版社出版。

7月31日，代表中山大学参加“第三届中国八年制医学教育峰会”（华中科技大学，湖北武汉），并在会上报告了中山大学临床医学八年制办学情况。

2007年 51岁

3月，获聘为2007—2010年教育部高等学校基础医学专业与课程教学指导委员会委员。

7月21日，代表中山大学参加“第四届中国八年制医学教育峰会”（四川大学，四川成都）。

9月，荣获教育部第三届“国家级教学名师奖”、广东省教学名师奖、中山大学教学名师奖。

获第四届柯麟医学奖（广东省柯麟医学教育基金会）。

参编《医学伦理学》（普通高等学校“十一五”国家级规划教材），由广东高等教育出版社出版。

2008年 52岁

王庭槐等主编《医科实习生临床技能手册》，由中山大学出版社出版。

主编《生理学》（普通高等学校“十一五”国家级规划教材），由高等教育出版社出版。

《大爱无痕　教思常新——记第三届高等学校教学名师奖获得者、中山大学教授王庭槐》，编入《名师录》（第三卷，教育部高等教育司组编），由教育科学出版社出版。

“构建243型医学课程体系与医学创新人才培养模式的研究与实践”获中山大学校级教学成果一等奖（排名第一）。

2009 年　53 岁

担任《医学伦理学》(普通高等学校“十一五”国家级规划教材）副主编，由高等教育出版社出版。

主编《预见习征文选集》，从 2009 年到 2012 年，共出 4 集。

“雌激素抑制血管损伤反应的作用及其细胞内信号转导机制”获教育部自然科学二等奖（第一完成人)、广东省科学技术奖三等奖。

参与的“研究型大学本科教学质量长效保障机制的研究与实践”获教育部国家级教学成果奖二等奖。

1 月，带队到林雪平大学、瑞典灾难医学中心访问，并派送三位专家接受灾难应急处理培训。

3 月，带队到美国印第安纳州立大学进行医学教育交流，并观摩了 TBL 教学；在中山大学本科课堂教学研讨会上做《关于医学本科教学状况报告》。

5 月，在本校开展 TBL 教学实践，其后总结推广该教学方法。

7 月，当选中山大学“教书育人”标兵。

11 月 8 日，在“第六届中国八年制医学教育峰会”(中山大学，广东广州）上解读了《八年制医学教育临床阶段的培养目标和基本要求》的主要内容。

参与的《医学信息检索与利用》获中山大学教学软件评比二等奖。

2010 年　54 岁

主编《临床技能模拟训练教程》，由高等教育出版社出版。

5 月，当选 2008—2009 年度中山大学校友工作先进个人。

6 月，在“第三届中山医学联席会”上报告“TBL 基于团队的学习策略和初步实践之体会”(中山医学大学，台湾台中)。

10 月，王庭槐获聘为 2010—2015 年全国高等教育学会教学管理研究会副理事长。

12 月 18 日，参加“第二届海峡医学教育新思维研讨会”(高雄医学大学，

台湾高雄）。

2010年10月到2012年12月，被中山大学选派到澳门镜湖医院担任院长。10月14日，澳门镜湖医院院长交接仪式在澳门特别行政区举行，全国政协副主席何厚铧、中山大学副校长陈春声出席交接仪式。

11月，在台湾中山医学大学校庆50周年典礼上发言。

12月，启用澳门镜湖医院糖尿病防治中心。

2011年　55岁

王庭槐等主编《现代灾难医学》，由中山大学出版社出版。

担任《生理学》（八年制）副主编，该书由人民卫生出版社出版。

担任《行为医学》副主编，该书由人民卫生出版社出版。

担任《心血管生理学基础与临床》（研究生教学用书）编委，该书由高等教育出版社出版。

担任《高校医学教育》（电子版）期刊主编，并为杂志撰写创刊词。该期刊为我国第一个正式的医学教育电子期刊。

3月，邀请专家、组织澳门镜湖医院举办全国“三三爱耳日活动”和听力学学术研讨会，积极推动澳门地区听力保健筛查工作。

7月，启用澳门镜湖医院PET/CT中心，填补影像诊断空白。

10月，主持改革澳门镜湖医院医生职称评价制度，设立了正主任顾问医生、副主任顾问医生职称，建立了医院高级技术职称评价体系。

11月26—28日，时任澳门镜湖医院院长，参加第五届中国医院院长年会（广东广州），并做了题为《精细管理，持续提升医疗品质》的演讲。

12月，建立危急重症病人查房制度和医生三级查房制度；

2012年　56岁

王庭槐等主编《实习医生临床技能手册》，由中山大学出版社出版。

2 月，受聘为澳门特别行政区科学技术奖奖励评审委员会委员，并接受澳门特别行政区行政长官崔世安颁发证书。

2 月，组建澳门镜湖医院“心理健康门诊”并作为主任顾问医生开诊。

7 月，中山大学中山医学院首批临床医学八年制学生毕业。

12 月，在澳门镜湖医院接待全国政协常委张文康一行的到访。

12 月 15 日，主持镜湖医院年度总结暨首次三级查房比赛颁奖大会；同日，完成镜湖医院院长任职，返回中山大学。

2013 年　57 岁

4 月，获聘为 2013—2017 年教育部高等学校基础医学类专业教学指导委员会委员。

4 月 22 日，由于工作出色，中央人民政府驻澳门特别行政区联络办公室发函至教育部，表扬王庭槐院长工作态度严谨负责、工作积极认真，以高效的管理水平、精湛的专业技术和不断开拓进取的精神提高了澳门镜湖医院的管理水平和医疗服务质量，得到广大患者、澳门镜湖医院慈善会的认可与赞扬。

“实验生理科学学生创新思维能力培养的探索与实践”（排名第一）获中山大学第七届校级教学成果一等奖。

参与的“‘四四’架构的本科专业实践教学体系的探索与实践”获中山大学第七届校级教学成果一等奖。

9 月 27 日，参加全国高等教育医学数字化规划教材编委会全会暨编写工作会议（国家医学电子书包，中国科技会堂，北京），负责主编我国第一部医学电子书包《生理学》（2015 年人民军医出版社出版）。

10 月，获聘为 2013—2017 年教育部高等学校临床医学类专业教学指导委员会顾问。

主编《医学电子资源获取与利用》，由高等教育出版社出版。

共同主编《生理学试题选编与应试指南》，由第四军医大学出版社出版。

共同主编国家规划教材《生理学》（第 8 版），由人民卫生出版社出版。

担任《医学伦理学》(普通高等学校“十一五”国家级规划教材）副主编，由高等教育出版社出版。

4月10日，受命出任中山大学新华学院院长。受中山大学委托，时任中山大学常务副书记、副校长陈春声送王庭槐到中山大学新华学院上岗履新，陈伟林院长（中山大学原党委副书记）卸任。

2014年 58岁

入选中共中央组织部“万人计划”首批教学名师。

主编《MOOC——席卷全球教育的大规模开放在线课程》，由人民卫生出版社出版。

王庭槐等主编《实验生理科学》(全国高等学校“十二五”医学规划教材)，由高等教育出版社出版。

9月，“提高医学生临床技能教学质量的研究与实践”获国家教学成果奖二等奖。

在总结TBL教学实践的基础上，提出了适应本土学生学习特点的“激越四段式”教学法。

2015年 59岁

获“宝钢优秀教师特等奖”提名奖。

主编《生理学》(“十二五”普通高等教育本科国家级规划教材)，由高等教育出版社出版。

主编《生理学》(“十二五”普通高等教育本科国家级规划教材)，由人民卫生出版社出版。

2016年 60岁

3月，出席广州国际康复论坛并致辞。

8月，时任广东省生理学会理事长，组织并主持2016年中国生理学会心血管生理学术研讨会。

8月，获广东省生理学会“杰出贡献奖”。

8月，在广东省生理学会理事会换届选举中续任新一届广东省生理学会理事长。

参与《国务院办公厅关于深化医教协同进一步推进医学教育改革与发展的意见》起草工作（该文在2017年发布，见国办发〔2017〕63号）。

2017年 61岁

负责的“以团队为基础的教学（TBL）在医学教育中的实践与成效”获广东省教学成果奖（高等教育）一等奖，团队成员包括王淑珍、戴冽、蒋小云、穆攀伟。该成果还获得中山大学第八届校级教学成果奖。

参加“NSFC-FDCT前沿科学研讨会—肿瘤科学大会（广州）”，应邀在癌症耐药治疗分论坛上做题为《新型雌激素受体GPER在雌激素促进ER-乳腺癌细胞迁移和侵袭中的作用及机制》的学术报告。

附属第一医院临床医学教师团队获得全国首批“全国高校黄大年式教师团队”荣誉称号，王庭槐是该团队的主要实践者。

9月，在《高校医学教学研究（电子版）》期刊第3卷第7期发表《激越四段式教学法》论文。

2018年 62岁

获中山大学首届卓越教学名师特等奖。

与吕兆丰同获中华医学会医学教育分会医学教育“杰出贡献奖”，李立明主持颁奖仪式，由教育部高等教育司副司长王启明、国家卫生健康委员会科技教育司副司长陈昕煜为其颁奖。

负责的“以团队为基础的教学（TBL）在医学教育中的实践与成效”荣获

第八届国家级教学成果奖（高等教育）二等奖，团队成员包括王淑珍、戴冽、蒋小云、穆攀伟。

10月，获聘为2018—2022年教育部高等学校基础医学类教学指导委员会委员。

2019年 63岁

4月，获聘为教育部基础学科拔尖学生培养计划 2.0 专家委员会委员。

5月，获聘为人卫教学助手《生理学》辅学课程主编（人民卫生电子音像出版社）。

8月，获聘为2019—2023年广东省本科高校临床教学基地教学指导委员会顾问。

8月，担任中国高等教育学会教育评估分会第六届理事会常务理事。

9月，被任命为2019—2023年普通高等学校本科教育教学评估专家委员（教督函〔2019〕1号）。

2020年 64岁

《问学新华——王庭槐演讲录暨教育谈（2013—2019）》，中山大学新华学院新闻中心编，由中山大学出版社出版。

2月，疫情防控期间，面向全国医学生首开《生理学》慕课线上范式，开班寄语被学习强国收录。

5月，受“泰盟公开课”邀请，向全国医学教师、学者讲授《疫情防控背景下线上线下激越四段式教学法的实践与探索》。

2021年 65岁

6月，带领广州新华学院东莞校区两万师生封控抗疫，为其他高校的抗疫工作探索了成功经验。

9 月，担任中山大学中山医学院医学教育发展中心主任。

9 月，主编的《生理学》（第 9 版，人民卫生出版社出版）荣获首届全国教材建设奖（高等教育类）一等奖。

10 月 12 日，在中山大学百名学生党员寻访百名老党员活动中，与四名学生党员进行了“博学笃行，信仰先行”的对话。

2022 年　66 岁

1 月，当选为中国医药卫生事业发展基金会第四届理事会副理事长。

3 月，王庭槐荣获 2021 年度“推动行业前行的力量”十大医学特别贡献专家称号。

5 月，受邀主持“生理学教学中的医学人文教育”的专题座谈会并分享见解；带领教学团队首次在第 39 届国际生理科学联合会大会（IUPS）后置教学工作坊上演示了“激越四段式”教学法。

担任高等教育出版社出版的《生理学》（第 4 版）教材主审。

6 月，作为带头人牵头的生理课程虚拟教研室入选教育部第二批虚拟教研室建设试点，为中山大学唯一获评的虚拟教研室（教高厅函〔2022〕13 号）。

10 月 21—22 日，出席广东省医学会第一次加速康复外科学学术会议，并做大会报告《ERAS 与人文》，提出加速康复外科理念的新观点，即“加速康复外科理论的第四阶段发展理念中应加入医学人文关怀的要义，加速康复外科理念的应用与可持续发展必须重视、融入医学人文关怀”。

2023 年　67 岁

4 月 20—24 日，受聘为由中华全国总工会、教育部联合主办的第六届全国高校青年教师教学竞赛决赛评委，为医科组组长。

5 月，出席全国高等学校五年制本科临床医学专业第十轮规划教材主编人会议，担任主审。

7月，以“医学教育‘三阶段四贯穿’一流医学人才培养模式创新与实践”教学成果获国家教学成果奖二等奖。

7月，担任教育部基础医学“101计划”核心教材《循环系统》(北京大学医学出版社出版）主编。

8月，出席全球最大的医学教育学术组织欧洲医学教育协会AMEE在苏格兰格拉斯哥举行的2023年全球年会；作为团队成员，获得AMEE国际医学教育成果奖（ASPIRE奖)。

11月，受清华大学教师发展中心邀请，开展了“TBL和激越四段式教学法”工作坊，为清华大学教师介绍和演示了TBL教学法，并对“激越四段式”教学法做了拓展分享。

附录二 王庭槐论著目录

一、专著和教材

1. 王庭槐，汪雪兰，杨惠玲主编．实验生理科学（第2版）（高等学校“十四五”医学规划新形态教材）．北京：高等教育出版社，2022，55万字．

2. 王庭槐主编．临床医学综合能力考试（西医）：生理学学习精要．北京：人民卫生出版社，2022，44.9万字．

3. 王庭槐主编．中国大百科全书（第三版网络版）：医学生理学．2021.

4. 王庭槐主编．中国医学教育题库（临床医学题库）：生理学．北京：人民卫生电子音像出版社，2019.

5. 王庭槐主译．心血管系统：基础与临床（第2版）（A Noble，et al.，The Cardiovascular System：Basic Science and Clinical Conditions）．北京：北京大学医学出版社，2019，33万字．

6. 王庭槐，赖佳明，蒋小云，陈燕铭编著．实习医生临床技能手册（第2版）．广州：中山大学出版社，2018，40万字．

7. 王庭槐主编．生理学（第9版）（国家卫生健康委员会“十三五”规划教材）．北京：人民卫生出版社，2018，85.8万字．

8. 王庭槐主编．生理学（国家级医学电子书包）．北京：人民军医出版社，医视界，2015.

9. 王庭槐主编．生理学（第3版）（“十二五”普通高等教育本科国家级规划教材）．北京：人民卫生出版社，2015，115.6万字．

10. 王淑珍编著；王庭槐主审．以团队为基础的学习（TBL）：医学教育中的实践与探索．南京：东南大学出版社，2015，22 万字．

11. 王庭槐，吴心灵主编．肌电生物反馈中 HRV 变化及其与脑电 ApEn 的相关研究．大连：辽宁科学技术出版社，2015，4 万字．

12. 王庭槐主编．生理学（“十二五”普通高等教育本科国家级规划教材）．北京：高等教育出版社，2015，75 万字．

13. 王庭槐主编．MOOC：席卷全球教育的大规模开放在线课程．北京：人民卫生出版社，2014，29.6 万字．

14. 王庭槐，杨惠玲，汪雪兰主编．实验生理科学（全国高等学校“十二五”医学规划教材）．北京：高等教育出版社，2014，47 万字．

15. 吴素香主编；王庭槐副主编．医学伦理学（普通高等学校“十一五”国家级规划教材）．广州：广东高等教育出版社，2013，45.1 万字．

16. 王庭槐主编．医学电子资源获取与利用．北京：高等教育出版社，2013，49 万字．

17. 朱大年，王庭槐主编．生理学（第 8 版）（“十二五”普通高等教育本科国家级规划教材）．北京：人民卫生出版社，2013，82.6 万字．

18. 朱妙章，王庭槐，等主编．生理学试题选编与应试指南．西安：第四军医大学出版社，2013，60 万字．

19. 王庭槐，周燕斌，陈创奇主编．实习医生临床技能手册．广州：中山大学出版社，2012，35 万字．

20. 王庭槐，肖海鹏，陈创奇主编．现代灾难医学．广州：中山大学出版社，2011，77.3 万字．

21. 王明旭主编；李兴民，王庭槐副主编．行为医学（卫生部“十一五”规划教材 全国高等学校教材）．北京：人民卫生出版社，2011，43.8 万字．

22. 朱妙章，唐朝枢，袁文俊，吴博威，臧伟进，朱大年主编；编委王庭槐．心血管生理学基础与临床（研究生教学用书）（第五十四章 雌激素对心血管系统的保护作用及其机制；第五十五章 雌激素受体 α、β 和心血管系统）．北京：高等教育出版社，2011，134 万字．

23. 王庭槐主编．临床技能模拟训练教程．北京：高等教育出版社，2010，

54 万字 .

24. 王庭槐，胡国亮主编，医科实习生临床技能手册 . 广州：中山大学出版社，2008，34 万字 .

25. 王庭槐主编 . 生理学（普通高等学校“十一五”国家级规划教材）. 北京：高等教育出版社，80 万字，2008.

26. 王庭槐，肖海鹏，王连唐，周慧明主编 . 预见习征文选集十周年 . 广州：中山大学医学教务处，2009.

27. 吴素香主编；王庭槐等副主编 . 医学伦理学（普通高等学校“十一五”国家级规划教材）. 广州：广东高等教育出版社，2009，41.5 万字 .

28. 吴素香主编；王庭槐等副主编 . 医学伦理学（普通高等学校“十一五”国家级规划教材）. 广州：广东高等教育出版社，2007，32.5 万字 .

29. 王庭槐主编 . 医学生探索科学研究与实践 . 广州：中山大学出版社，2006，51.1 万字 .

30. 钟明华，吴素香主编；王庭槐参编 . 医学与人文 . 广州：广东人民出版社，2006，38.6 万字 .

31. 姚泰主编；王庭槐参编 . 生理学（八年制教材）. 北京：人民卫生出版社，2005，122 万字 .

32. 余承高，王庭槐，白波主编 . 生理学（医学考研系列辅导丛书）. 武汉：华中科技大学出版社，2005，37.4 万字 .

33. 黄洁夫，王庭槐，赵北海著 . 吴阶平 . 贵阳：贵阳人民出版社，2005，14 万字 .

34. 王庭槐主编 . 医学信息资源检索与利用 . 北京：高等教育出版社，2005，43 万字 .

35. 王庭槐主编 . 生理学实验教程 . 北京：北京大学医学出版社，2004，47.2 万字 .

36. 王庭槐主编 . 生理学学习指导（全国高等学校医学规划教材配套用书）. 北京：高等教育出版社，2004，44 万字 .

37. 王庭槐主编 . 生理学习题集（全国高等学校医学规划教材配套用书）.

北京：高等教育出版社，2004，42 万字 .

38. 彭文伟主编；王庭槐副主编 . 实习医生住院医生诊疗手册 . 广州：广东科技出版社，2004，107 万字 .

39. 王庭槐主编 . 生理学（全国高等学校医学规划教材）. 北京：高等教育出版社，2004，86 万字 .

40. 朱妙章，等主编；王庭槐，等副主编 . 心血管生理学与临床（研究生教学用书）. 北京，高等教育出版社，2004，134 万字 .

41. 刘先国主编；王庭槐参编 . 生理学（第八章第一节 肾脏的结构与血液循环的特点，第二节 尿的生成过程，第三节 尿液的浓缩和稀释，第四节 肾脏泌尿功能的调节，第五节 清除率，第六节 尿的排泄）. 北京：科学出版社，2004，65.8 万字（2.4 万字）.

42. 关训良，王庭槐主编 . 实用临床症状的鉴别诊断 . 2 版 . 北京：中国医药科技出版社，2001，102.5 万字 .

43. 邹和群，赖德源，张欣洲主编；王庭槐参编 . 实用临床肾脏病学（第一篇第一章第二节 肾小球结构与肾功能的关系；第一篇第六章第一节 概述，第二节 体循环高血压与肾小球高压）. 北京：中国医药科技出版社，2001，179.7 万字（2 万字）.

44. 王庭槐主编 . 百年柯麟 . 广州：广东省柯麟医学教育基金会，2001.

45. 关训良，王庭槐主编 . 实用临床症状的鉴别诊断 . 北京：中国医药科技出版社，1998，102.5 万字 .

46. 朱象喜，李振邦，董书新主编；王庭槐参编 . 医学文献检索（第九章第四节 论文写作）. 杭州：杭州出版社，1997，53.4 万字（0.4 万字）.

47. 姚运纬，李鸿勋，赵荣瑞主编；王庭槐参编 . 生理学实验指导（第六章血液循环实验十五 期前收缩和代偿间歇，实验二十四 心血管活动的神经体液调节）. 郑州：河南医科大学出版社，1996，24.3 万字（0.4 万字）.

48. 关勋添主编；王庭槐执行编辑 . 中国医学生成功之路 . 广州：广东高等教育出版社，1990，61.6 万字 .

二、科学研究

（一）雌激素的心血管效应研究论文

1. 王庭槐，杨丹，刘培庆，龚素珍，鲁伟，潘敬运 . 17β- 雌二醇诱导血管内皮细胞一氧化氮释放及其与细胞内钙的关系 [J]. 生理学报，2000，52（6）：479-482.

2. 王庭槐，谈智，刘培庆，鲁伟，杨丹，潘敬运 . 17β- 雌二醇下调血管平滑肌内皮素 A 型受体的表达 [J]. 生理学报，2001，63（5）：380-384.

3. 杨丹，付晓东，谈智，王庭槐，潘敬运 . 胞外信号调节激酶途径在 17β- 雌二醇抑制内皮素 1 诱导的血管平滑肌细胞增殖中的作用 [C]// 中国病理生理学会 . 中国病理生理学会动脉粥样硬化专业委员会五届一次会议论文集 . 北京：中国病理生理学会，2002：119-120.

4. 杨丹，付晓东，李永勇，谈智，王庭槐，潘敬运 . 一氧化氮在 17β- 雌二醇抑制血管平滑肌细胞增殖和原癌基因 c-fos 表达中的作用 [J]. 生理学报，2002，54（4）：17-22.

5. 王庭槐，付晓东，杨丹，谈智，潘敬运 . 膜雌激素受体介导一氧化氮合酶活性增高的快速非基因效应 [C]// 中国病理生理学会 . 中国病理生理学会动脉粥样硬化专业委员会五届一次会议论文集 . 北京：中国病理生理学会，2002：119.

6. 付晓东，王庭槐 . 雌激素受体及其介导的血管保护作用 [J]. 中国心血管杂志，2003，8（1）：67-70.

7. 王庭槐，付晓东，杨丹，谈智，潘敬运 . 膜雌激素受体介导一氧化氮合酶活性增高的快速非基因效应 [J]. 生理学报，2003，55（2）：213-218.

8. 王庭槐，谈智，付晓东，杨丹，胡飞雪，李永勇 . ERK 在 17β- 雌二醇抑制大鼠血管损伤后平滑肌细胞增殖中的作用 [J]. 生理学报，2003，55（4）：411-416.

9. 付晓东，谈智，李永勇，林桂平，潘敬运，王庭槐 . 17β- 雌二醇对血管内皮细胞增殖的影响 [J]. 中山大学学报（医学科学版），2003，24（5）：417-420.

10. 谈智，王庭槐 . 雌激素作用分子机制研究进展 [J]. 中国病理生理杂志，2003，19（10）：1422-1426.

11.TAN Z，WANG TH，YANG D，FU XD，PAN JY. Mechanisms of 17beta-estradiol on the production of ET-1 in ovariectomized rats[J]. Life Sci，2003，73（21）：2665-74.

12. 杨丹，付晓东，李永勇，谈智，王庭槐，潘敬运 . 诱导型一氧化氮合酶在 17beta- 雌二醇诱导的血管平滑肌细胞周期阻滞中的作用 [J]. 生理学报，2003，55（6）：684-691.

13. 谈智，林桂平，王庭槐 . Caveolin-1 在 17β- 雌二醇抑制内皮素 -1 诱导血管平滑肌细胞增殖中的作用 [J]. 生理学报，2004，56（3）：379-383.

14. 胡飞雪，王庭槐 . 17β- 雌二醇抑制血管球囊损伤后血管外膜增殖 [J]. 中华老年心血管病杂志，2005，7（5）：337-340.

15. 胡飞雪，王庭槐 . 17β- 雌二醇抑制碱性成纤维细胞生长因子诱导的血管外膜成纤维细胞增殖 [J]. 中华老年心脑血管病杂志，2006，8（2）：122-125.

16. 胡飞雪，王庭槐 . 早期短期应用 17β- 雌二醇抑制兔颈动脉球囊损伤后新生内膜增殖 [J]. 中国老年保健医学，2006（1）：19-22.

17. HUANG Q，WANG TH，LU WS，MU PW，YANG YF，LIANG WW，LI CX，LIN GP. Estrogen receptor alpha gene polymorphism associated with type 2 diabetes mellitus and the serum lipid concentration in Chinese women in Guangzhou[J]. Chin Med J（Engl），2006，119（21）：1794-1801.

18. LIU HM，ZHAO XF，GUO LN，TAN Z，WANG TH. Effects of caveolin-1 on the 17beta-estradiol-mediated inhibition of VSMC proliferation induced by vascular injury[J]. Life Sci，2007，80（8）：800-12.

19. 杨艳芳，王庭槐 . 雌激素激活血管 eNOS 的机制 [J]. 国际病理科学与临床杂志，2007，27（1）：89-92.

20. 陈莎丽，赵晓峰，王庭槐 . 植物雌激素对心血管保护作用的研究进展 [J]. 新医学，2007，38（2）：130-132.

21. 王庭槐，杨艳芳，付晓东，谈智，向秋玲，林桂平 . 17β- 雌二醇的快速舒血管效应及其内皮依赖和非内皮依赖的机制 [J]. 中山大学学报（医学科学版），2007（2）：121-126.

22. FU XD，CUI YH，LIN GP，WANG TH. Non-genomic effects of 17beta-estradiol in activation of the ERK1/ERK2 pathway induces cell proliferation through upregulation of cyclin D1 expression in bovine artery endothelial cells[J]. Gynecol Endocrinol，2007，23（3）：131-137.

23. 郭益民，潘虹，崔雨虹，林桂平，王庭槐 . 雌激素对内皮素诱导心肌细胞肥大反应的影响及其机制 [J]. 中国病理生理杂志，2007（8）：1470-1475.

24. 谈智，王庭槐，陈宇，林桂平，潘敬运 . NO 信号途径在 17β- 雌二醇抑制大鼠 VSMCET-1 生成中的作用 [J]. 中国应用生理学杂志，2007，23（3）：347-350.

25. 潘虹，王桂华，王庭槐 . 雌、孕激素对 ET-1 诱导的心肌细胞肥大反应的影响 [J]. 滨州医学院学报，2008，31（3）：161-164.

26. 刘海梅，林桂平，谈智，徐进文，王庭槐 . 兔颈总动脉球囊损伤后 17β- 雌二醇介导 iNOS 及 NO 对血管新生内膜增殖抑制的作用 [J]. 广东医学院学报，2009，27（2）：111-114，118.

27. 刘海梅，赵晓峰，徐进文，林桂平，王庭槐 . 17β- 雌二醇对新生牛血清诱导的血管平滑肌细胞增殖反应的影响及其机制 [J]. 汕头大学医学院学报，2009，22（2）：75-79.

28. 刘海梅，林桂平，徐进文，王庭槐 . Caveolin-1 蛋白及 ERK1/2 信号转导途径在 17β- 雌二醇抑制血管平滑肌细胞增殖中的作用 [J]. 中国病理生理学杂志，2009（11）：2093-2098.

29. 刘海梅，赵晓峰，林桂平，徐进文，王庭槐 . iNOS 及 ERKl/2 信号转导通路在 17β- 雌二醇抑制血管平滑肌细胞增殖中的作用 [J]. 心脏杂志，2009（6）：761-764，773.

30. 付晓东，徐进文，郑淑慧，王庭槐．膜突蛋白在雌激素／孕激素促进血管内皮细胞迁移中的作用研究 [C]// 中国生理学会．中国生理学会第八届全国青年生理学工作者学术会议论文摘要．北京：中国生理学会，2009：11-12.

31. 刘海梅，林桂平，徐进文，王庭槐．Caveolin-1 蛋白及 ERK1/2 信号转导途径在 17β－雌二醇抑制血管平滑肌细胞增殖中的作用 [J]// 中国病理生理杂志，2009，25（11）：2093-2098.

32. 谈智，崔雨虹，向秋玲，林桂平，王庭槐．膜雌激素受体介导的 NO 途径对 EPCs 增殖和凋亡的影响 [J]. 中山大学学报（医学科学版），2010（1）：64-68.

33. XIANG Q，LIN G，FU X，WANG S，WANG T. The role of peroxisome proliferator-activated receptor-gamma and estrogen receptors in genistein-induced regulation of vascular tone in female rat aortas[J]. Pharmacology，2010，86（2）：117-24.

34. JIANG P，XU J，ZHENG S，HUANG J，XIANG Q，FU X，WANG T. 17beta-estradiol down-regulates lipopolysaccharide-induced MCP-1 production and cell migration in vascular smooth muscle cells[J]. J Mol Endocrinol，2010，45（2）：87-97.

35. XIANG Q L，LIN G P，XU J W，WANG T，et al. The role of caveolin1 and sprouty1 in genistein's regulation of vascular smooth muscle cell and endothelial cell proliferation[J]. European Journal of Pharmacology，2010，648（1-3）：153-161.

36. 潘虹，王庭槐，刘红霞，王桂华．MKP-1 在 17β- 雌二醇抑制 ET-1 诱导的心肌肥大反应中的调控作用 [J]. 中国老年学杂志，2011（1）：52-54.

37. CUI YH，TAN Z，FU XD，XIANG QL，XU JW，WANG TH. 17 beta-estradiol attenuates pressure overload-induced myocardial hypertrophy through regulating caveolin-3 protein in ovariectomized female rats[J]. Mol Biol Rep，2011，38（8）：4885-4892.

38. 胡飞雪，王庭槐，谈智．小窝蛋白 -1 在膜雌激素受体介导的内皮祖细

胞增殖中的作用 [J]. 中华心血管病杂志，2011（11）：1044-1047.

39. TAN Z，ZHOU LJ，LI Y，CUI YH，XIANG QL，LIN GP，WANG TH. E_2-BSA activates caveolin-1 via PI_3K/ERK1/2 and lysosomal degradation pathway and contributes to EPC proliferation[J]. Int J Cardiol，2012，158（1）：46-53.

40. XU J，XIANG Q，LIN G，FU X，ZHOU K，JIANG P，ZHENG S，WANG T. Estrogen improved metabolic syndrome through down-regulation of VEGF and HIF-1α to inhibit hypoxia of periaortic and intra-abdominal fat in ovariectomized female rats[J]. Mol Biol Rep，2012，39（8）：8177-8185.

41. 王庭槐 . 雌激素抑制血管损伤反应的细胞内信号转导机制 [C]// 湖南省生理科学会 . 中南地区第八届生理学学术大会论文摘要汇编 . 长沙：湖南省生理科学会，2012：16-18.

42. 许研，刘海梅，徐进文，蒋萍，王庭槐 . ERK1/2 蛋白在 17β- 雌二醇抑制睾酮诱导的心肌细胞肥大反应中的作用 [J]. 中国动脉硬化杂志，2012（10）：876-880.

43. TAN Z，ZHOU LJ，MU PW，LIU SP，CHEN SJ，FU XD，WANG TH. Caveolin-3 is involved in the protection of resveratrol against high-fat-diet-induced insulin resistance by promoting GLUT4 translocation to the plasma membrane in skeletal muscle of ovariectomized rats[J]. J Nutr Biochem，2012，23（12）：1716-1724.

44. ZHOU K，GAO Q，ZHENG S，PAN S，LI P，SUO K，SIMONCINI T，WANG T，FU X. 17β-estradiol induces vasorelaxation by stimulating endothelial hydrogen sulfide release[J]. Mol Hum Reprod，2013，19（3）：169-176.

45. FU X，ZHOU K，GAO Q，ZHENG S，CHEN H，LI P，ZHANG Y，SUO K，SIMONCINI T，WANG T. 17β-estradiol attenuates atherosclerosis development：The possible role of hydrogen sulfide[J]. Int J Cardiol，2013，167（3）：1061-1063.

46. 刘海梅，徐进文，许研，赵晓峰，王庭槐 . 雌激素膜快速效应对兔血管

平滑肌细胞 iNOS 快速激活的影响 [J]. 心脏杂志，2015（6）：629-633.

47. 邓宝娣，李嘉，王庭槐 . 脉络膜新生血管相关信号通路研究进展 [J]. 国际眼科杂志，2019（5）：762-765.

（二）雌激素与激素敏感性肿瘤研究论文

1. 郑淑慧，黄静和，向秋玲，周科文，付晓东，王庭槐 . Ezrin 蛋白在雌激素促乳腺癌细胞迁移和侵袭中的作用研究 [C]// 中国生理学会 . 中国生理学会第 23 届全国会员代表大会暨生理学学术大会论文摘要文集 . 北京：中国生理学会，2010：151-152.

2. ZHENG S，HUANG J，ZHOU K，ZHANG C，XIANG Q，TAN Z，WANG T，FU X. 17β-Estradiol enhances breast cancer cell motility and invasion via extra-nuclear activation of actin-binding protein ezrin[J]. PLoS One，2011，6（7）：e22439.

3. 郑淑慧，付晓东，黄静和，张亚星，王庭槐 . Ezrin 蛋白在雌激素促乳腺癌细胞迁移和侵袭中的作用 [J]. 心脏杂志，2011（6）：832.

4. 陈淑玲，王庭槐 . 新型雌激素受体 GPR30/GPER1 及其在乳腺癌中的作用 [J]. 生理科学进展，2012（1）：75-80.

5. 陈淑玲，王庭槐 . 雌激素信号途径与血管内皮生长因子信号途径的交互作用介导乳腺癌耐药性 [J]. 生理科学进展，2013（2）：36-41.

6. 王庭槐，周科文，孙鹏，张亚星，游昕超，李平 . Estrogen enhances ER-negative breast cancer cell motility and invasion：role of GPR30[C]// 中国生理学会 . 中国生理学会第 24 届全国会员代表大会暨生理学学术大会论文汇编 . 北京：中国生理学会，2014：334.

7. 游昕超，王庭槐 . 4- 羟基他莫昔芬通过雌激素受体 GPR30 激活 ezrin 蛋白促进人乳腺癌 MCF-7 细胞迁移 [J]. 中国病理生理杂志，2014（5）：804-809.

8. ZHOU K，SUN P，ZHANG Y，YOU X，LI P，WANG T. Estrogen stimulated migration and invasion of estrogen receptor-negative breast cancer cells involves an ezrin-dependent crosstalk between G protein-coupled receptor 30 and

estrogen receptor beta signaling[J]. Steroids，2016，111：113-120.

9. 龙芷源，王庭槐 . Ezrin 蛋白在乳腺癌细胞迁移侵袭中的作用的研究进展 [J]. 生理科学进展，2016（1）：21-26.

10. WANG C，LI J，YE S，ZHANG Y，LI P，WANG L，WANG TH. Oestrogen inhibits VEGF expression and angiogenesis in triple-negative breast cancer by activating GPER-1[J]. J Cancer，2018，9（20）：3802-3811.

11. YE S，XU Y，LI J，ZHENG S，SUN P，WANG T. Prognostic role of GPER/Ezrin in triple-negative breast cancer is associated with menopausal status[J]. Endocr Connect，2019，8（6）：661-671.

12. YE S，XU Y，WANG L，ZHOU K，HE J，LU J，HUANG Q，SUN P，WANG T. Estrogen-related receptor α（ERRα）and G protein-coupled estrogen receptor（GPER）synergistically indicate poor prognosis in patients with triple-negative breast cancer[J]. Onco Targets Ther，2020，13：8887-8899.

13. XU Y，YE S，ZHANG N，ZHENG S，LIU H，ZHOU K，WANG L，CAO Y，SUN P，WANG T. The FTO/miR-181b-3p/ARL5B signaling pathway regulates cell migration and invasion in breast cancer[J]. Cancer Commun（Lond），2020，40（10）：484-500.

14. ZHANG N，SUN P，XU Y，LI H，LIU H，WANG L，CAO Y，ZHOU K，WANG T. The GPER1/SPOP axis mediates ubiquitination-dependent degradation of ERα to inhibit the growth of breast cancer induced by oestrogen[J]. Cancer Lett，2021，498：54-69.

15. WANG X，LI Y，FU J，ZHOU K，WANG T. ARNTL2 is a prognostic biomarker and correlates with immune cell infiltration in triple-negative breast cancer[J]. Pharmgenomics Pers Med，2021，14：1425-1440.

（三）生物反馈研究论文

1. 王庭槐，方昆豪 . 额叶底内侧部与言语语法功能的关系 [J]. 中山大学学报（医学科学版），1987（4）：28-31.

2. 王庭槐 . 大脑半球语言中枢研究的进展 [J]. 中国医学生，1987（6）：10-12.

3. 王庭槐，侯慧存 . 人类大脑语言中枢研究进展 [J]. 自然杂志，1989（4）：304-307.

4. 王庭槐 . 生物反馈及其机理进展 [J]. 医学信息，2002，15（10）：610-614.

5. 王庭槐，李永勇，高庆春 . 正常心理差异对生物反馈效果的影响 [J]. 中国神经精神疾病杂志，2002，28（6）：458-459.

6. 高庆春，王庭槐 . 生物反馈在卒中康复中的应用 [J]. 国外医学（脑血管疾病分册），2002（5）：363-366.

7. 王庭槐，耿艺介 . 结膜血管充盈生物反馈放松疗法的建立和评价 [J]. 中国老年保健医学，2004（2）：29-30.

8. 王庭槐，耿艺介 . 混沌动力学非线性分析方法在生物反馈研究中的应用 [J]. 自然杂志，2004，20（4）：528-531.

9. 王庭槐，高庆春，许小洋，高健，李永勇 . 肌电生物反馈的非线性机制 [J]. 中国心理卫生杂志，2006，20（2）：113-117.

10. 吴心灵，王庭槐 . 生物反馈治疗原发性高血压的研究进展 [J]. 新医学杂志，2006（10）：689-691.

11. 王庭槐，吴心灵，黄志勇 . 肌电生物反馈中正常青年人心率变异性分析 [J]. 中国心理卫生杂志，2007，21（4）：212-215.

12. 梁琼芳，汤之明，张少华，彭胜修，耿艺介，王庭槐 . 生物反馈疗法治疗老年单纯收缩期高血压的临床疗效 [J]. 中国现代医学杂志，2008，18（15）：2188-2189.

13. 张文博，高彦彦，许小洋，王庭槐 . 肌电生物反馈对高血压前期患者心率变异性的影响 [J]. 中国实用神经疾病杂志，2009，12（10）：12-16.

14. 何蕾，王淑珍，王庭槐 . 迷走神经刺激对记忆的影响 [J]. 生理科学进展，2009，40（1）：85-88.

15. 赵妍，王庭槐 . 生物反馈治疗中的控制论和熵原理 [J]. 中国实用神经疾病杂志，2009，12（13）：41-44.

16. 邵丽，王庭槐 . 音乐治疗的现况与进展 [J]. 中国康复医学杂志，2009，10：959-962.

17. 许小洋，耿艺介，林桂平，王庭槐 . 生物反馈过程心电及脑电信号的非线性分析 [J]. 中华行为医学与脑科学杂志，2010（3）：209-211.

18. 许小洋，凌丹，赵妍，王庭槐 . 脑电的非线性分析在生物反馈干预高血压前期血压中的应用 [J]. 中华高血压杂志，2010（3）：290-295.

19. 王庭槐，许研，刘海梅，崔雨虹，徐进文，蒋萍，付晓东 . 睾酮诱导大鼠心肌细胞肥大反应并上调 ERK1/2 蛋白表达 [J]. 基础医学与临床，2010（1）：449-453.

20. 许小洋，凌丹，林桂平，李丽，王庭槐 . 肌电生物反馈过程中脑电功率谱的变化 [J]. 中国现代医学杂志，2010（11）：1647-1651.

21. 李丽，王淑珍，王庭槐，林桂平，邵丽 . 腹式呼吸辅助肌电生物反馈中的心率变异性 [J]. 中国神经精神疾病杂志，2010（6）：370-372.

22. LIN G，XIANG Q，FU X，WANG S，WANG S，CHEN S，SHAO L，ZHAO Y，WANG T. Heart rate variability biofeedback decreases blood pressure in prehypertensive subjects by improving autonomic function and baroreflex[J]. J Altern Complement Med，2012，18（2）：143-152.

23. 陈思娟，汪胜，林桂平，孙鹏，李平，赵妍，王庭槐 . 心率变异性生物反馈对高血压前期患者应激反应的干预效果 [J]. 热带医学杂志，2012（1）5：562-565.

24. WU Q，CAO M，WANG T，JIANG P，ZHOU K. Downregulation of cAMP response element-binding protein by lentiviral vector-mediated RNAi attenuates morphine withdrawal syndromes in rats[J]. Behav Brain Res，2012，233（1）：217-23.

25. CAO M，LIU F，JI F，LIANG J，LIU L，WU Q，WANG T. Effect of c-Jun N-terminal kinase（JNK）/p38 mitogen-activated protein kinase（p38 MAPK）in morphine-induced tau protein hyperphosphorylation[J]. Behav Brain Res，2013，237（1）：249-255.

26. 汪胜，王庭槐 . 脑功能磁共振信号生物反馈技术的研究进展 [J]. 中国实用神经疾病杂志，2013（10）：99-102.

27. SUN P，ZHOU K，WANG S，LI P，CHEN S，LIN G，ZHAO Y，WANG T. Involvement of MAPK/NF-κB signaling in the activation of the cholinergic anti-inflammatory pathway in experimental colitis by chronic vagus nerve stimulation[J]. PLoS One，2013，8（8）：e69424.

28. WANG S，ZHAO Y，CHEN S，LIN G，SUN P，WANG T. EEG biofeedback improves attentional bias in high trait anxiety individuals[J]. BMC Neurosci，2013，14：115.

29. 王庭槐，陈思娟，孙鹏，汪胜，林桂平 . Effects of heart rate variability biofeedback on cardiovascular responses andautonomic sympa-thovagal modulation following stressor tasks in prehypertensives[C]// 中国生理学会 . 中国生理学会第 24 届全国会员代表大会暨生理学学术大会论文汇编 . 北京：中国生理学会，2014：288.

30. LI P，LIU H，SUN P，WANG X，WANG C，WANG L，WANG T. Chronic vagus nerve stimulation attenuates vascular endothelial impairments and reduces the inflammatory profile via inhibition of the NF-κB signaling pathway in ovariectomized rats[J]. Exp Gerontol，2016，74：43-55.

31. LI P，ZHOU K，LI J，XU X，WANG L，WANG T. Acetylcholine suppresses LPS-induced endothelial cell activation by inhibiting the MAPK and NF-κB pathways[J]. Eur Cytokine Netw，2022，33（4）：79-89.

32. 谭静仪，许晓丹，李劼昊，王庭槐，董雪 . VR 生物反馈实验室的建设与应用 [J]. 科技风，2023（16）：66-68.

（四）早期科研探索与其他生理基础研究

1. 王庭槐 . 左旋精氨酸抑制血管紧张素Ⅱ诱导培养心肌细胞的肥大反应 [J]. 生理学通报，1996，13（2）：9-14.

2. 王庭槐，朱小南，潘敬运 . 动脉血压在肾性高血压大鼠心肌 α- 和 β 肌球

蛋白重链基因表达中的作用 [J]. 中国心血管杂志，1997（1）：5-7.

3. 王庭槐 . 急性失血 / 再灌注及补充 VitE 后血清及肾脏脂质过氧化物的变化 [J]. 生理通讯，1998（18）：148-149.

4. 黄如训，李玲，王庭槐，苏庆杰，苏镇培，曾进胜，陈燕奎 . 脑活素抗局灶脑缺血再灌流损伤的实验研究 [J]. 中国神经精神疾病杂志，1998（6）：339-341.

5. 王庭槐，朱小南，林桂平 . 鹰蛇巴戟方生理功效的研究 . 全球远程医疗与国际东西方医学研究，1999（2）：1147-1148.

6. 吴滨，王庭槐，朱小南，潘敬运 . 内皮素 -1 对培养新生大鼠心肌细胞原癌基因 c-fos 表示的诱导 [J]. 生理学报，1999，51（1）：19-24.

7. 詹昌德，王庭槐，潘敬运 . 内源性一氧化氮在高血压心肌肥厚中的作用 [J]. 中国应用生理学杂志，1999，15（2）：100-103.

8. 王庭槐，吴滨，朱小南，潘敬运 . 内皮素对培养心肌细胞内游离钙浓度的作用 [J]. 生理学报，1999，51（4）：391-396.

9. 詹昌德，王庭槐，潘敬运 . 内皮型一氧化氮合酶基因在大鼠心肌细胞和非心肌细胞中的表达 [J]. 基础医学与临床，1999，19（6）：27-31.

10. 王庭槐，洪华，黄如训 . 中风后的言语和情感障碍研究 [J]. 河南实用神经疾病杂志，2000，3（1）：13-15.

11. 洪华，王庭槐 . 万拉法新治疗中风后抑郁状态 30 例分析 [J]. 中国神经精神疾病杂志，2000，26（6）：363-364.

12. 洪华，黄如训，王庭槐，王艺东 . 脑卒中后抑郁大鼠模型的建立 [J]. 中国临床康，2002，6（9）：1266-1267.

13. 洪华，黄如训，王庭槐，王艺东 . 脑出血失语症 84 例相关影响因素分析 [J]. 中国临床康复，2002，6（11）：1566-1567.

14. 谈智，陈建文，潘敬运，王庭槐 . Caveolin-1 在内皮素 -1 诱导血管平滑肌细胞增殖中的作用 [J]. 中国病理生理杂志，2004，20（4）：528-531.

15. 黄勤，王庭槐 . 心肌细胞 caveolin-3 的相关信号转导 [J]. 国际病理科学与临床杂志，2005，25（4）：297-230.

16. 刘海梅，王庭槐．小窝蛋白在心血管系统中的作用 [J]. 新医学，2006，37（5）：345-347.

17. 许研，李岷雯，王庭槐．Caveolin-3 与高血压心肌肥大 [J]. 生理科学进展，2006，37（3）：269-272.

18. 林子洪，胡婧晔，许环亲，杨惠玲，王庭槐．电磁辐射对学习和记忆功能的影响 [J]. 广东医学，2006，27（10）：1572-1574.

19. 潘虹，王庭槐．内皮细胞 caveolae，caveolin-1 的生理功能 [J]. 医学综述，2006（22）：1345.

20. 刘海梅，王庭槐．Caveolin-1 与血管平滑肌细胞信号转导 [J]. 生理科学进展，2007，38（3）：258-260.

21. 穆攀伟，王庭槐．曾龙驿．Caveolae 和胰岛素信号转导 [J]. 国际内科学杂志，2007，34（8）：479-482.

22. 向秋玲，林桂平，徐进文，王庭槐．小容量 HSH 快速抢救失血性休克家兔的效果以及对其心肝肾脏功能的影响 [J]. 中国急救医学，2008（12）：1090-1094.

23. 吴克蓉，王庭槐，邱卫红，陈少贞．流利型失语症患者名词词组的使用特征与命名能力的关系 [J]. 中国实用神经疾病杂志，2008，11（8）：1-4.

24. 向秋玲，黄应雄，余健文，张曼，王庭槐．金雀异黄素对大鼠胸主动脉舒张功能的影响及其机制 [J]. 中华老年心脑血管病杂志，2008，10（8）：617-619.

25. 李丽，王淑珍，王庭槐．海马 N 甲 - 基 -D- 天冬氨酸受体与学习记忆关系的研究进展 [J]. 医学综述，2009（10）：1452-1455.

26. 徐进文，周科文，付晓东，向秋玲，蒋萍，郑淑慧，王庭槐．脂多糖对去势大鼠血脂与糖代谢的影响 [C]// 中国生理学会．中国生理学会第八届全国青年生理学工作者学术会议论文摘要．北京：中国生理学会，2009：1.

27. Chen Y，Cui Y，Lin JW，Xiang QL，Liu WF，Wang TH. Modulatory role of estradiol in nicotinic antinociception in adult female rats[J]. Life Sci，2009，85（1-2）：91-96.

28. 潘虹，王庭槐，马春蕾，蒋淑君，MKP-1 在 E_2 抑制 ET-1 诱导的心肌肥大反应中的调控作用 [C]// 中国生理学会 . 中国生理学会第 23 届全国会员代表大会暨生理学学术大会论文摘要文集 . 北京：中国生理学会，2010：272.

29. 许小洋，凌丹，王淑珍，王庭槐 . 大学生高血压前期的检出率及相关因素分析 [J]. 现代预防医学，2010（18）：3401-3404，3409.

30. 黄妙琼，冯航，陈仲伟，王庭槐 . 肌电生物反馈在下颌后缩畸形的生长改良治疗中的作用 [J]. 中华医学美学美容杂志，2010（4）：9.

31. 张亚星，李安飞，徐静婷，曹娅麟，游昕超，周科文，王庭槐 . 新型气体分子氢气对心脏肥厚的保护效应研究进展 [J]. 中国动脉硬化杂志，2013（9）：I83.

32. 张亚星，王庭槐 . 氢气（H2）的血管保护效应及其研究进展 [J]. 心脏杂志，2014（3）：348-352.

33. 徐静婷，曹娅麟，郑文晖，张亚星，王玲，王庭槐 . 加减 — 阴煎改善去势大鼠内皮功能紊乱 [J]. 中国病理生理杂志，2015（6）：1008-1013.

34. ZHANG Y X，XU J T，YOU X C，WANG C，ZHOU K W，LI P，SUN P，WANG L，WANG T H. Inhibitory effects of hydrogen on proliferation and migration of vascular smooth muscle cells via down-regulation of mitogen/activated protein kinase and ezrin-radixin-moesin signaling pathways[J]. Chin J Physiol，2016，59（1）：46-55.

35. ZHANG Y，XU J，LONG Z，WANG C，WANG L，SUN P，LI P，WANG T. Hydrogen（H2）inhibits isoproterenol-induced cardiac hypertrophy via antioxidative pathways[J]. Front Pharmacol，2016，7：392.

36. MU P W，JIANG P，WANG M M，CHEN Y M，ZHENG S H，TAN Z，JIANG W，ZENG L Y，WANG T H. Oestrogen exerts anti-inflammation via p38 MAPK/NF-κB cascade in adipocytes[J]. Obes Res Clin Pract，2016，10（6）：633-641.

37. ZHANG Y，LONG Z，XU J，TAN S，ZHANG N，LI A，WANG L，WANG T. Hydrogen inhibits isoproterenol-induced autophagy in cardiomyocytes in

vitro and in vivo[J]. Mol Med Rep，2017，16（6）：8253-8258.

38. ZHANG Y，TAN S，XU J，WANG T. Hydrogen therapy in cardiovascular and metabolic diseases: from bench to bedside[J]. Cell Physiol Biochem，2018，47（1）：1-10.

39. NAFISA A，GRAY S G，CAO Y，WANG T，XU S，WATTOO F H，BARRAS M，COHEN N，KAMATO D，LITTLE P J. Endothelial function and dysfunction: Impact of metformin. Pharmacol Ther，2018，192：150-162.

40. TAN S，LONG Z，HOU X，LIN Y，XU J，YOU X，WANG T，ZHANG Y. H2 protects against lipopolysaccharide-induced cardiac dysfunction via blocking TLR4-mediated cytokines expression[J]. Front Pharmacol，2019，10：865.

三、医学教育

（一）“三早”

1. 97 级 16 班临床医学系本科生，王庭槐 . 实验生理科学：探索性实验论文集 [C]. 广州：中山医科大学，1997.

2. 98 级 1 班临床医学系本科生，王庭槐 . 实验生理学学生实验设计：探索性实验论文集 [C]. 广州：中山医科大学，1998.

3. 99 级 2 班临床医学本科生，王庭槐 . 现代生理学实验教学中学生创新思维和能力培养的教育方法研究项目学生论文集 [C]. 广州：中山大学中山医学院，1999.

4. 00 级 1 班临床医学本科生，王庭槐 . 现代生理学实验教学中学生创新思维和能力培养的教育方法研究项目学生论文集 [C]. 广州：中山大学中山医学院，2000.

5. 01 级 1 班临床医学本科生，王庭槐 . 现代生理学实验教学中学生创新思维和能力培养的教育方法研究项目学生论文集 [C]. 广州：中山大学中山医学

院，2001.

6. 02 级 1 班临床医学本科生，王庭槐 . 现代生理学实验教学中学生创新思维和能力培养的教育方法研究项目学生论文集 [C]. 广州：中山大学中山医学院，2002.

7. 03 级 1 班临床医学本科生，王庭槐 . 现代生理学实验教学中学生创新思维和能力培养的教育方法研究项目学生论文集 [C]. 广州：中山大学中山医学院，2003.

8. 04 级临床医学长学制学生，王庭槐 . 现代生理学实验教学中学生创新思维和能力培养的教育方法研究项目学生论文集 [C]. 广州：中山大学中山医学院，2004.

9. 王庭槐，付晓东，李永勇 . 生理学课程结合早期接触临床教学方法的探索 [J]. 中国高等医学教育，2004（6）：57-58.

10. 王庭槐，王淑珍，张晓珠，黄坚，陈慧 . “三早教育”在我校医学教育中的实施与成效 [J]. 医学教育探索，2004，3（2）：17-19.

11. 05 级 1 班临床医学长学制学生，王庭槐 . 现代生理学实验教学中学生创新思维和能力培养的教育方法研究项目学生探索性实验论文集 [C]. 广州：中山大学中山医学院，2005.

12. 06 级临床医学八年制学生，王庭槐 . 现代生理学实验教学中学生创新思维和能力培养的教育方法研究项目学生论文集 [C]. 广州：中山大学中山医学院，2006.

13. 戴冽，吴毅梅，郑东辉，王庭槐 . 181 名低年级医学生预见习的现状调查及教学方式初探 [J]. 中国高等医学教育，2007（11）：48-49.

14. 蒋萍，王庭槐 . 医学生早期接触科研是创新思维和创新能力培养的有效途径 [J]. 中华医学教育杂志，2008，28（3）：60-63.

15. 王庭槐 . 坚持“早正严实”教学指导原则着力培养合格临床医生 [J]. 中华医学教育杂志，2010（6）：828-830.

16. 戴冽，郑东辉，莫颖倩，吴毅梅，许冰，王庭槐 . 以问题为基础学习教学方法在低年级医学生预见习带教中的应用 [J]. 中华医学教育杂志，2010

(3)：411-413.

17. 王庭槐 . 十年磨一剑，剑无不利？万人射一招，招无不中 ![J]. 高校医学教学研究，2012（4）：32-35.

（二）医学教学改革

1. 周纯，王庭槐，黄如训 . 医学信息网络系统的实现及其发展 [J]. 医学情报工作，1995，16（5）：27-31.

2. 张锡源，王庭槐 . 通过评估促进实验室管理再上新台阶 [J]. 高教探索，1996（1）：69-71.

3. 王庭槐 . 办好学习园地，丰富学生第二课堂 [J]. 中山大学学报论丛，1997（增刊）：56.

4. 王庭槐，潘敬运 . 高等医学本科教学内容和课程体系改革刍议 [J]. 中国高等医学教育，1999（2）：46-47.

5. 张志方，王庭槐，姚愈忠，刘甘泉，潘敬运，冯鉴强，许实光 . 机能学实验“三合一”教改对生理学课程教学的影响和对策 [J]. 中山医科大学学报（社科版），2000（1）：87-89.

6. 张志方，王庭槐，潘敬运，姚愈忠，许实光，刘甘泉 . 谈高等院校教研室教学工作的管理 [J]. 山西教育学院学报，2000，3（2）：52-54.

7. 张志方，王庭槐，王竹立，冯鉴强，许实光，刘甘泉 . 培养医学生科研能力的一种新方法 [J]. 基础医学教育，2000，2（2）：150-151.

8. 王庭槐，潘敬运 . 二十一世纪医学教育模式彻底转变的展望 [J]. 医学教育，2000（1）：7.

9. 王庭槐，阙迪文 . 发展远程医学教育、构筑信息驱动下的终身学习体系 [J]. 医学信息，2001，6（14）：300-301.

10. 陈克敏，林明栋，王竹立，马志楷，王庭槐，陈汝筑 . 机能学科实验改革的探讨 [C]// 中国生理学会 . 中国生理学会第 21 届全国代表大会暨学术会议论文摘要汇编 . 北京：中国生理学会，2002：278.

11. 王庭槐，徐远通，陈慧 . 内抓质量，外塑品牌 [J]. 中国大学教学，2003

（12）：16-17.

12. 黄晴珊，王庭槐，王长希 . 医学文献检索课引进循证医学教学内容的构思 [J]. 循证医学，2004，4（4）：228-230.

13. 靳亚非，唐安丽，王业松，柳俊，马虹，王庭槐，陶军 . 一种定位分组导联体系化的心电图解析教学新方法 [J]. 中国医学教育技术，2004（2）：93-95.

14. 王淑珍，尹小川，肖海鹏，张晓珠，王庭槐 . 教师教学质量评估结果分析 [J]. 西北医学教育，2004（1）：27-28.

15. 王庭槐，王淑珍，肖海鹏，陈琼珠，张晓珠 . 以评促建以评促改构建长学制医学教育新平台 [J]. 医学教育，2004（4）：3-5.

16. 王庭槐，王淑珍 . 全球医学教育最低标准与课程改革的思考 [J]. 西北医学教育，2005（2）：116-118.

17. 王庭槐 . 英国综合性大学医学教育管理体制与运行机制的研究 [J]. 医学教育，2005（1）：84-90.

18. 王庭槐，面向未来培养卫生职业人才：第十一届渥太华医学教育会议概述 [J]. 医学教育，2005（3）：95-96.

19. 王淑珍，王庭槐，肖海鹏，王连唐 . 医学生参与“文理医名师讲座”的调查分析 [J]. 医学教育探索，2005（4）：221-222，225.

20. 王庭槐，黄晴珊，朱伟丽 . 从全球医学教育最低标准看高校信息素质教育 [J]. 医学信息杂志，2007（1）：88-90.

21. 王淑珍，王庭槐，吴素香 . 中山大学建设医学人文学科教育平台的实践与思考 [J]. 中华医学教育杂志，2007，27（3）：31-32，76.

22. 王庭槐，王淑珍，陈琼珠 . 八年制临床医学专业“243”型课程体系的构建与实施 [J]. 中山大学学报论丛，2007（3）：1-3.

23. 王庭槐，王淑珍，周慧明，王连唐，熊惠萍 . 构建综合性大学“243”型课程体系与医学创新人才培养模式的实践与思考 [J]. 中华医学教育杂志，2008（5）：5.

24. 周慧明，周花，张友元，王庭槐 . 关于八年制临床医学教育的认识与思考 [J]. 中华医学教育杂志，2009（4）：32-34.

25. 穆攀伟，王庭槐，曾龙驿，彭朝权，张国超，陈燕铭，邹丽媛，傅静奕，许海霞，王曼曼，舒同．两种带教方式在内科见习教学的比较和体会 [J]. 中国高等医学教育，2009（7）：9-10.

26. 戴冽，吴毅梅，陈琼珠，王庭槐．实习生在内科临床技能考核比赛中的表现分析 [J]. 医学教育探索，2009，8（3）：253-255.

27. 穆攀伟，王庭槐，曾龙驿，张国超，陈燕铭．PBL 在内分泌科见习教学中的应用 [J]. 中国高等医学教育，2009（2）：13-15.

28. 向秋玲，王淑珍，余菁，王庭槐．香港中文大学与中山大学医学教育课程教学的比较 [J]. 医学教育探索，2010（8）：1015-1018.

29. 李易娟，黄越芳，庄思齐，马华梅，杜敏联，古玉芬，蒋小云，王庭槐．提高儿科学双语教学质量的实践与探索 [J]. 中华医学教育杂志，2010（3）：399-401.

30. 王庭槐，王淑珍，陈慧．中山大学医学本科教育国际化的探索与实践 [J]. 中国大学教学，2010（10）：27-29.

31. 穆攀伟，王庭槐，曾龙驿，王淑珍，陈晓萍，舒冏，王曼曼．在医学教育中引入以团队为基础的教学模式 [J]. 中国高等医学教育，2011（1）：55-56.

32. 陈琼珠，肖海鹏，王庭槐，韩建民，梁玲．以临床能力为导向的临床实践课程体系的构建与实施 [J]. 中华医学教育杂志，2011（5）：753-755.

33. 王淑珍，王庭槐，肖海鹏，周花，周慧明．全程培养与塑造医学生专业素质的探索与实践 [J]. 中华医学教育杂志，2011（3）：351-354.

34. 穆攀伟，崔冠红，王庭槐，曾龙驿，王淑珍，周汉建，林文晖，陈晓萍．角色互换模拟教学方法在病历书写教学中的应用 [J]. 中华医学教育杂志，2011（2）：227-229.

35. 周花，王庭槐，肖海鹏，周慧明，王连唐，王淑珍，熊惠萍，梁玲，林琳，肖萍．以教学“三赛”促进本科医学教学质量整体提高的实践与成效 [J]. 中华医学教育杂志，2011（2）：174-175，198.

36. 于双成，王庭槐，吴运涛，孙亚男．培养医学生的科研能力：解析美国医学院校的项目教学 [J]. 中国高等医学教育，2012（6）：8-9.

37. 肖海鹏，王淑珍，王庭槐，刘鹏图，青永红，周慧明．应用信息技术推进医学教育教学的实践与思考 [J]. 中华医学教育探索杂志，2012（6）：620-623.

38. 朱向辉，洪滨，陈杰雄，陈结玲，郑敏纤，王庭槐．以职业胜任力为目标加强医院临床教学管理 [J]. 高校医学教学研究，2012（4）：4-6.

39. 穆攀伟，肖海鹏，王淑珍，王庭槐，梁玲，邹丽媛，陈晓萍，汤美安．与国家执业医师考试接轨的毕业考试实施与体会 [J]. 中国高等医学教育，2013（8）：73-74.

40. 王晓雨，李平，王庭槐．可汗学院：一个典型的 MOOC[J]. 高校医学教学研究，2013（4）：45-53.

41. 周慧明，肖海鹏，肖萍，周花，王庭槐，吴忠道，王淑珍，张晋昕，董丽明．高等学校医科教师教学绩效考量路径探析 [J]. 中华医学教育探索杂志，2013（3）：264-268.

42. 肖萍，肖海鹏，王庭槐，周慧明，冼利青，王淑珍，武双鑫，熊惠萍．依托综合性大学优势，开设文理医融合系列讲座促进医学生人文素质教育 [J]. 高校医学教学研究，2013（3）：52-56.

43. 易小江，陈创奇，李玉杰，杨正飞，王庭槐．在高等医学院校开设灾难医学课程的探讨 [J]. 高校医学教学研究，2013（2）：12-14.

44. 王淑珍，肖海鹏，王庭槐，周慧明，王连唐．中山大学卓越医师教育培养计划的实践与成效 [J]. 中华医学教育杂志，2013（2）：183-184，187.

45. 罗亮，王庭槐．CBL 在重症医学临床教学中的实践应用 [J]. 高校医学教学研究，2013（2）：34-37.

46. 周慧明，肖萍，王庭槐，肖海鹏，张晋昕，王淑珍，周花．构建高等学校本科新建专业综合评价指数与认证体系研究 [J]. 中国高等医学教育，2013（1）：48-50.

47. 罗亮，王庭槐．一例急性脓胸并呼吸衰竭患者的临床教学 [J]. 高校医学教学研究，2014（3）：23-26.

48. 周慧明，林琳，肖萍，王淑珍，王庭槐．医学生人文特质教育实践与探索 [J]. 高校医学教学研究，2014（3）：49-53.

49. 林琳，周慧明，梁玲，王庭槐．试论我国五年制临床医学教育的现状和改革的探索 [J]. 中国高等医学教育，2014（8）：40-41.

50. 王淑珍，肖海鹏，王庭槐．全面推进临床医学教育综合改革 [J]. 中国高等教育，2014（Z3）：29-32.

51. 王庭槐，李平，刘鹏．在线开放教育时代 MOOC 课程制作及平台选择 [J]. 医学教育管理，2015（1）：63-69.

52. 肖萍，武双鑫，周慧明，吴忠道，王庭槐．大学生军训期间开展心肺复苏培训的实践与效果分析 [J]. 基础医学教育，2015（8）：720-722.

53. 王淑珍，肖海鹏，王庭槐，严励．中山大学提高医学生实践教学质量的实践与成效 [J]. 医学教育管理，2015（2）：142-145，158.

54. 周梦洁，周旭毓，周纯，王庭槐．大数据环境下信息管理专业课程设计的思考：以中山大学新华学院资讯管理专业为例 [J]. 高校医学教学研究，2016，6（1）：3-8.

55. 王庭槐．“激越四段式”教学法 [J]. 高校医学教学研究，2017，7（3）：14-16.

56. 侯洵，王庭槐．欧洲医学教育联盟年会的概况及启示 [J]. 高校医学教学研究，2017，7（4）：7-11.

57. 王庭槐，王栋慧，尹小川，李小梅，蔡舒钏．独立学院优秀人才培养模式探索：中山大学新华学院逸仙新华班的建设与改革经验 [J]. 中国高校科技，2018（10）：55-58.

58. 王淑珍，戴冽，蒋小云，穆攀伟，王庭槐．以团队为基础的教学在医学教育教学中的探索与实践 [J]. 高校医学教学研究，2018，8（6）：3-6.

59. 王晓雨，龙芷源，曹越，王庭槐．TBL 教学中如何做好教辅工作 [J]. 高校医学教学研究，2018，8（3）：52-56.

60. 徐静婷，曹娅麟，张亚星，刘鹏，王庭槐．“四段式交互小组讨论教学”在生理实验课程中的应用 [J]. 中国高等医学教育，2018（4）：91-92.

61. 罗自强，冯丹丹，王庭槐，管茶香，肖玲．全国高校生理学微课教学比赛的组织与思考 [J]. 基础医学教育，2019，21（12）：985-988.

62. 周梦洁，王庭槐 . 面向新时代的医学文献检索课程“激越四段式”教学法 [J]. 高校医学教学研究，2021，11（5）：8-12.

63. 穆攀伟，谭莺，陈晓萍，刘雅芳，王庭槐，陈燕铭，王淑珍，尉秀清 .“激越四段式”教学法在线上授课的初步探讨 [J]. 高校医学教学研究，2022，12（2）：11-15.

（三）教改实践

1. 王庭槐 . 生理学实验课教学的探索和尝试 [J]. 高教探索，1987（2）：56-57.

2. 王庭槐 . 采用录像实现生理实验教学的双向同步反馈 [J]. 中国高等医学教育，1993（3）：28-33.

3. 王庭槐，潘敬运，詹澄杨，吴志澄 . 电教录像对生理学实验教学效果之影响 [J]. 中国高等医学教育，1994（5）：33-35.

4. 王庭槐 . 生理实验课的课题准备式预习和实验前交流答辩式讨论 [J]. 医学教育，1995（8）：32-33.

5. 王庭槐，詹澄扬，潘敬运，许实光，姚愈忠 . 新型生理学实验课教学模式探索 [J]. 中国高等医学教育，1995（4）：25-27.

6. 王庭槐 . 生理学实验教学中学生技能和智能的培养 [J]. 中山医科大学学报，1996（1）：40-44.

7. 王庭槐，潘敬运 . 跨世纪人才培养中生理学课程的建设和实践 [J]. 医学教育，1996（1）：26-28.

8. 王庭槐 . 心血管活动的神经体液调节 [J]. 生理学实验指导，1996（7）：84-86.

9. 王庭槐 . 期前收缩和代偿间歇 [J]. 生理学实验指导，1996（7）：63-65.

10. 王庭槐 . 从生理实验教学谈医学生智能的培养 [J]. 汕头大学医学院学报，1996（2）：101-103.

11. 王庭槐，潘敬运，程世斌，王竹立，任俊 . 开放型实验教学方式的实践与探索 [J]. 医学教育，1996（6）：33-35.

12. 王庭槐．生理学实验教学改革及问卷调查 [J]. 中山大学学报论丛，1997（4）（下）：85.

13. 王庭槐．生理学实验教学改革的思路和实践 [J]. 中山医科大学学报（社科版），1998（增刊）：15.

14. 王庭槐．指导学生设计并完成实验的尝试 [J]. 西北医学教育，1998（增刊）：1.

15. 王庭槐．开放生理实验室：医学生自由、主动、创新学习的教学基地 [C]// 全国高等学校实验教学改革文集．1998：74-76.

16. 王庭槐，潘敬运．高等医学本科教学内容和课程体系改革刍议 [J]. 中国高等医学教育，1999（2）：46-47.

17. 张志方，王竹立，王庭槐，唐二虎，张静，程世斌，张劫，许实光，刘甘泉．开展探索性实验教学培养学生的综合素质 [J]. 西北医学教育，1999，17（2）：56.

18. 王庭槐．面向临床的生理学教学改革 [J]. 中山医科大学学报（社科版），1999（4）：70-73.

19. 张志方，王庭槐，许实光，冯鉴强，刘甘泉．结合学科科研优势，在生理学教学中强化医学生科研能力培养 [J]. 中国高等医学教育，1999（2）：50-51.

20. 王庭槐．利用实验教学的优势加强学生科研能力的培养 [J]. 中国医学教育研究进展，1999（6）：246-247.

21. 王庭槐，林士程．生理学《心肌细胞动作电位》多媒体课件的创作 [J]. 医学信息，2000，13（9）：487-488.

22. 王庭槐，林士程，张志方，潘敬运．应用计算机技术实现医学生理学的主动自适应动态学习过程 [J]. 医学信息，2000（8）：418-420.

23. 陈克敏，王竹立，林明栋，许实光，肖建初，马志楷，王庭槐，张友源．创建一门跨学科多层次生理科学实验课的探索 [J]. 实验技术与管理，2000（4）：14-17.

24. 张志方，王庭槐，刘甘泉，许实光，潘敬运，姚愈忠，林文健．生理学课程教学效果和课程安排的调查分析 [C]// 山东省医学伦理学学会．山东省医学伦理学学会第一次学术年会论文集．济南：山东省医学伦理学学会，2000：193-195.

25. 张志方，王庭槐，王竹立，冯鉴强，许实光，刘甘泉．培养医学生科研能力的一种新方法 [J]. 山西医科大学学报（基础医学教育版），2000（2）：150-151.

26. 王庭槐，林士程．应用 Learning Space 4 实现生理学的远程教育 [J]. 医学信息，2001，14（5）：242-244.

27. 王庭槐，林士程，李永勇，潘敬运．实现生理学实验课教学效果的快捷量化评估 [J]. 中国高等医学教育，2002（1）：47-48.

28. 陈克敏，林明栋，王竹立，马志楷，王庭槐，陈汝筑．机能学科实验教学创新教育的探索与实践 [J]. 中山大学学报论丛，2003（3）：21-25.

29. 王庭槐．传承创新，努力建设生理学精品课程 [C]// 中国生理学会．中国生理学会第八届全国生理学教学研讨会论文摘要汇编．北京：中国生理学会，2005：10-15.

30. 王庭槐．网络信息环境下生理学信息资源的开发与利用 [J]. 中国医学教育技术，2005，19（1）：1-5.

31. 王庭槐，耿艺介，林桂平．生物反馈技术在生理学实验教学中的应用效果分析 [J]. 医学教育，2005（2）：62-64.

32. 林桂平，向秋玲，王淑珍，王庭槐．虚拟实验及其在生理学教学中的应用 [J]. 医学教育探索，2007（10）：948-950.

33. 王庭槐．中山医实验生理教学改革三十年回顾 [C]// 湖南省生理科学会．中南地区第八届生理学学术大会论文摘要汇编．长沙：湖南省生理科学会，2012：137.

34. 魏媛媛，李俊红，王丽凤，蒙克嘎勒，吴桂霞，王庭槐．新疆少数民族班生理学教学的探讨和实践 [J]. 高校医学教学研究，2013（2）：19-22.

35. 徐静婷，张亚星，王玲，孙鹏，王庭槐．TBL 教学模式在生理学课程中的应用效果 [J]. 高校医学教学研究，2013（3）：41-45.

36. 徐静婷，张亚星，冯懿菁，徐媛媛，王庭槐．“线上四段式”教学在生

理学课程中的实践与思考 [J]. 教育现代化，2019，6（23）：93-94，96

37. YANG DY，CHENG SY，WANG SZ，WANG JS，KUANG M，WANG TH，XIAO HP. Preparedness of medical education in China：Lessons from the COVID-19 outbreak[J]. Med Teach，2020，42（7）：787-790.

38. 王静，徐静婷，王庭槐 . "线上激越四段式" 教学在生物医学信号处理课程中的应用研究 [J]. 医疗卫生装备，2020，41（10）：82-86.

39. 王庭槐，许晓丹，李劼昊 . 疫情防控背景下 "线上激越四段式" 教学法的实践与探索 [J]. 生理学报，2020，72（6）：716-723.

四、科普与杂文

（一）医学人文

1. 王庭槐，吴一龙，黄梓材 . 禁不住的真理之光：哈维血液运行学说创造的过程及其启示 [J]. 医学与哲学，1981（2）：28-31.

2. 中山医学院 "疾病观" 写作组 . 疾病论（连载）：关于疾病的本质、发生原因及规律 [J]. 医学与哲学，1982（1）：44-46.

3. 中山医学院 "疾病观" 写作组 . 疾病论（续一）：关于疾病的本质、发生原因及规律 [J]. 医学与哲学，1982（2）：46-47.

4. 中山医学院 "疾病观" 写作组 . 疾病论（续二）：关于疾病的本质、发生原因及规律 [J]. 医学与哲学，1982（3）：43-44.

5. 中山医学院 "疾病观" 写作组 . 疾病论（续三）：关于疾病的本质、发生原因及规律 [J]. 医学与哲学，1982（4）：46-47.

6. 中山医学院 "疾病观" 写作组 . 疾病论（续四）：关于疾病的本质、发生原因及规律 [J]. 医学与哲学，1982（5）：45-47.

7. 中山医学院 "疾病观" 写作组 . 疾病论（续五）：关于疾病的本质、发生原因及规律 [J]. 医学与哲学，1982（6）：45-46.

8. 中山医学院 "疾病观" 写作组 . 疾病论（续六）：关于疾病的本质、发生

原因及规律 [J]. 医学与哲学，1982（7）：45-46.

9. 中山医学院“疾病观”写作组 . 疾病论（续完）：关于疾病的本质、发生原因及规律 [J]. 医学与哲学，1982（8）：41-42.

（中山医学院“疾病观”写作组成员：简志瀚、李来发、王庭槐、吴一龙、黄梓材、李谛、林捎）

10. 王庭槐 . 怎样当好实习生 [J]. 中国医学生，1982（3）：19-20.

11. 王龙 . 学会解多选题 [J]. 中国医学生，1983（5）：34-35.

12. 王龙 . 高尚的职业要求我们（介绍 Hufeland 氏《医德十二箴言》）[J]. 中国医学生，1983（6）：23-24.

13. 王庭槐，吴一龙，黄若盘 . 新型医患关系的模式探讨 [J]. 医学与哲学，1983（2）：41.

14. 一槐 . 鲁迅先生写给一位医学生的诗 [J]. 中国医学生，1984（3）：37.

15. 吴一龙，王庭槐 . 转座理论的产生及其评价 [J]. 医学与哲学（人文社会医学版），1984（8）：8-11.

16. 吴一龙，王庭槐 . 建立单克隆抗体技术的方法论 [J]. 医学与哲学（人文社会医学版），1986（6）：16-18.

（二）医学科普

1. 王庭槐 . 观察前负荷对肌肉收缩影响的实验设计 [J]. 中国医学生，1985（5）：11-12.

2. 王一悟 . 母爱 · 爱情 · 健康 [J]. 家庭医生，1985（1）：16-17.

3. 王一悟 . 摸脉诊病知多少 [J]. 家庭医生，1985（8）：26-27.

4. 王一悟 . 漫说梦游 [J]. 家庭医生，1985（9）：38-39.

5. 王庭槐 . 别具风味的“过桥米线”[J]. 家庭医生，1985（10）：46.

6. 王梦槐 . 当她打开电冰箱的时候 [J]. 家庭医生，1985（11）：45.

7. 王梦槐 . 生日礼物 [J]. 家庭医生，1985（12）：36.

8. 王梦槐 .“鬼魂”帮我赶小偷 [J]. 家庭医生，1986（2）：48.

9. 王庭槐 . 胃肠道激素与疾病 [J]. 中国医学生，1986（6）：14-16.

10. 一悟．消化散敷脐治疗小儿厌食症（共四篇）[J]. 家庭医生，1986（9）：46.

11. 王一悟．理发店的奇怪标志与放血疗法 [J]. 家庭医生，1986（4）：38.

12. 王一悟．“以毒攻毒”的启示 [J]. 家庭医生，1986（6）：13.

13. 龙槐．家庭美学探秘：访广州美学院院长郭绍纲 [J]. 家庭医生，1986（6）：9-11.

14. 王一悟．劝君夏日饮热茶 [J]. 家庭医生，1986（7）：19.

15. 王一悟．生命，经过九十年 [J]. 家庭医生，1986（9）：38-39.

16. 王一悟．征服“爱滋病”指日可望 [J]. 家庭医生，1986（11）：23.

17. 王梦槐．哺乳期母亲的生理和饮食 [J]. 家庭医生，1987（3）：30-31.

18. 王梦槐．是“小皇帝”也是“小囚徒”[J]. 家庭医生，1987（4）：36-37.

19. 王一悟．习惯与健康 [J]. 家庭医生，1987（4）：14.

20. 王一悟．习惯与健康（2）[J]. 家庭医生，1987（5）：22.

21. 王一悟．习惯与健康（3）[J]. 家庭医生，1987（6）：17.

22. 王一悟．习惯与健康（4）[J]. 家庭医生，1987（7）：16-17.

23. 王一悟．习惯与健康（5）[J]. 家庭医生，1987（8）：43.

24. 王一悟．习惯与健康（6）[J]. 家庭医生，1987（9）：17.

25. 王庭槐．张景岳妙药巧取针 [J]. 家庭医生，1990（3），24-26.

26. 王庭槐．死亡的标准 [J]. 家庭医生，1990（5）：24-28.

27. 王一悟．习惯与健康 [J]. 家庭医生，1990（6）：19.

28. 王一悟．习惯与健康 [J]. 家庭医生，1990（7）：13.

29. 王庭槐．古方探秘：贝母二冬膏与沙参麦冬汤 [J]. 家庭医生，1990（7）：47.

30. 王一悟．习惯与健康 [J]. 家庭医生，1990（8）：17.

31. 郑彦云，王庭槐．基本国策的两翼：访卫生部科技司副司长秦新华 [J]. 家庭医生，1990（9）：2-4.

32. 王一悟．习惯与健康 [J]. 家庭医生，1990（9）：14.

33. 王一悟．习惯与健康 [J]. 家庭医生，1990（10）：18.

34. 王一悟 . 习惯与健康 [J]. 家庭医生，1990（11）：46.

35. 王庭槐 . 谷肉果菜 食养尽之 [J]. 家庭医生，1990（11）：47.

36. 王庭槐 . 习惯与健康 [J]. 家庭医生，1990（12）：24-25.

37. 王一悟 . 进补话燕窝 [J]. 家庭医生，1991（1）：13.

38. 一悟 . 哪个指头最重要 [J]. 家庭医生，1991（2）：34.

39. 王庭槐 . 习惯与健康 [J]. 家庭医生，1991（3）：15.

40. 一悟 . 牙齿数目知多少 [J]. 家庭医生，1991（3）：36-37.

41. 王庭槐 . 医生向您推荐合时汤水 [J]. 家庭医生，1991（7）：15.

42. 王一悟 . 晨跑的迷惘 [J]. 家庭医生，1991（8）：18-19.

43. 王庭槐 . 张子和巧治怪病 [J]. 家庭医生，1991（8）：24-25.

44. 王庭槐 . 傅青主以恐胜喜 [J]. 家庭医生，1991（11）：22-23.

45. 王庭槐 . 魏征与秋梨膏 [J]. 家庭医生，1992（1）：26-27.

46. 王庭槐 . 康诺斯称雄网坛之秘 [J]. 家庭医生，1992（5）：15-16.

47. 王庭槐 . 眼观六路 耳听八方 [J]. 家庭医生，1992（6）：38-40.

48. 王庭槐 . 请君对症吃鲜鱼 [J]. 家庭医生，1992（8）：12-13.

49. 王庭槐 . 冬日话进补 [J]. 家庭医生，1992（12）：12-13.

50. 王庭槐 . 一位胃炎患者的困惑 [J]. 家庭医生，1993（1）：19-20.

51. 王庭槐 . 警钟长鸣：谨防艾滋病在我国蔓延 [J]. 家庭医生，1993（7）：20-22.

52. 王庭槐 . 心脏病学专家谈心衰 [J]. 家庭医生，1995（4）：2-4.

53. 王庭槐 . 叶永烈养生有道 [J]. 家庭医生，1996（1）：22-24.

54. 王庭槐 . 冠军丢失在最后一发 [J]. 家庭医生，1996（9）：37-38.

55. 王一悟 . 拳王阿里为何双手颤动 [J]. 家庭医生，1996（9）：36-37.

56. 王庭槐，穆攀伟 . 人能够“怒发冲冠”吗 [J]. 家庭医生，2007（3S）：54.

57. 李莎，王庭槐 . 高血压前期莫忽视 [J]. 保健医苑，2008（3）：22-23

58. 和枫，王庭槐 . 生物反馈，让我们“心想事成”[J]. 家庭医生，2008（24）：40-41.

59. 李丽，王庭槐 . 学会腹式呼吸，让你身体更健康 [J]. 保健医苑，2009

（2）：36-37.

（三）杂文

1. 王一悟 .“给”比“拿”好 [J]. 中国医学生，1983（8）：52.

2. 王一悟 . 伟人科学家的遗训 [J]. 中国医学生，1984（1）：39-40.

3. 王庭槐 . 成功的奥秘 [J]. 中国医学生，1984（2）：49.

4. 王一悟 . 有感于“历史是公正的”一语 [J]. 中国医学生，1984（2）：47-48.

5. 王一悟 . 知错必纠 [J]. 中国医学生，1984（3）：42.

6. 王一悟 . 师古不泥 [J]. 中国医学生，1984（5）：49-50.

7. 王一悟 . 别忘问个为什么 [J]. 中国医学生，1985（1）：49-50.

8. 王一悟 . 诗的形象 [J]. 中国医学生，1985（2）：52.

9. 王一悟 . 友谊 [J]. 中国医学生，1985（3）：44.

10. 王一悟 . 道是无情却有情 [J]. 中国医学生，1985（4）：43.

11. 王庭槐 . 信心 [J]. 中国医学生，1986（4）：23.

12. 王一悟 . 山中宰相 [J]. 中国医学生，1987（2）：28-29.

13. 王庭槐 . 澄江行 [J]. 中华医学教育杂志，2010（1）：.

14. 王庭槐 . 日月潭印象 [J]. 中华医学教育杂志，2010（2）：252.

15. 王庭槐 . 创刊词 [J]. 高校医学教学研究，2011（1）：I12-I13.

16. 王庭槐 . 锤炼精细化管理 [J]. 中国医院院长，2012（C1）：93.

五、专 访

1. 郑新培 . 潮籍教授王庭槐获中山大学首届卓越名师特等奖 [N/OL].（2018-05-29）. https://baijiahao.baidu.com/s?id=1601762978357554498&wfr=spider&for=pc.

2. 姚瑶 . 四校多个专业线上教学，国家名师王庭槐如何做到？[N/OL].

（2021-06-12）. https://static.nfapp.southcn.com/content/202106/12/c5404540.html.

3. 专访中山大学新华学院校长王庭槐教授，中国高校之窗报道。

网址：http://www.gx211.com/news/2015623/n3186275211.html.

4. 教学名师系列报道：王庭槐教授专访，中山大学报道。

网址：http://zssom.sysu.edu.cn/zhongda/news_detail.asp?nid=267.

5. 王庭槐院长谈“逸仙新华班”人才培养理念，人民网、新华网、《新快报》、《广州日报》、《东莞日报》、凤凰资讯、搜狐教育等媒体报道。

网址：http://www.xhsysu.cn/web/news/xhjyt/jiaoyujiatan/9609.html.

6. 激素补充治疗：女性心血管系统的保护伞——专访中山大学中山医学院王庭槐教授 [J]. 保健医苑，2014（8）：5-8.

网址：http://www.xhsysu.cn/web/news/shishengfengcai/xixun/8971.html.

7. 何茹 . 生物反馈，让我们自己来调控病情：访生理学专家王庭槐教授 [J]. 家庭医生，2003（12）：8-10.

8. 朱剑 . 他们哪里来那么多时间：访医学生王庭槐、吴一龙 [J]. 中国医学生，1982（1）：9-11.

附录三 相关报道

王庭槐：深耕教学至精诚，匠心育人担使命 *

王庭槐，中山大学中山医学院生理学教授、博士生导师，国家“万人计划”教学名师，现任广州新华学院校长，中山医学院医学教育发展中心主任，教育部基础学科拔尖学生培养计划2.0专家委员会成员、教育部高等学校基础医学类教学指导委员会委员，全国高等医学教育学会教学管理研究理事会副理事长、教育部本科教学工作审核评估专家、中国生理学会教育工作委员会副主任委员、中国生理学会循环生理专业委员会副主任委员，国家“十一五”“十二五”“十三五”规划教材《生理学》（人民卫生出版社、高等教育出版社）主编，《中国大百科全书》（第3版）现代医学卷医学生理学分支主编。曾获以下荣誉：广东省“南粤优秀教师奖”（1993年）、教育部第三届高等学校“教学名师奖”（2007年）、中组部首批国家“万人计划”领军人才教学名师（2014年）、宝钢优秀教师特等奖提名奖（2015年）、中华医学会医学教育奖“杰出贡献奖”（2018年）、中山大学“卓越名师”特等奖（2018年），荣获国家级教学成果奖二等奖六项、省级优秀教学成果奖一等奖九项。

常修从医之德，常怀律己之心。杏林春暖，从医业者谋善举泽众生。耕耘教坛，滴滴春雨丹心热血沃新花。自1982年留校任教至今，王庭槐教授以传道授业、教书育人为己任，已在医学教育领域辛勤耕耘近四十载，桃李满天下，春晖遍四方。

---

* 中山医学院微信公众号，2021年9月16日：https://mp.weixin.qq.com/s/-eq8C_1poZcohnO02bBZSw。

以“大医精诚”为本心

健康所系，性命相托。选择成为医学生，便意味着要用一生在舍己救人的从医道路上燃烧自己，照亮他人。而何谓大医？何以为大医？

王庭槐教授以孙思邈的“大医精诚”理念为核心讲述了他心中的好医者：大医精诚，精在于精湛医术妙手回春，诚在于大爱无疆悲天悯人。他认为行医者应当以仁爱为本，德技并重。医者仁心，除敦促自己习得精益求精的医术本领，也切记应时刻秉持大爱精神。医之为道，非精不能明其理，非博不能致其得，若无仁爱之心便难以病病者所病，痛病者所痛。他直言大医要以“见彼苦恼，若己有之”感同身受的心，策发“大慈恻隐之心”，进而发愿立誓“普救含灵之苦”，且不得“自逞俊快，邀射名誉”“恃己所长，经略财物”。

高尚的医德是古今中外赋予名医最重要的标签。“当好医生已经不易，要做大医那就更难了。”“大医、精诚”四个字缺一不可。王庭槐教授认为：“一个好的医生，不仅要有精益求精的医术本领，还要有诚挚为人的态度和精神，这样才能称得上‘大医’；一个好的学者、一个好的老师必须内外兼修，德才兼备，要对自己有道德要求、学术要求、医术要求、教学要求。”从中山医学院走出来的学生，更应该秉承弘扬敬佑生命、救死扶伤、甘于奉献、大爱无疆的医学精神，以人民健康和安全为己任，用实际行动尽显“救人救国救世，医病医身医心”的铮铮风骨，最终成为担当民族复兴大任的时代名医。

以“教学创新”为导向

从教39年来，王庭槐教授一直在“啃”教学改革这块“硬骨头”。“我希望学生能有自己的思考，而不仅是按图索骥对着教科书上的实验操作。”王庭槐教授将“翻转课堂”教学模式引入生理学理论与实验教学中，在一次次探索与实践中，颠覆了传统的“老师讲、学生听”教学模式，把实验教学从验证性变成探索性，建立起全新的、现代化且规范化的新型生理学实验教学模式，目

的在于培养学生的独立思维和探索精神。“我希望能继续推动生理学研究和实验生理教学往前走，培养学生拥有向现象求知、探索未知的研究思维和创新能力。”对王庭槐教授而言，教师不仅是传道授业解惑，更为重要的是要永葆好奇心，激发想象力，敢于追求真理。

新医科背景下，王庭槐教授主张推进医学教育改革。他始终认为，“基础不牢地动山摇，对接未来高新科技高新发展，没有扎实的科学基础，没有丰富的人文基础，是不能胜任后面的知识叠加和发展的”，因而致力于将新型的理念与模式引进中山医学院的课堂，力求医学教育不断创新发展。在长期从事医学基础课程“生理学”的理论与实验教学工作中，王庭槐教授引进“以团队学习为基础的（team-based learning，TBL）教学模式”并取得了显著的教学效果，获得国家级教学成果奖二等奖。王庭槐教授在此基础上，结合我国医学教育特点和实际创新，提出了以“自主学习和团队协作”为特点的“激越四段式”教学法，并应用于疫情防控常态化背景下跨四校多专业的线上教学，真正意义上突破了地域局限，实现了学生跨校际跨专业交流学习，提升了在线教学的质量。

除此之外，王庭槐教授更独创了“三早”教育理念并已坚持了二十余年，为全国众多医科院校借鉴于教学规划中。2005年，由王庭槐牵头主持的“构建‘三早’医学教育模式的探索与实践”获教育部国家级教学成果奖二等奖。他提出“三早”教育具体而言即为：“早接触临床，了解临床工作的要求；早接触科研，溯清书本知识源自何处；早接触社会，认识世界、认识好医生的价值，理解人的追求。”

教学内容的改革关键在于教材的改革，王庭槐教授十分重视教材的建设并为此呕心沥血。在前期教学和研究成果的基础上，王庭槐连续三届担任国家“十一五”“十二五”“十三五”全国高等学校医学规划教材《生理学》（高等教育出版社、人民卫生出版社）主编。该教材出版后广受好评，发行量已近100万册。其中，《生理学》（人民卫生出版社第9版）获首届全国教材建设奖（高等教育类）一等奖，《生理学》（人民卫生出版社第8版）被评为“十二五”普通高等教育本科国家级规划教材。近年来，在我国数字化课程建设的过程中，王庭槐教授撰写了我国第一部介绍医学慕课的著作《MOOC——席卷全球教育的大规模开放在线课程》，领衔制作国内第一个“生理学”慕课网络课程，领衔主编由教育部、国家卫计委、科技部重点扶持的国家首部医学电子书包之《生理学》，并任2013年国家级精品资源共享课“生理学”“实验生理科学”课程负责人。

以“潜心科研”为追求

王庭槐教授主要致力于甾体性激素的心血管效应及其信号转导机制和生物反馈生理机制的研究。经过多年的努力探索，他从基因和非基因两条途径，心肌和血管内膜、中膜、外膜多个层次系统揭示了雌激素对维持血管结构和功能稳态的作用及分子机制，获2009年教育部自然科学奖二等奖（排名第一）。在对雌激素-雌激素受体轴在乳腺癌发生发展中的作用机制研究中，他揭示了雌激素-雌激素受体轴在不同乳腺癌分子亚型中发挥作用的机制，以及不同雌激素受体之间的相互作用对乳腺癌发生发展和转移的作用，为临床上乳腺癌的诊断和治疗提供了新的思考方向和防治策略，并进一步加深了对雌激素发挥生物学作用复杂性的认识。

除此之外，王庭槐教授结合现代治疗学前沿研究，建立了目前国内首个研究生物反馈生理机制的实验室，并率先将混沌动力学理论及近似熵分析方法引入生物反馈的信号分析中，解决了生物反馈机制研究中的部分瓶颈难题，并率先应用生物反馈对高血压前期进行干预，为非药物治疗高血压提供了新的思路和方法；首次发表了生物反馈疗法生理机制研究的SCI论文，积极推动了我国生物反馈机制的研究，为临床生物反馈技术的应用提供了重要的理论支撑和实验依据。近年来，结合虚拟现实的生物反馈技术，为生物反馈提供逼真的反馈场景和反馈信号，进一步创新及推进了新技术的发展。他相继承担了国家自然科学基金及其他省部级基金项目22项，发表论文200余篇，获重要科研奖励7项。与此同时，王庭槐教授大力提倡增加科研课题在教学中的融入度，加强

科研对教学的推动力。他的“雌激素心血管保护作用”“生物反馈及其机制”等科研成果已经成为本科生和研究生“高级生理学”“临床生理学”“生理学进展”的学习内容。

医者，所以救死扶伤济世也；师者，所以传道授业解惑也。医者兼师者，尽一身之力以传授未来医者医术与医德，从医业者应当怀着赤诚之心以生命守护生命。王庭槐教授便是在这样时时自省师德与医德的过程中坚守本心，传道授业，无远弗届。

卓越名师王庭槐：36年来，一直在“啃”教学改革这个“硬骨头”*

教书育人，教书者必先学为人师，育人者必先行为世范，师德是教师之魂。为进一步鼓励广大教师不忘初心，潜心育人，积极投身教育教学改革，继续提高人才培养质量，落实立德树人根本任务，学校启动了中山大学卓越教学奖评选。该奖项是“教师荣誉制度”的重要组成部分，是学校教学领域的最高荣誉，旨在表彰师德高尚、教学优秀、学术卓越且长期从事本科教学的的一线教师。评选现已进入终评环节，为此我们推出系列卓越教学名师系列专题，共同领略中大名师风采。

五获国家级教学成果奖，七获省级优秀教学成果奖，先后获得柯麟医学奖……这一个个奖项浓缩着中山医学院王庭槐教授36年的教学生涯。自1982年从教至今，王庭槐一直在“啃”教学改革这块“硬骨头”，他始终认为：“教学改革的灵魂在于更新教育理念，并不断创新、不断前进，在此过程中，必须靠团队，只有大家形成共识才能实现。”自跨进生理学教学研究之门后，他一直坚守岗位至今。即使是到澳门镜湖医院担任院长期间，依然每周风雨无阻回校为学生授课。他把实验教学成功地从验证性变成探索性，建立起全新的、现代化且规范化的新型生理学实验教学模式；他在“三基三严”基础上探索出早期接触临床、早期接触科研、早期接触社会的“三早”教育模式。

“翻转课堂”教学模式在中山医学院一下子火了

心血管活动的神经调节实验课上，王庭槐正指导学生完成动脉插管手术及动脉血压的测定。他通过夹闭、牵拉右侧颈总动脉，让学生观察动脉血压变化，分析变化原因。在这门课上，有最受学生欢迎的实验环节。王庭槐把学习

* 《中山大学报》2018年4月20日，第1版。

的主动权交给学生，让学生自主提出观察、补充实验的构思，并互相讨论，动手求证自己所设计的实验，他则在一旁用“3W1H”(What，When，Why，How）方法适时加以引导。

早在1983年，王庭槐就让自己的实验生理课堂变成了师生“翻转课堂”的实验空间。“我希望学生能有自己的思考，而不仅是按图索骥对着教科书上的实验操作。”王庭槐颠覆了传统的“老师讲、学生听”教学模式，把实验教学从验证性变为探索性，目的在于培养学生的独立思维和探索精神。在他看来，拥有向现象求知的精神，才是一位科学家、医生所应追求的目标。此思想的来源还应追溯到1981年。其时，读大三的王庭槐和同学共同撰写了论文《禁不住的真理之光——哈维血液运行学说创造的过程及其启示》，并在《医学与哲学》上发表，这可能是恢复高考后全国医学本科生发表的首篇论文。论文中科学家哈维坚持真理、向现象求知的精神成为他日后改革实验教学的缘起。

正是基于这种从教信念，1984年，王庭槐率先在课堂中进行生理学实验教学改革，变验证性实验为探索性实验，创新性提出新型生理学实验“七步曲”：第一步，预设课题情景；第二步，独立完成预习；第三步，开展答辩式讨论；第四步，及时应用现代科技；第五步，实验“体验式教育”；第六步，即时过程点评；第七步，创设量化评估。于是，学生在自身价值发挥中变被动学习为主动求知。

这种“翻转课堂”的教学模式在中山医学院一下子火了。学生上课的积极性大大提高了，与之前呆坐上完一节课的情形大相径庭。“让学生按着既定实验操作的验证性教学，限制了学生的想象力，他们自然觉得课堂无趣、无聊。而探索性实验教会学生自主探索，激发了学生的求知欲。”经过实践，王庭槐把实验教学成功地从验证性变成探索性，建立起全新的、现代化且规范化的新型生理学实验教学模式。

熟知王庭槐的人都知道他特别能坚守和求新。建立了新型生理学实验教学模式后，王庭槐开设了一门开放性实验课——实验生理科学，跨学科将生理学、病理生理学、药理学的实验课进行“三合一”，沿用了“翻转课堂”的教学模式。1994 年，他创建了开放性实验教学模式，学校为学生免费提供实验设备。由于学校经费紧张，实验动物费由学生自愿支付。该模式大受学生欢迎，晚上、周末实验室里都挤满了做实验的学生。

当时有学生提出疑惑："动物溺水时的心电图如何变化？"王庭槐鼓励并指导他通过实验去求证，从而由此延伸获得人溺死前后心电图的第一手资料。开放性实验激发了学生的创造力，培养了学生向现象求知的科研思维，让学生受益匪浅。而此 3 年间，王庭槐几乎每天都泡在实验室指导学生，每晚骑车回到位于天河区的家中已是深夜，却没领过一分钱补贴。

开放性实验教学模式经过 3 年的实践，在生理学教学中的反响超出了预期，也引起了国家医学教育界的广泛关注。1997 年 11 月，他被邀请在全国实验教学改革研讨会上作为 4 所高校代表之一，报告"开放式、研究性"实验教学模式的经验，成为我国高校"开放式、研究性"实验教学改革的先行者和榜样。

在总结开放性实验教学模式经验的基础上，他还编写完成《实验生理科学》教材，明确提出"学会研究性学习"的理念。他与同事们一道探索跨学科、多层次生理科学实验课的"三合一"整合实验教学模式，开启了国内医学机能学实验课程教学改革的先河，并因此于 2001 年再次获得教育部国家级教学成果奖二等奖。

教学内容的改革关键在于教材的改革，王庭槐十分重视教材的建设并为此呕心沥血。在前期教学和研究成果的基础上，王庭槐连续三届担任"十一五""十二五""十三五"全国高等学校医学规划教材《生理学》(高等教育出版社、人民卫生出版社）主编。该教材出版后广受好评，发行量已近 100 万册。他还主编了全国第一本高等教育医学数字化规划教材、国家医学电子书包之《生理学》(人民军医出版社)，领衔主编了我国第一部本科《生理学》慕课课程（人民卫生出版社)。

"三早"教育模式破解理论脱节实践

"三基三严"是柯麟老院长借鉴协和医学院经验在中山医学院倡导并推行

的著名医学教育模式。王庭槐毕业留校后，和同事们努力传承发扬这一宝贵的教学传统，并在此基础上创新提出了“三早两强”，几代人共同努力形成了中山医学院“三基三严、三早两强”的教学特色，即“基本理论、基本知识、基本技能，严肃态度、严密方法、严格要求，早期接触临床、早期接触科研、早期接触社会，创新能力强、外语和实践能力强”。“态度最为重要。只有端正的态度和饱满的精神，才能当好医生，这也是为什么将严肃态度提到‘三严’首位的原因。”王庭槐强调。

医学院的医预科基础、临床理论基础、见习实习基础“三段式”传统教育模式强调循序渐进，但有前期理论和后期实践结合不紧密的弊端。1996 年，王庭槐赴美国斯坦福大学交流学习。在与学生的交流中，他了解到该校大一医学生上午学完解剖课，下午就要到医院骨科病房见习。此教学方法触动了他。

回国后，王庭槐立即着手让医学生尝试早期接触临床的方法，并在 1998 年率先在自己的泌尿生理学课上推出“早期接触临床”的教学方法，理论课结束后他便把学生带到附属第一医院直接在病床边了解病人的病情，观察其症状。早期接触临床教学方法取得了意想不到的效果。一位女学生既兴奋又感到意外地告诉他：“我原来以为蛋白尿就像牛奶一样是白色的，到了临床才知道其实和正常尿液是一样的！”王庭槐借机向学生讲解怎么判断蛋白尿、蛋白尿是如何形成的，将理论和临床有机结合起来，使学生活学活用。

2001 年，原中山大学与原中山医科大学两校合并，组建新的中山大学。在学校的支持下，王庭槐提出让学生利用寒暑假，回到家乡医院预见习，实践“早期接触临床”教学理念。结合第一批学生预见习的亲身体验，王庭槐总结出“四个感受”：感受生命、感受医生、感受病人和感受社会，并以此作为预见习的指导理念。短短 3 年，该项目从只有一个班参加，到推广到全校医科专业，还吸引了来自国内外各地的专家学者前来学习交流。

在“早期接触临床”基础上，王庭槐再提出了“早期接触科研、早期接触社会”的教学理念，并归纳为“三早”教育模式。这种教育模式后来被全国多数医科院校学习推广，一大批医学生因此受益。张华军从中山医学院毕业后到了英国牛津大学深造，他对“三早”教育印象深刻：“通过这种教育模式，我们学会了理论联系实际、基础联系临床，培养了科研思维和能力，形成了正确的价值观，可谓一生受益。”

王庭槐牵头主持的“构建‘三早’医学教育模式的探索与实践”在2005年再揽国家级教学成果奖二等奖。随后，他不断吸收先进理念，创新教学法。2009年他引进并本土化TBL教学法，创建出一种互动性、合作式、主动化的“翻转课堂”氛围，引导学生主动学习、发现问题、解决问题，并通过小组学习来促进先进生带后进生，有效保证了班级规模增长现况下的教学质量水平。同年，他的“研究型大学本科教学质量长效保障体系建设的研究与实践”也获得了国家级教学成果奖二等奖、省级优秀教学成果奖一等奖。TBL教学法的引进与创新又是一条长达九年的探索之路。2015年，他在TBL教学法的基础上，再结合自己多年的教学心得与经验，总结提炼出“四段式”教学法，包括教师精讲、个体自习、小组学习和实践、成果分享。

“消化‘一桶水’才能传授‘一滴水’”

王庭槐常说：“自己必须消化‘一桶水’，才能传授‘一滴水’给学生。”他身行力践向现象求知。在他看来，只有把自己的科研工作做好，才能传授更多知识给学生，才对得起“老师”这个尊称。

念大学时，王庭槐在图书馆看到生物反馈疗法的相关文章后，一头钻进了该研究领域。1984年，他开始应用生物反馈治疗中风后失语症和抑郁症。近年来，他结合现代治疗学前沿研究，建立了国内第一个研究生物反馈疗法生理机制的实验室，率先将混沌动力学理论及近似熵分析方法引入生物反馈的信号分析中，解决了生物反馈机理研究中的部分瓶颈难题；率先应用生物反馈对高血压前期进行干预，为非药物治疗高血压提供了新的思路和方法。他把生物反馈疗法引入高血压前期治疗的研究成果成功发表在SCI期刊上，这也是我国第一篇在SCI期刊上发表的生物反馈疗法研究论文。他还研究发展了音乐生物反馈、肌电生物反馈、脑电生物反馈等疗法，相继承担了国家自然科学基金及其他省部级基金项目22项，发表论文180多篇，获重要科研奖励7项。

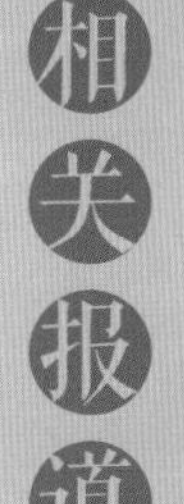

作为我国知名的心血管专家，王庭槐从1989年开始专注于雌激素对心血管作用的研究。他注意到，如果能揭示雌激素在损伤血管上所起的作用机制，则能为女性心血管疾病的预防和治疗提供新的方向。尽管这在当时还存在争议，但王庭槐坚信，正是因为有争议，才需要被研究。

研究血管该从何入手，这是一个棘手的问题。在无数次的反复思考和实验中，王庭槐决定遵循血管本身的规律，从整体、细胞、分子水平对雌激素的心血管作用进行系统研究，包括从心肌和血管的内膜、中膜、外膜三个层次逐一开展。他的研究结果揭示了雌激素抑制血管损伤反应的作用及其细胞内信号转导机制。同时，他还对孕激素、雄激素、选择性雌激素受体调节剂、植物雌激素及古代名方等对心血管的作用进行研究，为揭示激素心血管作用的生理机制和抗动脉粥样硬化提供了新的重要实验依据，为临床利用雌激素防治PTCA术后再狭窄复发提供了新的防治手段，该项研究获2009年教育部自然科学奖二等奖。

2017年6月，NSFC-FDCT前沿学科研讨会—肿瘤科学大会在广州举行，王庭槐应邀在癌症耐药治疗新方向分论坛上做题为《新型雌激素受体GPER在雌激素促进ER-乳腺癌细胞迁移和侵袭中的作用及机制》报告，这是他目前所致力研究的科研内容——关于雌激素引发的女性疾病致病机制。

“有真学术，才有真教育；有好科研，才有好教学。”结合这36年来的教学工作，王庭槐常把自己的研究心得、成果与学生分享。他认为，科研和教学实则是一体、相通的。“科学不能吹牛讲大话，要一件件去探索，去求证；循证医学要求精准地做研究，教育也是一样的。”

1982年，从中山医学院毕业的王庭槐因成绩优异留校任教。父亲就告诫他道：“不要误人子弟，学者以一字不识为耻。”如何才不会误人子弟呢？王庭槐几十年如一日地奋战在科研和教学第一线，父亲的这句话至今仍萦绕耳边。“我希望能继续推动生理学研究和实验生理教学往前走，培养学生拥有向现象求知、探索未知的研究思维和创新能力。”对王庭槐而言，教师不仅是传道授业解惑，更为重要的是要永葆好奇心，激发想象力，敢于追求真理。

教学改革 36 年不曾止步 三早教育春风化雨润物无声 *

羊城晚报 教育·大学城

2018 年 4 月 27 日／星期五／政文新闻部主编 A20

中山大学举行首届卓越名师颁奖典礼，表彰一线教学能手

卓越名师领奖 首先感谢学生

中山大学 SUN YAT-SEN UNIVERSITY 卓越名师系列报道之1

开栏语

中山大学中山医学院生理学教授王庭槐：

教学改革36年不曾止步 三早教育春风化雨润物无声

实践真知 “先去做，做了以后自然会有用”

翻转课堂 把实验教学从验证变为探索

三早教育 让前期理论和后期实践早结合

首届突破 鼓励学生自编学术论文集

课外熏陶 让治学传统潜移默化传下去

《羊城晚报》报道中山大学卓越名师王庭槐

不知从何时起，学历和荣誉似乎成了老师教学水平的一种衡量标准。在一些学生心里，自己的博士生导师如果是院士，会显得更有“面子”。而实际上，

* 记者王倩、通讯员蔡珊珊，《羊城晚报》2018 年 4 月 27 日，第 A20 版。

很多做出伟大成就的人，他们的老师或导师远没有他们的名气大、学历高。真正的教育家，他们往往潜移默化，不追求轰动效果，却有一双“点石成金”的妙手。

王庭槐，五获国家级教学成果奖，七获省级优秀教学成果奖，如今，又获得中山大学首届卓越名师特等奖。谈到教学，从教育部专家到中大学子，无一不对他表示认可和推崇。教学的魔力，课堂的魅力，在这个77级老三届大学生的一言一行中，如涓涓细流，深刻影响着一代又一代中大学子。

实践真知：“先去做，做了以后自然会有用”

王庭槐1972年高中毕业后当过染纱工，当过代课老师，当过制药技术员。这些经历在有的人看来是颇为苦涩的，王庭槐却不这么看，他有着潮汕人朴实的价值观：“不管什么事都不要抱怨，不要计较做了有没有用，你先去做，做了以后自然会有用。”

于是，小学、初中期间学校停课学工、学农、学军，他不抱怨，因为他学会了很多生产一线的技能，后来在抽纱公司当染纱工时用上了，“我自己画图纸设计染纱机，进行技术革新”。任代课老师期间，自嘲“肚子饿胆子大”，什么课都敢接，初一语文、初二物理、初三数学都代过：“带着学生去学农，又当爹又当妈，锻炼了多种能力。而且这段代课经历对我后来考上大学帮助很大。”

在公社卫生院制药室，条件艰苦简陋。没有自来水，只能靠挑井水过滤制作制药用的离子水；没有煤气炉，只能劈柴烧炭来完成高压消毒的加热。“我们从简陋中力求精致，比如分装针剂的安瓿的封口时，火枪玻璃烧融封口技术可以做到和药厂一样的水准。在上级医院的帮助下，我们按中草药制剂药典的要求，解决了当地很多缺医少药的问题。”这段经历，王庭槐认为极大地锻炼了他的动手能力和独立解决问题的能力。在后来的科研工作中，他的精细动物心血管手术得到很多科研同行的赞誉。

从这些经历中，王庭槐悟出一个道理：无论是教育还是科研，都是开拓性的工作，都需要有很强的独立解决问题的能力和动手能力。“不抱怨，重要的是心中永远有明灯，向着初心去努力。”这种实践出真知的人生信条不仅伴随着王庭槐自己的生活，更成为他教育学生的重要理念和方法。

翻转课堂：把实验教学从验证变为探索

从中山医学院本科毕业后，王庭槐再一次和自己的“规划”擦肩而过——他没有按照父亲的希望成为一名医生，却因为优异成绩留校任教。听到这个消息，当了一辈子医生的父亲沉吟许久后说了句：“阿槐，当老师可不能误人子弟。”

正如高考前的那段经历，王庭槐做什么都不服输，即便是旁人看来再普通不过的课堂教学，他也要玩出花儿来——刚刚毕业的他就大胆提出，把课堂“翻转”过来。即变“验证性”生理实验课为“探索性”生理实验课。

“我希望学生能有自己的思考，而不仅是按图索骥对着教科书上的实验操作。”王庭槐颠覆了传统的“老师讲、学生听”教学模式，把实验教学从验证性变为探索性，目的在于培养学生的独立思维和探索精神。

1984年，王庭槐率先在课堂中进行生理学实验教学改革，创新性提出新型生理学实验“七步曲”：预设课题情景，独立完成预习，开展答辩式讨论，及时应用现代科技，实验“体验式教育”，即时过程点评，创设量化评估。

这种“翻转课堂”的教学模式在中山医学院一下子火了。学生上课的积极性大大提高，与之前呆坐上完一节课的情形大相径庭。他这样解释自己的探索创新：“让学生按着既定实验操作，限制了学生的想象力，他们自然觉得课堂无趣、无聊。而探索性实验教会学生自主探索，激发了学生的求知欲。”

“三早”教育：让前期理论和后期实践早结合

医学院“三段式”传统教育模式强调循序渐进，可有前期理论和后期实践结合不紧密的弊端。1996年，王庭槐赴美国交流学习时发现，斯坦福大学医学院的大一学生上午学完解剖课，下午就要到医院骨科病房见习。这种教学方法触动了他。

回国后，王庭槐立即着手让医学生尝试早期接触临床的方法，并在1998年率先在自己的泌尿生理学课程上推出“早期接触临床”的教学方法，理论课结束后他便把学生带到附属第一医院，让学生在病床边了解病人的病情，观察其症状。早期接触临床教学方法取得了意想不到的效果。一名学生既兴奋又感到意外地告诉他：“我原来以为蛋白尿就像牛奶一样是白色的，到了临床才知道其实看上去和正常尿液是一样的！”王庭槐借机向学生讲解怎么判断蛋白尿、肾小球滤过膜的功能、蛋白尿是如何形成的，将理论和临床有机结合起来，使学生活学活用。

2001年，王庭槐进一步提出让学生利用寒暑假，回到家乡医院“预见习”，借此感受生命（病人）、感受医生、感受医院和感受社会。三年后，该项目就从只有一个班参加，推广到全校医科专业，还吸引了来自国内外各地的专家学者前来学习交流。

此后，王庭槐在早期接触临床的基础上，创造了早期接触临床、早期接触科研、早期接触社会的“三早”教育模式，被全国多数医科院校学习推广，一大批医学生因此受益。2005年，由王庭槐牵头主持的“构建‘三早’医学教育模式的探索与实践”获教育部国家级教学成果奖二等奖。

改革突破：鼓励学生自编学术论文集

和所有改革一样，教学改革也要勇于挑战陈规、突破各种限制。

为了让本科生从二年级就开始初步接触科研，王庭槐做了很多全新的尝试。比如本科生大多缺乏论文写作技巧，于是，1994年王庭槐率先开设了文献检索课，从如何找检索文献材料，到让学生自己设计实验、自己完成实验，获得实验结果后又开始手把手教学生撰写学术论文。

论文写好了，从投稿到发表乃至参加学术会议的发言，学生还没有机会经历。怎样提前让学生学习、体验这个过程？王庭槐笑着说：“一天早上，我在马桶上想出一个‘屎坑计’！”他决定鼓励学生自编论文集，按照正规科研的模式进行从论文写作到论文发布的模拟实操训练。编印论文集的经费哪里来？学生要能去社会上拉赞助，编好了要开论文发布会，本科生也要正式地进行陈述和答辩。

从第一本开始，王庭槐没想到学生们热情高涨，从此再也停不下来。有一年，学生实在脸皮薄没拉到赞助，王庭槐马上自掏腰包500元，为学生出版了那一届的论文集。现在，这十几本实验生理学探索性实验论文集，虽然印刷装帧简陋，没有正式刊号，却成了王庭槐最为珍视的成果之一。

理论能力强了，动手能力也不能弱。王庭槐开创性地提出，学校应该在常规课程之外，向学生开放实验室，让学生进行课外实验。“经费怎么办？能不能向学生额外收钱？这都是我要顶住的压力。”王庭槐很庆幸自己坚持下来了，“开放实验室受到学生的热烈欢迎，三年后教学质量明显提高。”

开放实验室并不是放任学生不管，王庭槐将学生实验课的操作过程进行实时录像，实验结束后和学生一道回放录像，实时点评，创新了师生双向同步反馈的教学模式。

“苔花如米小，也学牡丹开。”王庭槐常常用这句诗鼓励初入杏林的本科生，即便专业知识还不够深入，也要勇于创新实践，在实践中修正自我、不断进步。他对自己从事的教学科研也从不停步，精益求精。

课外熏陶：让治学传统潜移默化传下去

在学生面前，王庭槐常常会提到自己的恩师——中山医学院一代名人侯慧存教授。

侯慧存是我国病理学奠基人之一的侯宝璋教授长女，我国传染病学泰斗、原中山医科大学校长彭文伟教授夫人，曾教王庭槐专业英语。“当时教研室请她对青年教师的专业英语进行培训，那是小小班个体化教学。她首先从专业教科书选一段落，要求我们翻译一遍，她再校正一遍，我们再背一遍强化巩固。她的办法不取巧，却非常奏效。”王庭槐回忆道。

子女都在国外，晚年的侯慧存独自生活。王庭槐常常带着研究生一起去探

访老师，让学生们听她讲老一辈医学大家的治学传统、为人处世，并把这当作研究生教育的一部分。由于侯家与老舍、胡絜青、巴金、关山月、黎雄才等人关系密切，侯慧存家中多的是名人字画，墨香盈室。王庭槐以为，学生们在此接受教育，本身就是一种美学熏陶。好的教育本来就是一种耳濡目染、潜移默化。

为学为师守初心 潜心教改育新人 *

——访中山大学卓越名师王庭槐教授

五获国家级教学成果奖，七获省级优秀教学成果奖，先后获得柯麟医学奖、广东省“南粤优秀教师奖”、教育部“第三届高等学校教学名师奖”、广东省教学名师奖……

新年伊始，2017年教育教学成果奖（高等教育）拟获奖项目名单公布，王庭槐领衔的项目收获一等奖；广东省“教学质量与教学改革工程”精品教材建设项目2016年度验收中，王庭槐主编的《生理学》（第三版）成为中山大学2016年度唯一入选并获得优秀的项目……

这一个个奖项浓缩着中山大学中山医学院王庭槐教授36年的教学生涯。奖项的背后，是他几十年如一日所追求的教学改革：他把实验教学成功地从验证性变成探索性，建立起全新的、现代化且规范化的新型生理学实验教学模式；他在“三基三严”基础上探索出早期接触临床、早期接触科研、早期接触社会的“三早”教育模式。

从1982年踏进教师行业至今，王庭槐一直在“啃”教改这块“硬骨头”。他说：“教学改革的灵魂在于更新教育理念，并不断创新、不断前进，在此过程中，必须靠团队，只有大家形成共识才能实现。”他热爱教师这份平凡而幸福的职业，自跨进生理学教学研究之门后，一直坚守教学岗位至今。即使是到澳门镜湖医院担任院长期间，他依然每周风雨无阻回校为学生授课。

把实验教学从验证性变为探索性

心血管活动的神经调节实验课上，王庭槐正指导学生完成动脉插管手术及

* 本文由《科技导报》记者叶青采写，未刊登。

动脉血压的测定。他通过夹闭、牵拉右侧颈总动脉，让学生观察动脉血压变化，分析变化原因。接着，是最受学生欢迎的实验环节之一，他把学习的主动权交给学生。学生自主提出观察、补充实验的构思，并互相讨论，动手求证自己所设计的实验……王庭槐则在一旁用“3W1H”(What，When，Why，How）方法适时引导学生。

早在1983年，王庭槐就让自己的实验生理课堂变成了师生“翻转课堂式”的试验空间。“我希望学生能有自己的思考，而不仅是按图索骥对着教科书上的实验操作。”王庭槐颠覆了传统的“老师讲、学生听”教学模式，把实验教学从验证性变为探索性，目的在于培养学生的独立思维和探索精神。

他常常向学生强调：“你们要有向现象求知、探索未知的精神。”在他看来，拥有向现象求知的精神，才是一位科学家、医生所应追求的目标。此思想的来源还应追溯到1981年。其时，读大三的王庭槐和同学共同撰写了论文《禁不住的真理之光——哈维血液运行学说创造的过程及其启示》，并在《医学与哲学》上发表，这可能是恢复高考后全国医学本科生发表的首篇论文。科学家哈维坚持真理、向现象求知的精神成为他日后改革实验教学的缘起。

1982年，从中山医学院毕业的王庭槐因成绩优异留校任教。父亲就告诫道：“不要误人子弟，学者以一字不识为耻。”如何才不会误人子弟呢？他认为，教师不仅要传道授业解惑，更为重要的是要永葆好奇心，激发想象力，敢于追求真理。

正是基于这种从教信念，1984年，王庭槐率先在课堂中进行生理学实验教学改革，变验证性实验为探索性实验，创新性地提出新型生理学实验“七步曲”：第一步，预设课题情景。让学生“穿越”成为世界上第一个探索未知实验课题的科学家，开始一场设计、执行、探索、发现之旅。第二步，独立完成预习。强调学生的自主学习能力，指导和要求学生进行“课题准备式预习”，预习实验内容。第三步，开展答辩式讨论。实验前，用师生互相答辩来代替传统的课前宣讲，进一步完善实验设计的构想。第四步，及时应用现代科技。让学生在实验研究中，从感性认识和实验技术上初步了解和熟悉运用现代科学技术手段。第五步，实验“体验式教育”。引导学生直接从实验中求知，学会透过现象推导出隐藏在现象背后的规律和结论。第六步，即时过程点评。录下学生的实验过程，将“细节放大”，诱导学生思考实验细节、变量改变后，实验现象与结果的相应改变。第七步，创设量化评估。将双向同步反馈技术应用到生理教学中，采用达标度和主客观评估指标对教学效果进行量化评估。于此，学生在自身价值发挥中变被动学习为主动求知。

这种“翻转课堂式”的教学模式在中山医学院一下子火了。学生上课的积极性大大提高了，与之前呆坐着上完一节课的情形大相径庭。“让学生按着既定实验操作的验证性教学，限制了学生的想象力，他们自然觉得课堂无趣、无聊。探索性实验教会学生自主探索，激发了学生的求知欲。”经过实践，王庭槐把实验教学成功地从验证性变成探索性，建立起全新的、现代化且规范化的新型生理学实验教学模式。

基于此，他主持的“新型生理学实验课教学模式的建立和探索”荣获了1993年国家级教学成果奖二等奖；他负责的“生理学”课程同期列入首批“广东省重点课程”，2000年被评为首批“广东省优秀课程”，2002年被评为首批“中山大学精品课程”，并先后入选2003年“广东省精品课程”、2004年国家级精品课程。

“教育贵在坚持，创新更需要坚持”

熟知王庭槐的人都知道他特别能坚守和求新。王庭槐表示，“教育贵在坚持，创新更需要坚持”。确实，他从不因取得的成绩而沾沾自喜，反而是每时每刻保持求新之心，追求新进步和新变化。

建立了新型生理学实验课教学模式后，王庭槐开设了一门开放性实验课——“实验生理科学”，跨学科地将生理学、病理生理学、药理学的实验课进行“三合一”，沿用了“翻转课堂式”的教学模式。1994年，他在中山医科大学创建了开放性实验教学模式，学校为学生免费提供实验设备，但由于学校经费紧张，实验动物费由学生自愿支付。该模式大受学生欢迎，晚上、周末实验室都挤满了做实验的学生。

当时有学生提出疑惑：动物溺水时的心电图如何变化？王庭槐鼓励并指导他通过实验去求证，从而由此延伸获得人溺死前后心电图的第一手资料。开放性实验激发了学生的创造力，培养了学生向现象求知的科研思维，让学生受益匪浅。这3年间，王庭槐几乎每天都泡在实验室指导学生，每晚骑车回到位于天河区的家中已是深夜，却没领过一分钱补贴。开放性实验教学模式经过3年的实践，在生理学教学中的反响超出了预期，也引起了国家医学教育界的广泛关注。1997年11月，作为四所高校代表之一，王庭槐被邀请在全国实验教学改革研讨会上报告“开放式、研究性”实验教学模式的经验，报告内容被收录进大会纪要，在全国医科院校中推介。王庭槐成为我国高校“开放式、研究性”实验教学改革的先行者和榜样。在总结开放性实验室模式的经验上，他还编写了《实验生理科学》教材，明确提出“学会研究性学习”的理念。他与同事们一道探索跨学科、多层次生理科学实验课的“三合一”整合实验教学模式，开启了国内医学机能学实验课程教学改革的先河，并因此获得2001年国家级教学成果奖二等奖。

教学内容的改革关键在于教材的改革。王庭槐十分重视教材的建设并为此呕心沥血。在前期教学和研究成果的基础上，王庭槐连续三届担任“十一五”“十二五”“十三五”全国高等学校医学规划教材《生理学》（高等教育出版社、人民卫生出版社）主编。该教材出版后广受好评，发行量已近100万册。他还主编了全国第一本高等教育医学数字化规划教材、国家医学电子书包《生理学》（人民军医出版社），领衔主编了我国第一部本科《生理学》（人民卫生出版社）慕课课程。

“三早”教育模式破解理论脱节实践

“三基三严”是柯麟老院长借鉴协和医院经验在中山医学院倡导并推行的著名医学教育模式。王庭槐毕业留校后，和同事们在传承与创新中，逐步形成了中山医“三基三严、三早两强”的教学特色，即“基本理论、基本知识、基本技能，严肃态度、严密方法、严格要求，早期接触临床、早期接触科研、早期接触社会，创新能力强、外语和实践能力强”。“态度最为重要。只有端正的态度和饱满的精神，才能当好医生，这也是为什么将严肃态度提到‘三严’首位的原因。”王庭槐强调。

王庭槐在教书育人过程中特别看重学生的态度。他认为，医学生一定要“仁爱为本，德济并重”，有德，才会倍加尊重病人的生命和万物生命。他几十年的实验教学始终贯穿着“尊重生命”的教育，并始终倡导并遵循实验动物3R原则，即reduction（减少）、replacement（替代）和refinement（优化）。

2002级一位学生进行论文答辩时，开头写着：“向为实验做出牺牲的‘鼠鼠兔兔们’致敬！”王庭槐看到后感到十分温暖，他希望通过自己的教育能让每一位医学生读懂“尊重生命”的深刻含义。

医学院的医预科基础、临床理论基础、见习实习基础“三段式”传统教育模式强调循序渐进，但有前期理论和后期实践结合不紧密的弊端。1996年，王庭槐前往美国斯坦福大学交流学习。有一天，他在校园里遇到一名学生，与其交流时了解到大一医学生上午学完解剖课，下午就到医院骨科病房见习。此教学方法触动了他，让他心里随即产生了一个想法。

回国后，他立即着手让医学生尝试早期接触临床的方法。1998年，王庭槐率先在自己的泌尿生理学课程推出“早期接触临床”的教学方法，即上完理论课，把学生带到中山医附属一院，直接在病床边了解和观察病人的病情和症状。早期接触临床教学方法取得了意想不到的效果。一位女学生既兴奋又感到意外地告诉他：“我原来以为蛋白尿就像牛奶一样是白色的，到了临床才知道其实和正常尿液是一样的！”王庭槐借机向学生讲解怎么判断蛋白尿、蛋白尿是如何形成的，将理论和临床有机结合起来，使学生活学活用。2001年，中山大学与中山医科大学两校合并，组建新的中山大学。在学校的支持下，王庭槐提出让学生利用寒暑假，回到家乡医院预见习，实践“早期接触临床”的教学理念。结合第一批学生预见习的亲身体验，王庭槐总结出“四个感受”——感受生命、感受医生、感受病人和感受社会，并以此作为预见习的指导理念。

2001 年，只有一个班参与这项社会实践。到 2003 年，该实践已推广到全校医科专业，吸引了来自国内外的专家学者前来学习交流。

之后，王庭槐在“早期接触临床”基础上再提出了“早期接触科研、早期接触社会”的教学理念，并归纳为“三早”教育模式。这种教育模式被全国多数医科院校学习推广，也因此在全国得以推广。一大批医学生因此而受益，向现象求知的世界观、敬重万物生命的价值观、勇于探索求新的人生观得以塑造——其中一位毕业后到牛津大学继续深造的学生张华军如是反馈。

在 11 年坚持新型生理学实验课教学模式的实践与推广期间，王庭槐还鼓励学生通过自己设计实验课题、完成实验分析、通过评估答辩、撰写出实验论文来早期接触科研，培养自身的创新思维和科学精神。同时，他将自己多来年担任学术期刊编辑、编审的经验也悉数传授给学生，指导学生寻求社会赞助，把每一年的实验论文编辑成册，出版为《实验生理科学——探索性实验论文集》。

2005 年，由王庭槐牵头主持的“构建‘三早’医学教育新模式的探索与实践”项目也因此再揽教育部国家级教学成果奖二等奖。随后，他不断吸收先进理念，创新教学法。2009 年他引进并本土化 TBL 教学法，创建出一种互动性、合作式、主动化的“翻转课堂”氛围，引导学生主动学习、发现问题、解决问题，并通过小组学习来促进先进生带后进生，有效保证了班级规模增长现况下的教学质量水平。同年，他的“研究型大学本科教学质量长效保障体系建设的研究与实践”项目也获得了国家级教学成果奖二等奖、省级优秀教学成果奖一等奖。然而，这又是一条长达 9 年的探索之路。他结合自己多年的教学心得与经验，总结提炼出“四段式”教学法，包括教师精讲、个体自习、小组学习和实践、成果分享。

“消化‘一桶水’才能传授‘一滴水’”

王庭槐常说：“自己必须消化‘一桶水’，才能传授‘一滴水’给学生。”他身行力践向现象求知。在他看来，只有把自己的科研工作做好，才能传授更多知识给学生，才对得起“老师”这个尊称。

念大学时，王庭槐在图书馆看到生物反馈疗法的相关文章后，一头钻进了该研究领域。1984 年，其所在的教研室开始应用生物反馈治疗中风后失语症和抑郁症。近年来，他结合现代治疗学前沿研究，建立国内第一个研究生物反馈疗法生理机制的实验室，率先将混沌动力学理论及近似熵分析方法引入生物反馈的信号分析中，解决了生物反馈机理研究中的部分瓶颈难题；率先应用生物反馈对高血压前期进行干预，为非药物治疗高血压提供了新的思路和方法。他把生物反馈疗法引入高血压前期治疗的研究成果发表在 SCI 期刊上，这也是我国第一篇在 SCI 发表的生物反馈疗法研究论文。他还研究发展了音乐生物反馈、肌电生物反馈、脑电生物反馈等疗法，相继承担了国家自然科学基金及其他省部基金项目 22 项，发表论文 150 多篇，获重要科研奖励 7 项。

王庭槐是我国知名的心血管专家。“我从 1989 年开始专注于雌激素对心血管作用的研究。”他注意到，如果能揭示雌激素在损伤血管上所起的作用机制，则能为女性心血管疾病的预防和治疗提供新的方向。尽管这在当时还存在争议，但他坚信，正是因为有争议，才需要被研究。

研究血管该从何处入手呢？在无数次的反复思考和实验中，他决定遵循血管本身的规律，从整体、细胞、分子水平对雌激素的心血管作用进行系统研究，从心肌和血管的内膜、中膜、外膜三个层次逐一开展。他的研究结果揭示了雌激素抑制血管损伤反应的作用及其细胞内信号转导机制。同时，他还对孕激素、雄激素、选择性雌激素受体调节剂、植物雌激素及古代名方等对心血管的作用进行研究，为揭示激素心血管作用的生理机制和抗动脉粥样硬化提供了新的重要实验依据，为临床利用雌激素防治 PTCA 术后再狭窄复发提供新的防治手段。该项研究获 2009 年教育部自然科学奖二等奖。

去年 6 月，NSFC-FDCT 前沿学科研讨会—肿瘤科学大会在广州举行，王庭槐应邀在癌症耐药治疗新方向分论坛上做题为《新型雌激素受体 GPER 在雌激素促进 ER- 乳腺癌细胞迁移和侵袭中的作用及机制》报告，这是他目前致力研究的科研内容——关于雌激素引发的女性疾病致病机制，如乳腺癌。

“有真学术，才有真教育；有好科研，才有好教学。”结合这36年来的教学工作，王庭槐常把自己的研究心得、成果与学生分享。他认为，科研和教学实则是一体、相通的。“科学不能吹牛讲大话，要一件件去探索，去求证；循证医学要求精准地做研究，教育也是一样的。”

如今，还担任中山大学新华学院校长一职的他，依然几十年如一日地奋战在科研和教学第一线，每学期都给中山大学中山医学院的本科生上生理学理论课和实验生理课。每当结束一天的行政工作后，他必回到中山大学中山医学院实验室，和学生一起做实验，分析实验结果，讨论研究课题，直至深夜。“我希望能继续推动生理学研究和实验生理教学往前走，培养学生拥有向现象求知、探索未知的研究思维和学习能力。”王庭槐坚定地说。

从学、从教、从研 为学、为师、为人 *

——访中山大学新华学院校长王庭槐教授

王庭槐出生于20世纪50年代，他的身上拥有此年代知识分子特有的、强烈的责任心和使命感。在他的教育理念中，教育应力求因材施教，注重和尊重学生的个性发展及健康人格的养成，在培养人文精神、强调文理融通、实施素质教育的基础上，强化学生实践能力，特别是实际应用能力的培养。

自1982年留任中山大学中山医学院以来，他秉承“独立思考、敢于创新”的理念，希望教育出具有独立思考能力、向现象求知的学生。为此，他大胆探索改革生理学实验教学模式，变验证性实验为探索性实验。他首倡“三早”(早期接触临床、早期接触科研、早期接触社会）教育模式，补充发展了中山医学院柯麟老院长倡导和推行的著名医学教育模式“三基三严”，提出“三基三严三早”，该模式被全国医学院广泛接纳和采用。他提出“中国需要清华，中国也需要新华”的办学理念，坚持“早、正、严、实”教学原则和“三基三严三早”教学传统，以“开天窗、接地气”思路为引领，积极推行教学改革试验，创新应用型人才培养模式，探索独立学院办学模式。据“武书连2016中国独立学院本科毕业生质量100强”显示，新华学院居全国第15名，连续4年稳居广东省第3名。他还是国内知名的心血管专家，建立了国内第一个研究生物反馈疗法生理机制的实验室。

“教育管理和教研是两种完全不同的风景。前者属于宏观管理，决定整个学校的发展走向，后者则是微观实施。但两者也有相通之处，不能吹牛讲大话，要一件件去验证，教育更是急不来。”王庭槐说他更喜欢后者，担任大学校长更多的是出自责任感和使命感。

---

* 原载于《大社会》2016年第3期。

少年嗜书如命
恢复高考后金榜题名

1956年，王庭槐出生在潮州市一个医生之家。和全国同生于20世纪50年代的孩子一样，迎接他的是充满磨炼的日子：刚出生没多久，赶上“大跃进”；之后遇上三年经济困难时期；到了该读书的年龄，又赶上“文化大革命”。

“我1963年入读小学，三年级时，全国发动了‘文化大革命’。初中毕业，年纪比我大一岁的同学都‘上山下乡’去了。”比规定年龄刚好小一岁的王庭槐十分幸运地“逃过”了“上山下乡”，顺利完成高中学业。1972年，当16岁的王庭槐以优异成绩从潮州金山中学毕业时，我国仍未恢复高考，他只好先找工作谋生。

王庭槐的舅舅是“老高中”毕业生。有一次，舅舅很不屑地说：“你已经高中毕业了？现在的高中能学到啥啊？”年轻气盛的他被舅舅的话刺激到，心里十分不服气，心想：你们老高中有什么了不起。他跑去废品收购站翻找整套以前的初高中教材，花三个月时间自习了全套书。“读完这套书后，我觉得自己的水平与舅舅的‘老高中’差距缩小了，对我以后复习高考帮助极大。”至今想起当时自己的不服输行为，王庭槐仍然忍俊不禁。

王庭槐找到的第一份工作是到抽纱公司当染纱工人。彼时，染纱全靠手工操作，车间又脏又累，对产品质量要求也极高。每一批染出来的纱颜色必须一样，每一根纱线头尾颜色必须一致。他开始跟着老师傅学习染纱技术。“把纱浸到染液里面，要控制纱浸泡的时间。动作的快慢会影响到纱的颜色，马虎不得。”王庭槐对染纱技术依然记得一清二楚。

染纱时，工人们把纱线放入满是染料的大染缸，分装染料配方时任何防护措施都没有。染料味道太刺鼻了，王庭槐只好回家找当医生的爸爸拿棉花塞鼻子。每次分装染料后，鼻子里拿出来的棉花全是染料颜色。少年的他心里一阵阵恐慌。

车间里有一位稍年轻的师傅，出外参观时见过电动染纱机，省力、均衡度好，师傅回来后也想改造一个电动染纱机出来。王庭槐高中学过机械制图，图也画得不错。于是，他根据师傅口头描述画出机器图纸，并送去工厂加工制造。这下可好了，惹怒了车间班长，觉得这小子刚来上班，不好好学技术，净捣鼓些没用的东西。但三个月后电动染纱机制造出来，投入使用，还取得了不错的效果。王庭槐和那位年轻师傅初尝了技术创新的甜头。

半年后，王庭槐调任到量布车间。量布车间的工作核心是快速心算出一块布如何取料，才能最大程度地利用这块布。这对数学成绩优异的王庭槐来说，难度不大，他很快就胜任了此工作。量布要把布挂在一个梁架上，梁架旁边有两个可活动、标有刻度的尺子，假如需要剪裁一米的布料，就把布拉到对应刻度，旋紧，打孔，开布工人按照打孔记号剪裁。王庭槐说："我的工作就是固定布料的一角，用手撩住这块布，走到另一边把布扣紧，再走回来。整天走来走去，可是走了一天依然走不出车间，这是最郁闷的事情。"

他无法忍受每天的时间都浪费在机械般的工作中，心想，要不学学英语吧。学英语的念头并非一时兴起。王庭槐嗜书如命，无论碰到什么环境，只要有书读，他的心里就特别踏实平静。他无意间看了一本列宁传记，里面记载列宁到了 50 岁才开始学英语，且只花了一年时间就把英语拿下。"你看列宁都 50 岁了还学英语，说明英语很重要。"自认语言天赋不高的他，敏锐地捕捉到英语的重要性，他决定提早学。怎么边工作边学呢？机灵的他把英语单词抄在纸上，用胶布贴在梁架的支架上，白天上班撩布来回走时读单词。他家隔壁住着一位在中学教英语的林临江老先生，晚上下班后，他就去请老先生教他国际音标、发音等专业知识。在他记忆中，学英语的趣事很多。"老先生年纪大了，每讲一下就很疲倦，开始打瞌睡，打完瞌睡继续讲。所以我现在一看到英语就打瞌睡。"他打趣说道。如是坚持了半年，王庭槐自学完初中英语三本教材。

潮州抽纱公司在招聘王庭槐这一批技术培训工时，没有向省总公司报告。省总公司得知后，要求清退整批人。因此，王庭槐在工作刚满一年时，就接到公司的清退通知，丢了人生第一份工作。

1974年下半年，王庭槐找到第二份工作——当代课老师。他主要负责教初一的农业、初二的语文和初三的数学。授课内容繁重，但富有挑战性。“我那时候很不擅长表达，记得第一次讲课时非常紧张，前一晚脑中一直在构思如何讲，甚至连第一句话、第二句话、第三句话分别说什么都一一‘预演’。”代课经历使王庭槐重新梳理巩固了初中知识，为之后的学习打下了扎实基础。

年纪不大的王庭槐带着一帮学生下乡学农、开荒种菜，很快和学生打成一片，成了“孩子王”。《福尔摩斯》《水浒传》《三国演义》……他把看过的书在睡前讲给学生听，大受欢迎。

代课一年后，王庭槐迎来了新的工作机会。1976年，地方出台了新规定，医务人员的子女可以安排进入卫生医疗系统工作。王庭槐的父亲是医生，他也幸运地获得此机会。同年3月，他到潮州市铁铺卫生院报到。

“院长喜欢写字工整的人，看我写的字漂亮，便把我安排到药库管药。”药房的日子不太忙，王庭槐整天看书。同在药房工作的还有另一位老同事，这人非常“鬼”，总担心王庭槐熟悉工作后取代他，就去找院长说让王庭槐待在药房太屈才。半年后，院长把王庭槐调到制药厂。“调部门就调呗，反正能多学一门技术。”年轻的王庭槐什么也没多想，乐呵呵地就到新岗位去了。

20世纪70年代，我国制药业不发达，大部分药包括注射生理盐水、葡萄糖均由卫生院自己生产。在制药厂，王庭槐参与生产过黄连素片、陈夏六君子丸、补肾丸、鱼腥草针等各种各样的药品。

“我们早上要挑十担水，过滤，然后通过离子柱分离出制作注射液所需的离子水。离子水的质量监控主要靠硝酸银。”王庭槐在制药厂基本学会了所有的制药方法。最让他自豪的是，他们自己种鱼腥草，并把高压锅的安全阀改装成制作蒸馏水的实心管。这样，锅里鱼腥草一煮沸挥发出来气体，气体跑过冷凝管自然溢出，原理相当于现代的蒸馏，通过蒸馏方法提取出鱼腥草里的挥发油，可按新《中华药典》制成抗感染用的鱼腥草注射液。

王庭槐在制药厂从基本功学起，尝试过片剂、针剂、丹、膏、丸、散剂等几乎当时所有的制药方法，当他日后到中山医学院求学时，所有的实验对他来说都是小菜一碟。原本以为就这样和制药结缘一辈子，却突然传来好消息，恢复高考了。

1977年，由于“文化大革命”的冲击而中断了10年的中国高考制度得以恢复，点燃了无数人通过高考改变命运的希望。王庭槐按捺不住激动的心，立刻开始挑灯夜读，备战高考。白天工作，晚上复习。以前，一到晚上9点就熄灯，他就点煤油灯继续看书。当代课老师的经历以及平日不间断看书学习的好习惯帮了大忙，高考复习十分顺利。

终于高考了。1966届中山医学院毕业的林悦理、黎妙娟夫妇对他的学习和成长十分关心。高考的第一天，黎妙娟医生还特地起早蒸了馒头，心念着让王庭槐别饿着肚子去高考。语文考试时间有两个半小时，王庭槐只花了25分钟就完成试卷的前半部分，剩下两个来钟，他在构思命题作文——“大治之年气象新”。“我这人有个毛病，写作文一定要找感觉，感觉没找到，就一直在那干愣着。”他说，直到现在这个坏习惯还没改掉。时间一分一秒流逝，60分钟转瞬即逝。巡考老师看得比他还着急，心想这人怎么在发呆啊。呆坐了一小时，他才动笔写作文，当沉重的木头声响起时，老师来收卷了，他还赶着在写作文的最后一句话：“是的，粉碎‘四人帮’一年来，祖国的面貌变新了。”结果老师把试卷拉过去，“新”字最后一竖被拉得特别长。老师边收试卷边数落他，哪有你这样参加高考，呆坐，现在就不够时间！回到医院里，林氏夫妇也把他说了一通。

同单位一块儿参加高考的其他同事早早交了试卷，回去告诉院长，王庭槐那个家伙答不出来，在考场呆坐着，现在还没有答完试卷。

以前高考放榜是分批放，医学校排在最后一批。王庭槐报考的是中山医学院。放榜时，他一早满怀希望地等待，第一天没有，第二天也没有……直到最后一天，他终于发现了“王庭槐”三个字。

“我现在都清楚地记得那天是3月8号，通知书要求10号就要到学校报到，留给我的只有三天时间收拾行李。”拿着高考录取通知书，王庭槐兴奋地跑去告诉院长。前一天，院长才敲了敲他的头，说：“你整天跑去看高考放榜，到现在还不是没有？”因为之前同事说王庭槐试卷答不出来，院长对他考上大学并不抱太大希望。院长一听，说了两句话：我们山区飞出金凤凰了，你去病房拿一个新蚊帐带去学校用。那年，整个单位就只有王庭槐一人金榜题名。

告别院长，王庭槐骑着单车从铁铺卫生院飞奔回家，他急着把喜悦与父母分享，急着奔向自己的新天地。自此，他的一生真正与医学研究和教育结缘。多年之后，每提到高考，王庭槐都会特别感谢林氏夫妇的帮助，特别在物质条件十分匮乏的当时，早餐的馒头让他感念了一辈子。

发表恢复高考后全国医学本科生的首篇论文 奠定日后改革实验课程的思想

大学为王庭槐打开了一个新天地，他如饥似渴地吸收新气息、新知识。中山医学院图书馆丰富的藏书像磁铁一样吸住了他。大一，王庭槐已把自己喜欢的书都看了一遍。他最喜欢诗歌，但丁的《神曲》、雪莱的诗集深深烙印他的脑海中，时至今日，他仍保持着写诗的爱好。

进校之前，林悦理夫妻已经告诉了王庭槐许多柯麟老院长从严治学强调“三基三严”的故事，也告诉了他许多学医的经历和宝贵经验。动身去上学之前，王庭槐前去辞别一位朋友。朋友原是上海交通大学的高材生，研究核潜艇，因为历史原因回到家乡潮州，在潮州市农业机械研究所担任所长。他叮嘱王庭槐：读大学，千万不能只盯着专业书籍，眼界要开阔，天文、地理、历史都要有所涉猎，博览全书。

“每次借书只能借三本，我天天去图书馆，和馆长混熟了，加上又是老乡，馆长有时候允许我借五六本。”王庭槐十分高兴，他拼命看书。后来所进行的生物反馈研究正是在此段时间的学习中得到的启发。

20 世纪 80 年代，全国兴起一股学哲学的热潮，高校也不例外。读大三的王庭槐参加了学生科研小组。广泛阅读、善于思考的他，读到哈维的血液运行学说时，陷入了深深的思考。很早以前，西方教会不允许解剖人体，1628 年哈维的血液运行学说建立之前，很多科学家为了追求真理付出了生命的代价。古代人对于血液运动的认识极为模糊。古罗马医生盖仑解剖活动物，创立了一种血液运动理论，虽然该理论是错误的，但他的学说因与宗教观吻合，在2—16世纪被信奉为“圣经”，不可置疑。16世纪比利时医生、解剖学家维萨里发现了此理论的错误，他为此被判去往耶路撒冷朝圣忏悔，死于归途的荒岛上；同时代另一位提出反对意见的西班牙医生塞尔维特则被活活烧死。直到科学家哈维通过解剖动物，发现体循环的主要过程，才推翻了盖仑理论。哈维的新学说在医学界掀起了轩然大波，他的生命甚至受到威胁；但他坚持真理，坚持“向事实求知”。结合学哲学的心得，王庭槐和同组的吴一龙、黄梓材同学写出论文——《禁不住的真理之光——哈维血液运行学说创造的过程及其启示》，并在《医学与哲学》上发表，这可能是恢复高考后全国医学本科生发表的首篇论文，在全校和全省引起强烈反响。此论文中的思想成为他日后要求学生“向事实求知”的思想源头，也是他改革实验课程的缘起。

回忆起第一篇论文发表时的情形，王庭槐笑呵呵地说道：“领到35块稿费后，我们3个人花了9块钱到南方大厦旁边的饺子馆大吃了一顿，剩下的平分，大家都很开心。”

饺子的美味尚未散去，王庭槐在老师的指导下，又开始和同学撰写另一篇长论文——《疾病论》，主要从哲学层面认识疾病、定义疾病以及认识疾病的转归过程和结果，全文3万多字，他负责1万余字的内容。该论文投稿后也立刻被《医学与哲学》杂志录用，连载8期。而今翻看该论文，仍觉得文中提出的观点放到现在也不过时，可见论文观点之新颖独特。

“为什么我们当时要费大力气去研究这东西呢？”王庭槐说，从事科研必须运用科学思维，单靠知识的积累是远远不够的。这意味着我们必须学会用科学方法进行探究，才能获得科学真理。多年以后，王庭槐成为我国心血管生理学的一位权威专家，吴一龙则是国内胃癌研究的顶尖专家，与他们早期的这段研究经历密不可分。

同时，王庭槐还组织了14位同学共同撰写一本现代医学史书籍，毕业时，草稿已经写出，书名也已定好，就叫《现代医学史纲》，可苦于没钱印刷，只

留下底稿。书虽然最终没有出版，王庭槐却从中学会了如何组织收集资料、分析研究、整理编辑、修改定稿。

大学的学习经历拓展了他的思考空间，养成他追求科学、勇于创新的性格，并一直延续到他对下一代的教育上。

探索改革生理学实验教学模式
变验证性实验为探索性实验

1982 年 12 月毕业后，王庭槐留在中山医学院生理系任教，成为一名教师。其实，他更愿意去从事临床工作，当一位和父亲一样救死扶伤的医生，这也是父亲一直以来对他的期望。

父亲得知王庭槐即将成为人师，沉思了会儿说："不要误人子弟，学者以一字不识为耻。"这句话成了他一生的工作信念。王庭槐的成长深受父亲影响。小时候遇到不认识的字，跑去问父亲，父亲没有立刻告诉他答案，而是转身拿出一本厚厚的《辞源》，详细教导他如何通过查部首找到字，追根溯源了解此字来源，自然也就明白了该字如何运用最为恰当。父亲引导他主动探索的教育方法培养了王庭槐的探究性学习能力，他在科学探索中独立思考和敢于创新的精神正萌芽于此。直至现在，他遇到不明白的或者学生不懂的，他都喊上学生一起查找答案。

他渴望自己能当医生，考取了职业医生的资格和执照。虽然去不了临床，当不成医生，心里总有那么一点小小的遗憾，可他自跨进生理学研究之门后，却一直坚守岗位至今。即使任澳门镜湖医院院长时，他依然每周风雨无阻回校为学生授课。

"独立思考、敢于创新"，这是他所教授的实验课的气质。他希望教育出具有独立思考能力，向现象求知的学生，而不是唯教科书是尊。他在课堂上给学生讲加尔瓦尼因实验中蛙腿发生痉挛现象从而发现生物电的故事。加尔瓦尼是意大利医生和动物学家。1786 年，有一天，加尔瓦尼在实验室解剖青蛙，当刀尖碰到剥了皮的蛙腿上外露的神经时，蛙腿剧烈地痉挛，同时出现电火花。经过反复实验，他证明了表现在青蛙腿上的电刺激可以仅仅来自动物本身，即“动物电”，从而引出电生理学，成为科学史上的佳话。

“加尔瓦尼由发现的现象推导出现象背后的真理，这才是一位科学家或医生所应追求的目标。”王庭槐常向学生举一个现实中的普通例子。他说，你到临床当医生，当你遇到一位阑尾炎的病人，病人只能告诉你“我肚子痛”，不能告诉你“我得了阑尾炎”。临床上，你要根据病人疼痛的部位，结合临床其他症状，最后综合判断是因阑尾发炎引起的。“道理非常浅显，这就是根据现象推导病因，而不是因为知道有此病，再来解释现象。”每次讲到激动处，他拿着粉笔的手停在半空中，重重地强调道：“你们要培养向现象求知、探索未知的思维。”

王庭槐的意思远远不止于此，他的目标是要进行教学改革：一是把传统的验证性实验变成探索性实验，二是把生理学与临床相结合。

“很多学生习惯了中学做实验的方法，书本里讲中和反应时，会说某个酸和碱加在一起产生反应，他们就依样画葫芦来验证书本所说的道理是对的。在大学验证思维只是最基本的要求，更重要的是要学会发现。”从此意义来看，王庭槐告诉学生加尔瓦尼的故事，目的是激发他们的好奇心，在好奇心的带动下，他们能主动探索遇到的实验现象，形成自己的独立判断。

20 世纪 80 年代初，王庭槐开始在自己的课堂上摸索着进行教学改革，希望建立起一个全新的、现代化且规范化的生理学实验教学模式。

第一步，预设情境。做实验时，王庭槐让学生把自己假设成世界上第一个操作此实验的人，那么，应该如何来设计实验？实验中遇到的新现象如何处理？通过假设训练学生的思维能力。第二步，注重预习，把每一节的课程内容当成科研命题交给学生。学生自主查阅资料，设计课题，然后在实验小组、课堂上讲述设计内容、设计目的，并回答老师和同学提出的质疑。“原来课堂上老师一直讲个不停，现在以学生为中心，把老师宣讲式的课堂实验变成师生、同学间互动。”第三步，实验操作时，王庭槐扛来一部录像机，把每一位学生操作实验的全过程录下来，然后边回放边即时点评，这招对提高学生的实验能力非常有用。第四步，创设了一套评估生理学实验效果的量化指标，通过主客观量化评估学生的学习效果。例如制作的量化评估。制作坐骨神经腓肠肌标本，评估指标可包括完成一个标本的手术时间、股骨头分离干净程度和保留的长度、神经保留完整度等。

经过一段时间的尝试，王庭槐发现学生上课的积极性大大提高了。受到鼓舞的他，又大胆在生理实验课中加入相关临床知识。“生理学是一门基础学科，当学生时，我总感觉把它学完了，还不知道对临床有啥作用，所以学生对学生理学没兴趣也是很正常的。我当学生时还就这事情建议老师把生理学跟临床结合起来教学，可惜没有得到采纳。现在我来试。”于是，王庭槐每次备课都在细细琢磨哪些临床知识与生理学知识点是相对应的，他一一写进去，形成了自己的课程特色。

在王庭槐看来，根据结果验证事实和向现象求知两种不同方法，所培养出的完全是两类截然不同的学生。显然，他的目标是要培养后一种。他认为，引导学生拥有向现象求知的思维，不仅是学生走向成长的必然经历，也是医学工作者所需的创新源头。可假如只是照本宣科，难以成为学生的启蒙者。父亲“不要误人子弟”的话常在他耳畔响起，他说，自己必须消化“一桶水”才能传授“一滴水”给学生。

为了给学生指导手术操作实验，他逼自己先过手术关。手术水平的高低关系到治疗的成败，甚至决定病人的生死。手术水平的高低，关键是手术基本功的高低。南方的春天潮湿，手容易湿，实验操作时容易引起漏电。一漏电，肌肉不由自主挛缩成一团，只好中断实验。休息一下，继续再来，又是挛缩。面对着手中的蟾蜍，王庭槐开始思考如何才能把坐骨神经腓肠肌标本做得漂亮。

“第一，认清手术目标；第二，从薄弱环节下刀，用最小的损伤获得最大的暴露；第三，先设计操作过程，整个步骤必须连贯，环环相扣，比如在此部位下剪刀，下刀时就要想到下一步操作是什么，并为下一步留余地，动作一定要连贯、干脆利落；第四，注意并避免容易出问题的环节。”在不断重复的实验中，他掌握了做手术的诀窍。

“学会了做坐骨神经腓肠肌标本的科学方法，后面去做肾脏、肝脏等其他手术，其实道理完全相同。”王庭槐强调说，手术操作过程实则包含了中山医“三基三严”的严格教学和工作要求，把实验练好了，一辈子都受益。

实验课不能申请课题，没有经费，很多老师都不愿意上，或者直接让学生做实验，自己在旁边复习英语准备出国。王庭槐最多时一人带四个班的实验课，从不懈怠。他最为敬佩的病生教研室简志瀚教授对他影响颇深。他回忆道，简志瀚教授上课时，板书上的每个字都要在课前设计好，工整而清晰，善于用简洁明了的语言说明深奥的原理，贯穿着科学思维，节奏、用词把握恰到好处，把课程讲成精品。以简志瀚教授为榜样，王庭槐为自己定下“认认真真授课”的标准要求。他常在学生身边打转，随时指导操作中出现的问题。他善于用心，积累了丰富的教学经验，如提出“抓两头带中间”的管理方法，即先观察哪一个小组做得最好，只需稍微指导，就可让该小组学生负责指导处于中间水平的小组，他直接去辅导最弱的小组。科学的课堂管理让每次实验课都得以顺利进行，从不拖堂。

王庭槐“死磕”教学改革，他还率先在中山医学院开设了一门开放型实验课——实验生理科学，将生理学、病理生理学、药理学的实验课“三合一”，同时加上探索性实验，采取老师引导、学生自己动手的授课方式。1994年，他提出建立开放性实验室，由学校提供免费的实验设备、器材和试剂，学生可利用空闲时间到实验室做实验，鼓励学生更加自由主动学习。考虑到经费紧张，他大胆提出由学生自愿支付购买实验动物的设想。其时，在我国改革开发浪潮中，敢于“吃螃蟹”的广东人思想开放，锐意改革。学校同意按其设想进行尝试。开放性实验室大受学生欢迎，晚上、周末都挤满了做实验的学生。王庭槐几乎每天都泡在实验室指导学生，每晚骑车回到天河的家中都已是深夜。参与开放性实验室管理的一位老师回忆道：“学校为项目组、值班老师和技术员发放加班费，唯独3年来天天在实验室加班的王庭槐，一分钱没拿。”

经过改革，王庭槐将验证性、封闭式和较单一的生理实验教学方式转变为探索性、开放式及综合多学科的实验生理教学模式，特别是在后阶段让学生进行探索性实验设计教改中，连续11年印行了11本《实验生理科学——探索性实验论文集》，每本均有一个改革主题。

在此基础上，王庭槐编写完成了《实验生理科学》教材，明确提出“学会研究性学习”的理念。这种跨学科的三合一整合实验教学模式，开启了国内医学机能学实验课程教学改革的先河，在国内引起了强烈反响，之后全国的医学院实验学基本都是按此模式设置的。他主持完成的“新型生理学实验课教学模式的建立与探索”“创建跨学科、多层次生理科学实验课的研究与实践”分别荣获1993年、2001年的国家级教学成果奖二等奖。仅以一个小学科的一门实验课程拿下全国优秀教学成果奖和“国家精品课程”、“国家实验生理科学教学团队”称号，这在全国难以找到第二个。

他的学生，现中山大学孙逸仙纪念医院院长、国家重大科学研究计划项目首席科学家宋尔卫在其文章《闪烁着创造性火花的实验课》中写道：“王教授注重对学生科学思维能力和创造力的培养，他教给我们的科研思维使我终身受益，把我们引向一个崭新的天地，照亮我们医学学习的道路。”教会学生向现象求知的科研思维，王庭槐觉得这是当老师最为开心的事情。

创建“三早”教育模式
全面提高临床医学生的综合素质

1996年，王庭槐受命前往美国斯坦福大学考察。一天，他在医院里遇到三名医学生，与其交流，了解到该校大一医学生上午学完解剖课，下午就到医院骨科病房见习。这个教学方法触动了他。

“我一直认为我们医学院‘医预科基础—临床理论基础—见习实习基础’三段式的传统教育模式弊端多，它虽然强调循序渐进，却让生理学脱离了临床实习。所以常出现这种情况：学生理知识时，学生不知道这些知识如何应用；等到后面学临床实践时，生理知识又忘得差不多了。”趁着此次机会，王庭槐详细调研了斯坦福大学的教学模式，他的心里也产生了一个想法。

回国后，经过详细的教学计划安排，1998年，王庭槐率先在自己的泌尿生理学课推出“早期接触临床”的教学方法。上完泌尿系统生理理论课后，他直接把学生带到中山医学院附属一院泌尿科，让学生观察病人的发病特征，比如肾病引起的眼皮浮肿特点等。一位女同学既兴奋又感到意外地告诉王庭槐：“我原来以为蛋白尿就像牛奶一样是白色的，到了临床才知道其实外观和正常尿液是一样的。”王庭槐借机向学生讲解怎么判断是蛋白尿、蛋白尿是如何形成的，这样就把理论和临床有机结合起来，让学生活学活用。创新的“早期接触临床”教学方法取得的效果远超预期。

但在2000年，王庭槐暂停了这个教学计划，因为病人向他投诉说大量的学生到病房预见习影响到他们休息。不过，王庭槐并没有停止对“早期接触临床”教学理念的探索，他在寻找一个更佳的切入点。

2001年，中山大学与中山医科大学两校合并，组建新的中山大学。其时王庭槐任教务处处长，第一天上班就碰上学校评审基础学科的教学。当听到哲学系黎红雷教授介绍学生寒暑假回乡参加实践活动的“五个一”(一个书包、一辆单车、一本笔记本、一支笔、一张学校证明）工程时，王庭魂灵机一动，心想：如果我也按照这个方法，让学生寒暑假回到家乡的医院见习，也能实践“早期接触临床”教学理念。他把自己的想法向主管教学的徐远通副校长汇报，并得到支持。

说干就干，他立刻召集所带的一个七年制班级，把自己的想法告诉学生，学生听完后十分兴奋，恨不得马上放假。为了让学生在医院见习中进展得更加顺利，他特意请来相关的教授为学生培训，告诉学生应如何看病、怎么看病，并定了规矩：眼看手不动。

王庭槐笑说：“人家有五个一，我只有一个一，提供一张学校证明。”带着一张学校证明，学生开启了回乡预见习模式。

开学初的实践汇报会，原定开两个小时，可学生们热情高涨，大谈自己的经历和感受，一直从晚上7点讲到11点半，在教室管理员多次的催促声中才结束。这场预见习实践对学生产生了极大的思想冲击。病人的离世，让学生第一次感受到生命的脆弱和医生重如泰山的责任；病人生病却没有钱医治，让学生体会到了生活的艰辛；社区医疗保健现状，让学生思考医院的管理体制改革……

“预见习的实践过程中，学生在感受生命，感受医生，感受病人和感受社会。”王庭槐结合学生的亲身体验，总结出预见习实践的“四个感受”特点，作为以后每届学生回乡实践的实习指导思想。他说，预见习实践活动的创新在于：一是解决了时间问题，有效利用寒暑假；二是解决了医院实习基地不够的困扰，为学生增加临床实践机会。

“其实一开始开展活动阻力很大，很多人包括附属医院的医务人员都抵触，说简直就是瞎来，大学三年级到临床来能懂啥呢？一位学生回家乡跑了 15 次才得以进入医院预见习。但我们毫不放弃，坚持不断地把学生送出去，最后整个社会都接受了这种教学模式。”每一年寒暑假的预见习实践活动开启时，王庭槐都坚持亲自部署、亲自动员。2001 年，只有一个班参与，2002 年的寒暑假该实践计划铺开到临床专业，2003 年推广到全校医科专业。

预见习实践是“早期接触临床”教学理念的最好体现。之后，王庭槐把“早期接触临床”和“早期接触科研”“早期接触社会”归纳为“三早”，补充发展了中山医学院柯麟老院长倡导和推行的著名医学教育模式“三基三严”，提出“三基三严三早”。

早期接触科研是王庭槐对教学模式的进一步探索，结合自己在大学时代早期开展研究的经历，他强调学生早接触科研对培养科学兴趣、建立科学思维方式、学会有批判的吸收很有好处。在他的倡导和推动下，医学教务处设立了学生科研课题立项经费专项。他还开设了科学实验室，实验室既有有教无类的普惠教育，又设有优生优培的课外科研小组和学生科研助理岗位，让学生尽可能多地接触教授、接触实验室。他让学生自己设计实验，做实验，写论文，激发学生的求知欲和好奇心。

早期接触社会，帮助学生树立正确的世界观、人生观、价值观的理念源自王庭槐对生命的思考。他认为，医生面对的是生命，只有尊重生命，才能善待病人。他在香港大学考察时，见到医学生“和家庭一起成长”的培训方式，学生通过当家庭生活指导，见证准妈妈从怀孕、分娩到养育孩子的整个过程，同家庭共同成长。于是，王庭槐联系了广州市黄埔区的一些五保户家庭，为他们免费义诊，提供医疗咨询。后来也发展为跟家庭共同成长，让学生陪伴孕妇妈妈一起成长，既服务了社会，又让学生在接触社会中成长。

王庭槐还通过出论文集的方法，让学生在早接触科研的同时又早接触社会。他在班里成立论文组，下分修改组、发表组、财务组，分别负责修改论文、发表论文和费用支出统计。通过提早实践，学生清楚了解了撰写论文和发表论文的程序，提高了论文发表能力。论文印刷需要费用，穷学生没钱啊。王庭槐让学生自己去拉赞助，结果不成功。最后，他只好出动自己的朋友，让学生去找一公司总经理。对方一听很爽快地答应了，前提是要求学生帮忙做一个市场调查报告。由此，学生们赚到了“第一桶金”，顺利印行了论文集，还开了一个小型发布会。

王庭槐倡导的“三早”越来越得到医学界的认可。2005年，他主持的“构建‘三早’医学教育模式的探索与实践”获得国家级教学成果奖二等奖。国内大多数医学院都采用了“三早”教学模式，港澳台地区医学院也前来交流学习，欧美教育专家称赞“三早”是一个非常好的教育模式。

王庭槐对教学改革从没停止过思考和探索，“三早”之后他又提出了“三基”“三新”“三赛”。他在实践中意识到医学生缺少临床技能培养，动手能力差。为此，他在2002年就开始策划筹建模拟临床技能训练中心，2005年建成。他还倡导教学基地的教师和临床带教老师每年集中培训“新思想、新技术、新方法”，相继组织了“三赛”：中青年教师讲课大赛、临床带教老师教学技能大赛、医学生临床技能大赛。这些技能大赛不得了，一下子就把师生的积极性调动起来，大幅度提升了学生的临床操作能力。多年来，学校医科本科毕业生通过国家执业医师资格考试率稳居全国三甲，学校医科获国家级质量工程的项目数位居全国同类院校前列。

王庭槐的做法得到教育部的肯定。2009年，教育部在借鉴中山医学院做法的基础上推出全国高等医学院校大学生临床技能大赛，至今已举办了8届。中山医学院医科生代表队在历届比赛中都大放光彩，连续多年获得大赛特等奖。

从1982年踏进教师行业，王庭槐就一直在“啃”教学改革这块最硬的“骨头”。从“三早”的形成到临床技能大赛的推出，他在摸索中形成一套自己的教学改革心得：首先应更新教育理念，这是改革的灵魂；其次，一定要保有好奇心，不断探索新东西，教学就是一个不断创新、不断往前走的过程；最后，也是最为重要的，单独一人难以推进教学改革，必须靠团队，大家形成共识才能往前走。凭借这些心得，他又积极推进团队学习TBL的教改实践，并创新属于本土特色的“四段式激越教学法”，即导学——教师精讲、自学——个体学习、激发——小组学习与实践、超越——成果分享，不断在医学教育教学改革的道路上奋然前行。

潜心雌激素心血管保护和生物反馈疗法研究
为临床治疗提供新防治手段

2017年6月19—20日，NSFC-FDCT前沿学科研讨会—肿瘤科学大会在广州举行，王庭槐应邀在癌症耐药治疗新方向分论坛上做题为《新型雌激素受体GPER在雌激素促进ER-乳腺癌细胞迁移和侵袭中的作用及机制》的学术报告，这是他目前所致力研究的科研内容——关于雌激素引发的女性疾病（如乳腺癌）致病机制。雌激素心血管保护作用的分子作用机制是王庭槐的主要研究领域，他已孜孜不倦在此领域研究了近30年。

雌激素是女性体内一种重要的激素，能够作用于多种组织和器官，其最主要的作用是促进女性生殖器官的发育和副性征的出现。除此之外，雌激素还是女性心血管系统的“保护伞”。流行病学调查显示：女性绝经前的心血管疾病发病率远低于同龄男性；女性绝经后发病率则急剧升高，成为心血管疾病的高危人群。

“我大概从1989年开始转向心血管生理领域，专攻雌激素对心血管产生的效应。”王庭槐注意到，如果能揭示雌激素在损伤血管上所起的作用机制，则能为女性心血管疾病的预防和治疗提供新的方向。

研究血管该从何入手呢？王庭槐做任何事情都善于规划，勤于实践。在无数次的反复思考和实验中，他决定遵循血管本身的规律，从整体、细胞、分子水平对雌激素的心血管作用进行系统研究，从心肌和血管的内膜、中膜、外膜三个层次逐一开展。他的研究结果揭示了雌激素抑制血管损伤反应的作用及其细胞内信号转导机制。

同时，他还对孕激素、雄激素、选择性雌激素受体调节剂、植物雌激素及古代名方等对心血管的作用进行研究，为揭示激素心血管作用的生理机制和抗动脉粥样硬化提供了新的重要实验依据，为临床利用雌激素防治PTCA术后再狭窄复发提供了新的防治手段。该项研究获2009年教育部自然科学奖二等奖。

专心是王庭槐的最大特性，无论是教学还是科研，只要一进入门槛，他就坚持不懈地做下去。他可以用近30年的时间潜心研究雌激素，以至于有同事实在看不下去，说你研究来研究去就只研究一个雌激素，该换换了。王庭槐反驳道："医学界研究雌激素都有近千年历史了，我才研究几十年，这算什么！"

潜心研究为他带来新的发现。"现在乳腺癌发病率越来越高，这与雌激素过多有一定关系。目前我们在研究雌激素促进癌细胞发展、转移的关系。当然，研究并没有离开血管。"王庭槐解释说，肿瘤里的血管生长速度决定瘤体的生长速度，假如没有血管供给血液，其无法生长。因此，设想如果能够抑制血管的发育，瘤体就会萎缩。于是，他和团队从此角度切入研究。

三阴乳腺癌是指雌激素受体、孕激素受体及人表皮生长因子受体2均阴性的乳腺癌患者，这是一种发展快、侵袭性强、高复发且缺少靶向治疗的肿瘤。王庭槐研究发现，该研究成果有助于在临床治疗中增设针对性的检查项目，对治疗乳腺癌意义重大。

生物反馈疗法的研究是王庭槐这一生致力研究的另一领域。生物反馈研究兴起于20世纪60年代，1978年，此新概念被引进到中国。所谓生物反馈，指借助精密的专门工具，去探查和放大人体固有的生理变化过程所产生的各种信息，通过显示系统，将此种信息转变为易于为患者理解的信号或读数，在医务人员的指导下进行训练，使病人学会利用发自自身经过处理的信号，有意识地控制体内各种生理、病理过程，促进机能恢复，从而达到治疗疾病的目的。

"我觉得这种疗法很神奇，感觉和我国的气功有相似之处。"生物反馈概念刚进入中国，还是学生的王庭槐在学校图书馆看到相关报道文章，引起了他的极大兴趣，也影响了他的一生。王庭槐读书是学而思，思而学，以前没有百度搜索，文献也极少，但他仍千方百计追踪此方面的研究文献。

王庭槐表示，一个人的健康，必须包括躯体、心理和社会适应三方面的良好状况，三者密切相关，不可分割，从而构成了"生物—心理—社会"医学模式。随着科学技术的发展，很多生物学疾病得到了有效控制，可对付心理和社会致病因子的能力就相形见绌了，远远落后于人类疾病致病因子变化发展的需要。

"对付这一类疾病，单靠药物、手术及基因治疗等疗法，效果显然欠佳。毕竟心病还需心药医。"他说，生物反馈是一种积极的能动的治疗方法，最大的特点是治病治本，强调调动自身的主观能动作用。该疗法训练目的明确、直观有效、指标精确，求治者无任何痛苦和副作用。同时，也能减轻患者的经济负担。已有报道证实，生物反馈疗法对多种与社会心理应激有关的心身疾病都有较好的疗效。

1984年，王庭槐所在的教研室开始应用生物反馈治疗中风后失语症和抑郁症，并开始了对生物反馈生理机制的研究。

近年来，他结合现代治疗学前沿研究，建立了国内第一个研究生物反馈疗法生理机制的实验室，率先将混沌动力学理论及近似熵分析方法引入生物反馈的信号分析中，解决了生物反馈机理研究中的部分瓶颈难题；率先应用生物反馈对高血压前期进行干预，为非药物治疗高血压提供了新的思路和方法。

多年来，他养成了自己对所研究领域和学科的国际学术视野的敏锐洞察力，与领域内的国际权威专家学者探讨交流最新研究思路和方法，Prof. Peter J. Little AM就是其中一位。Prof. Peter J. Little AM是澳大利亚知名的药学专家、澳大利亚脉管和糖尿病信号转导研究的学科领头人、昆士兰大学药学院院长。他们经常就糖尿病并发症、生物脉管展开研讨，交流学术心得。

高血压前期患者是血压值介于理想血压和高血压之间的特殊人群，两年之后，这类人群中大概有66%的人转为高血压。他把生物反馈疗法引入高血压前期治疗中，通过血压生物反馈仪可把血压变化的情况加以处理，以机体能理解的视觉或听觉方式呈现出来，实现机体“感知”自己的血压变化，调整自我使血压恢复到正常水平，从而在生理和心理活动的统一有机整体高度上完成高血压的治疗工作。该研究成果发表在SCI期刊上，这也是我国第一篇在SCI期刊上发表的生物反馈疗法研究论文。

在此成果上，王庭槐还研究发展了音乐生物反馈、肌电生物反馈、脑电生物反馈等疗法，相继承担了国家自然科学基金及其他省部级基金项目22项，发表论文180多篇，获各类科研奖励7项。

让教育回归本源
培养心智健康、幸福的人

35年的教育和科研经历，让王庭槐体会到教育的本质在于开发人的心智，挖掘和推动人的潜能发展，培养人良好的个性、心理品质和健全的人格，包括兴趣爱好、审美情趣和追求真理、热爱生命、崇尚科学的良知和习惯，培养学生自主学习和研究性学习的能力，激发每一位学生的智慧和潜能，让他们对未来的学习、生活、工作充满梦想，并具有实现梦想所必备的知识和能力储备。

他的理想中，教育应该回归本质。2013年，履职中山大学新华学院校长后，王庭槐把自己的教育本质论设定为中大新华人的教育理想，希望教育回到原点，“以德、智、体、美全面发展为目标，培养品德优良、人格健全、身体健康、特长发展、有知识、有智慧、有能力和有修养的复合型、应用型人才”。

王庭槐讲了一个事情：南宋乾道三年（1167），朱熹到访岳麓书院，与张栻论学，举行了历史上有名的“朱张会讲”，开中国书院会讲之先河。会讲第一讲的内容是“君子喻于义，小人喻于利”。

“去了几次岳麓书院，我突然明白我们教育的问题在于用功利主义价值取向培养出的学生是功利主义者，如果用道义品德培养学生则培养出的是君子。

30年的教育，我们用排分数、各种奖励措施引导之，结果出现了如今的精致利己主义者。”他说，目前社会上存在很多错位，如：当医生热衷于做研究发表论文，很少接触临床，结果医术不行；当老师只愿搞科研发表论文，不愿上课，结果教学不行。其实，社会本来的面貌应是“做酒要醇，做醋要酸，做盐要咸”，教育也一样，应该回归教育本质。这样，我们的教育才能好起来。

王庭槐强调教育应力求因材施教，注重和尊重学生的个性发展及健康人格的养成，在培养人文精神、强调文理融通、实施素质教育的基础上，强化学生的实践能力，特别是实际应用能力的培养。为此，他坚持“早、正、严、实”教学原则和“三基三严三早”教学传统，以“开天窗、接地气”思路为引领，积极推行教学改革试验，创新应用型人才培养模式，探索独立学院办学模式。

“开天窗”就是走出去，看国内外同类专业发展情况，通过借鉴学习提升发展水平。中山大学新华学院一方面积极开展国际教育合作，引进国外优质教育资源。目前已与美国索尔兹伯里大学、美国拿撒勒大学、英国摄政大学、澳大利亚昆士兰大学等22所海外院校签订合作协议。另一方面，不断地优化教学质量，创新人才培养模式。除了邀请国际数学大师、哈佛大学终身教授丘成桐院士，世界著名经济学家、英国伦敦政治经济学院教授Ron Anderson等一批国内外优秀教师学者来授课外，中山大学新华学院为学生开通了“3+X”人才培养模式，并提出“立交桥”人才培养模式，即大一通识教育，大二开始专业化培养，让学生在对自己及各专业有一定了解的基础上进行专业选择。

“接地气”则是要落地生根，培养社会需要的实用型人才。王庭槐说，学院在修订人才培养方案中，十分强调要了解用人单位对人才的需求。他要求教师深入到用人单位调研人才培养的社会满意度，让毕业生、用人单位对学院的课程、人才培养体系提意见。在详细采样的基础上，教师还需拿出国际和国内两个同类专业的标杆性专业培养方案，借鉴对比研究，在此基础上，进而修订优化中大新华的人才培养方案

办学中，王庭槐“独立思考、敢于创新”的思想展示得淋漓尽致。他倡导成立了我省首个高校创客实验室——Fab Lab XH，试图借助创客教育的方

式，激发学生自主学习意识及创新思维。他创建了“四班两院”创新应用型人才培养模式，包括：实施复合型、应用型人才培养模式的“逸仙新华班”；“加料”（创业）培养的新型人才培养模式的“新华创业班”；“订单式”培养人才的“跨境电商班”和“新华京苗班”，前者对接东莞在跨境电商方面的人才需求，后者则是为京东定向培养人才；校企共建的中大新华赛意学院、中大新华华为信息与网络技术学院。其中的“逸仙新华班”配有全程导师、专业导师、特长导师，甚至每一位学生都拥有一个“私人定制”的课程表。

“逸仙新华班”创办的背后，隐藏着王庭槐更深刻的教育理念。他说，公平是教育的主要内涵，每个人生来享有公平教育的权利，一个好社会应对每个个体因材施教，让每一个个体得到健全发展。

为了学习借鉴国际上一些典型教育模式，他每年都会带着自己的队伍参访国内外各大名校，同时探讨国际教育合作。近期刚从澳门大学访问归来的他又马不停蹄赶往意大利但丁学院，商谈意大利语专业人才培养合作项目。他说，与澳门大学赵伟校长探讨教育理念时，发现彼此有很多相通之处，正因为教育的融通无处不在，才更需要多走出去学习交流。例如，澳门大学融课堂内外专业教育、研习教育、通识教育、社群教育为一体的“四位一体”教育模式，以及体验式、多方位、全天候的书院模式就值得我们在现有的教育模式上进行借鉴与创新。

在创新应用型人才培养模式中，王庭槐还把自己多年教学过程中总结提炼出的教学方法——“四段式教学法”首次应用到“逸仙新华班”的教学中。王庭槐的“四段式教学法”包括教师精讲、个体自习、小组学习和实践、成果分享四阶段。

王庭槐把在中山医学院所倡导的“三早”教育理念引入中山大学新华学院，提出“早立志规划人生、早理论联系实际、早接触社会”。为此，学院聘请了一批从业经验丰富的校外导师、双师型导师来指导学生如何将学到的知识应用好。

在严峻的就业形势下，让王庭槐引以为豪的是，复合型、应用型人才的培

养模式得到了社会的普遍认可。护理专业开设已有10多年，多年保持100%的就业率，甚至许多学生未毕业就被“提前预定”。2016年，该校法学、旅游管理、统计学、电子信息科学与技术、药学等专业毕业生就业率均达到100%，分布在商务服务业、金融业、制造业等领域。

据“武书连2016中国独立学院本科毕业生质量100强”显示，中大新华居全国第15名，连续4年稳居广东省第3名；毕业生就业率已连续4年保持在96%以上，2016年更是高达99.9%，在广东省二本高校中排名第二。

2017年6月28日，中山大学新华学院迎来了常春藤名校——美国康奈尔大学前副校长、美国科学促进会院士、著名教授鲍绍琦。鲍绍琦教授非常认同新华学院“中国需要清华，中国也需要新华”的理念，他表示社会发展需要各种层次的人才，考生和家长在选择大学和专业时应该考虑个体差异和不同岗位的机会。

王庭槐说：“在这个急需各级各类人才的信息时代，新华需要与时俱进，主动承担应有的社会责任，主动适应国家战略对行业人才的需求。国家的发展需要清华等国内一流大学培养的高层次的研究型人才，而这类高水平人才的研究构想同样需要我们新华这类学校培育的应用型、适用性的人才去配合实现。”

王庭槐意识到，质量是学院发展之本。站在第二个发展十年的新起点上，他提出“学术强校、质量立校、特色兴校、开放办校”的发展方略，特别将“学术强校”提到首位，就是要提高学术含量，在浓厚的学术氛围中达到增强教育教学质量、学科发展硬实力和学术影响力的初衷，最终回归教育本源——人的心智成长、潜能激发、人格健全与全面发展。

他的规划中，“学术强校”将以项目组团队，以科研优学科。五大学科（经管类、医药类、理工类、文法类、艺术类）协同创新，借助母体学校中山大学及国内外名校的优势资源，充分发挥国内外学科带头人、学术带头人、首席教授、专家学者等的领军作用，以“六大人才计划”为出发点，冲击课题申报，带动新人成长，通过学术进一步推动学科专业建设。并且启动“六项计划”：博士导研计划、海外导师导研导教计划、校外导师导研导教计划以实现学术强校，“双师型”导师计划、督导倍增计划以巩固质量立校，在已实施的“双百计划”中拓展教学名师培育计划。切实做好“选苗子、结对子、攻关子”工作，以产学研用创新发展，促进成果的转化，扩大育人平台。加大培训力度，打造管理一流、服务一流的“双一流”的教辅队伍、行政管理队伍和后勤服务队伍。

“目前我们正处于第二个发展十年初期。”他表示，前五年，要把中山大学新华学院建设成为特色鲜明、位居全国同类高等学校前列的独立学院；后五年，建成初具规模和雏形的现代大学。

“人要永远追着向前走，不能故步自封”

从留校任教到成为中山大学教授、博士生导师、国家“万人计划”教学名师、国内知名心血管专家，从原中山医科大学校办主任、校长助理，中山大学教务处处长、中山大学医学教务处处长、医学部副主任、医学情报所所长，澳门镜湖医院院长到中山大学新华学院校长，外人眼中的王庭槐顺风顺水。他则把这个“顺”解释为随遇而安，以平常心对待遇到的每件事。

《平静》正是他一次遇到事业瓶颈时写下的诗：

透过蒙蒙的时空烟雾
寻找平静的内涵
辞典说：
平静是止水
是安定

佛说：
平静是圆寂
平静即空

基督说：
平静是人家打你的左脸

你把打脱的牙齿咽下
又把右脸伸给他

诗人说：
平静是空山秋色
“明月别枝惊鹊
清风夜半鸣蝉”

在人生的不惑之年
我说：
平静是心境的清朗安宁
宛如一泓碧水
静映远景

平静是心理的超脱
不以物喜，不为己悲
宠辱不惊，任长空云卷云舒

平静是风和日丽下的大海
蓝天　白云　自在
一叶轻舟任自由
平静是南方抒情的夏夜
海天　沙滩　椰林
一弯新月画谧静

平静是高山流水
涓涓不绝 亘古长流
延续着一路的曲折和平坦

平静是遥远的星空
悠悠飘来一曲优雅的乐音
柔和着人生的感叹和欣悦

平静是学识和阅历的积累
平静是智慧和意志的凝聚
平静是战胜困难的自信
平静是面对险境的从容

平静是修养是超逸
是痛苦的征服
是黎明的前曲
……
当人生的感悟成熟
便结下平静的果实

“心情平静过后，哪里不符合评审要求，我就努力补哪里。任何事情都不要赌气，只需顺势而为，问题自然就解决了。”王庭槐对任何事情都不争不辩，用行动说话。王庭槐带学生自编论文集，最初别人说他图出名，他听说后一笑了之，一句解释的话都没说，转身投入到自己的工作中，这一坚持就是12年。每一期的论文集他都坚持写一篇代序，把教学思想、理念告诉学生，有一年他写的是《珍惜学生每一个小小的创意》，鼓励学生大胆实践自己的创意。12年之后，最初对他有异议的人，只剩下了敬意。

“人要永远追着向前走，不能故步自封。”无论是教学改革还是从事科研，他永远都以开放心态迎接随时到来的新挑战；无论在哪一个岗位上，他都尽心尽职，做得风生水起。他兼任《家庭医生》副主编，大力推广医学科普知识。1993年，他任中山大学医学情报所副所长，建立了文献检索教研室，开设了文检课，2003年至今任该所所长。

2010年，澳门镜湖医院正在选调院长，富有丰富教学和管理经验的王庭槐

成为不二人选。同年10月，王庭槐到澳门镜湖医院赴任。

澳门镜湖医院是一所由华人创办与管理的慈善医院，是澳门规模最大的私立医院，隶属镜湖医院慈善会。1946年设立院长制，原中山医学院老校长柯麟任首任院长并兼任至1979年。王庭槐一上任遇到的第一个棘手问题就是缺医生，其时一大批香港医生因故离开了医院。他一边从中山医学院及其附属医院请专家、医生来坐诊，一边在医院内部培训年轻医生。同时，他则加紧对医院进行调研。第一年，他在医院内设立了正主任顾问医生、副主任顾问医生职称，建立了职称评价体系，解决了医院长期以来的职称难题。他建立了三级查房等核心制度，为医生查房定下“背、查、问、讲、解”五字要求。之后，设立了澳门第一家糖尿病诊疗中心、听力保健筛选中心、脑卒中防治中心以及澳门第一个心理咨询中心，这对澳门今后的常见病、慢性病发展研究起了极大的作用。

2012年12月，他在澳门镜湖医院任职期满后回到自己的实验室。翌年，他被指派就任中山大学新华学院校长。多年的经历，他的感悟是：生活是环环相扣的，所经历过的任何事情，都是在为下一步做积淀。

尊重生命、敬畏生命贯穿在他35年的从医教学中。在一次实验中，因看到学生操作不规范，导致青蛙所有内脏都血淋淋地暴露在空气中，一向和气的他极其生气：“是谁给我们人类权力随意去决定另外一种生命的存亡？我们要善待生命，你们行医做手术时，应尽量用最小的损伤换取最合适的暴露和手术条件。”

在他看来，在伟大人格面前，好的学问也只能退居其次。大学不是“人才培养”，而是“人的培养”。王庭槐认为，人的培养应去掉功利性。人的生命过程是在社会中完成的，教育的本质应是挖掘学生潜力，帮助其完成向人的发展，同时也对社会做出贡献。

他十分欣慰地看到中大新华学子参加“京东百万免费午餐计划项目”，用一个月的时间，筹得3996份免费午餐，解决了40个山区儿童一个学期的温饱问题，捐赠份数排名全国第五，被授予“爱心涌动奖”。

“学校不应以培养专业人才为最终目的，教育的最终目的是培养出心智健康、幸福的人。曾有体育任课老师问我教什么。我提出这样的要求：教会几项体育技能；养成热爱运动的习惯；培养体育运动精神，如不怕苦、阳光、有韧性。我希望中山大学新华学院培养出的学生，即使将来只是从事服务员工作，他也是快乐的，下班后观看喜爱的足球比赛，欣赏高雅音乐，品鉴茶艺、书法，作诗……”言语间透出王庭槐对教育工作的感悟，对教书育人的追求。

从教师、科研工作者到教育管理者，尽管角色转变了，但王庭槐的初心始终如一。他依然坚持科研、教育两不误，坚持给学生上课。每天结束新华学院的工作后，他都会回到中山大学中山医学院的实验室，和学生分析实验结果，研讨课题，常常忙到凌晨1点才回家。“其实我更喜欢当学者，担任大学校长更多出于责任感和使命感。”王庭槐说，他们这一代人经历了太多事情，使他深刻认识到，唯有实实在在的教育，才经得起时间考验。他的耳畔常响起父亲的话：“不要误人子弟，学者以一字不识为耻。”

（文/记者：叶青　通讯员：刘英）

后 记

名师是大学的核心和灵魂，也是支撑一所大学学术水平、社会声望的重要力量。在我国高等教育由规模增长转向以提升质量为核心的内涵式发展、深入推进“双一流”建设的当下，许多大学都在争创中国特色世界一流大学，名师的重要性更加凸显。

进入21世纪后，为提升高等教育人才培养质量，让最优秀的老师光荣地上讲台，教育部在高校设立“国家级教学名师奖”，共举办了六届，每届评出教学名师100名。中山大学先后有邓东皋、王金发、黄天骥、王庭槐、李萍、詹希美、方积乾、桑兵、梁力建等9位教师当选国家级高等学校教学名师，当选总人数位居我国高校前列。这些名师不仅师德高尚，潜心治学，而且长期扎根一线，教学改革成果颇丰。

今日的中山大学已形成了三校区五校园统筹发展的办学格局和文理医工农艺综合发展的学科布局，正走在加快高质量内涵式发展，奋力建设中国特色世界一流大学的新征程上。全面加强高质量教师队伍建设正是学校努力建设中国特色世界一流大学的重要举措，更是中山大学作为高水平研究型大学不断出人才、出成果、出名气，延续学校辉煌的重要保证。为服务学校中心工作，发挥先进典型示范引领作用，充分利用国家级教学名师所取得的宝贵教学财富，中山大学档案馆立足档案资源，梳理国家级教学名师的先进事迹，开展学校国家级教学名师档案编研工作，并计划出版系列丛书。

王庭槐教授长期坚守在生理学教学和科研工作第一线，是中山大学唯一一位既获得“国家级教学名师奖”，又入选“万人计划”教学名师的教师。2023年恰逢王庭槐教授从教40周年，档案馆遂策划《王庭槐教授从教40周年图文选集》，并作为中山大学国家级教学名师系列丛书的首本。

在中山大学档案馆周纯馆长的领导下，张建奇、朱志奇、王蒙、崔秦睿等老师，主要围绕王庭槐教授的成长背景、教改探索及教学成果、科研业绩和社会服务等方面，广泛收集、整理相关档案文献资料，完成了全书的编写工作。周纯馆长除参与本书的策划及提供王庭槐论著目录外，还与王庭槐教授密切沟通，及时解决编写时出现的问题。本书编写工作的顺利完成离不开王庭槐教授的支持和配合，感谢他提供了大量私藏照片、书籍资料及获奖证书等，同时积极参与了本书的编写讨论及审阅等工作。历史系研究生肖胜文和王庭槐教授的研究生龙芷源也协助收集、整理了相关资料及图片。感谢曾任中国生理学会副理事长和中国生理学教育工作委员会主任委员的罗自强教授百忙之中为本书作序。多方的合力保证了成书的质量。

本书于2022年初开始着手编写，原计划2023年内完成，但受到疫情等问题的影响，后延期到2024年春天正式出版。世纪伟人孙中山先生在1924年亲手创办了中山大学，2024年我们将迎来学校的百年华诞，本书也成为档案馆向学校百年华诞献礼的成果之一。限于编撰水平，图文选集难免有缺漏和不妥之处，恳请读者批评指正。

编　者

2023年12月31日